PUBLICATION DE LA VILLE DE MONTAUBAN

ASSOCIATION FRANÇAISE

POUR

L'AVANCEMENT DES SCIENCES

XXXIᵉ SESSION A MONTAUBAN EN 1902

Le Tarn-et-Garonne

HISTOIRE — SCIENCES
INDUSTRIE — COMMERCE — AGRICULTURE — VITICULTURE
IDIOMES — MŒURS — COUTUMES — ASSISTANCE
ANCIENS MONUMENTS
INSTRUCTION — BIBLIOTHÈQUE — ARCHIVES
MUSÉES — SOCIÉTÉS SAVANTES
DÉMOGRAPHIE

MONTAUBAN

IMPRIMERIE ET LITHOGRAPHIE ÉDOUARD FORESTIÉ
23, rue de la République, 23

AOUT 1902

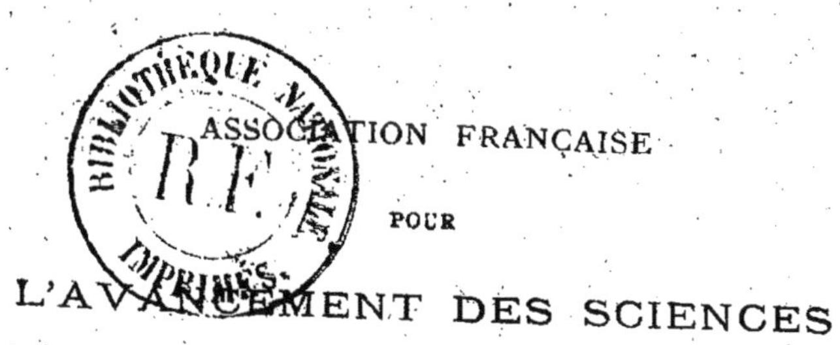

ASSOCIATION FRANÇAISE

POUR

L'AVANCEMENT DES SCIENCES

Le Tarn-et-Garonne

PUBLICATION DE LA VILLE DE MONTAUBAN

ASSOCIATION FRANÇAISE

POUR

L'AVANCEMENT DES SCIENCES

XXXIᵉ SESSION A MONTAUBAN EN 1902

Le

Tarn-et-Garonne

HISTOIRE — SCIENCES
INDUSTRIE — COMMERCE — AGRICULTURE — VITICULTURE
L'HOMME — MŒURS — COUTUMES — ASSISTANCE
ANCIENS MONUMENTS
INSTRUCTION — BIBLIOTHÈQUE — ARCHIVES
MUSÉES — SOCIÉTÉS SAVANTES
DÉMOGRAPHIE

MONTAUBAN

IMPRIMERIE ET LITHOGRAPHIE ÉDOUARD FORESTIÉ

23, rue de la République, 23

AOUT 1902

AVANT-PROPOS

Ce livre, offert par la Ville de Montauban aux Membres du Congrès de l'Association française pour l'avancement des Sciences, est une œuvre collective. Le Comité local en a adopté le plan général, et chacun de ceux qui furent chargés d'en rédiger les chapitres divers garda toute sa liberté de rédaction et d'appréciation.

C'est ce qui explique que, dans le courant de ces pages, il peut se rencontrer des points traités à fond par les uns et seulement effleurés par d'autres. C'est là un très léger écueil, d'une importance d'ailleurs secondaire, mais qu'il était nécessaire de signaler.

Le Tarn-et-Garonne n'ayant pas la bonne fortune, comme les départements voisins, de représenter exclusivement une ancienne province, et dont le périmètre est emprunté au Quercy, au Rouergue, à l'Agenais, au Languedoc, à la Gascogne, manque d'homogénéité, qu'un siècle de centralisation administrative n'a pu faire disparaître complètement.

Dans ce périmètre, plusieurs races se coudoient sans trop se mêler ; les terrains les plus divers sont *juxtaposés ; les coutumes, les habitudes diffèrent sensiblement.*

C'est ce qu'expliqueut, chacun dans sa spécialité, les auteurs des mémoires publiés dans ce Recueil, qui donnera aux lecteurs une idée exacte des richesses et des ressources que le département de Tarn-et-Garonne peut revendiquer et mettre en œuvre.

LE TARN-ET-GARONNE

A VOL D'OISEAU

Le Tarn-et-Garonne, fils de Napoléon

Le Benjamin des départements de France, c'est le Tarn-et-Garonne. Le voisinage de Toulouse avait nui à Montauban, et la Constituante, hostile à l'individualisme local, n'avait pas voulu ressusciter l'esprit d'indépendance de l'héroïque cité calviniste, où toujours couvaient des ferments de lutte. Les Montalbanais souffraient dans leurs intérêts, souffraient dans leur orgueil. Un maire les délivra. M. Vialètes de Mortarieu s'inclina devant Napoléon, et le Tarn-et-Garonne naquit (2 novembre 1808). Ce fut un acte de réparation pour une cité, et un acte de sagesse pour un monarque. Napoléon comprit les légitimes revendications de ses sujets, lui qui avait foulé tant de nationalités, et il tint à s'assurer le concours dévoué de tous les Français au moment même où il venait, à Bayonne, de déchaîner cette malheureuse guerre d'Espagne qui compromit son prestige militaire et détruisit sa moralité en Europe.

De grande origine, le Tarn-et-Garonne fut d'étendue modeste. L'Aveyron, le Lot, le Lot-et-Garonne, le Gers, la Haute-Garonne, le Tarn lui cédèrent des portions de leur territoire. De la réunion de tous ces morceaux fut formé un département sans frontières naturelles, long au plus de 100 kilomètres (Gramont-Castanet), large de 70 (Valeilles-Aucamville), d'une superficie de 3,720 kilomètres carrés et d'une population de 228,300 habitants. Le Tarn et la Garonne lui donnèrent son nom, et Montauban en devint le chef-lieu, sous une longitude Ouest de 0° 59′ 6″ et une latitude Nord de 44° 1′ 6″ (clocher de Saint-Jacques). Ce fut, après la Seine, le Rhône et Vaucluse, le plus petit département de France.

L'aboutissement de deux Mondes

Administrativement, le Tarn-et-Garonne doit son existence à la volonté d'un puissant souverain. Physiquement, il dépend du caprice de deux géants de pierre : le Plateau Central et les Pyrénées. Dans l'immensité des siècles et des mers dominaient ces augustes ancêtres, quand un rapprochement se fit près du seuil de Naurouze. Plus intime, plus grand devint le voisinage. Des flancs de granit du Lozère descendit le lourd manteau de calcaire des Causses, et du nœud cristallin du Cylindre et du Bigorre roulèrent peu à peu les masses morainiques du Lannemezan. Ils descendirent les géants de pierre pour se rejoindre, après maintes caresses et maints rapprochements, en ce petit Tarn-et-Garonne, aux bords du berceau où tantôt sommeille, tantôt bondit la charmante et capricieuse Garonne, fille de leurs entrailles et de leurs cimes.

Relief. — En cette fin du monde pyrénéen et du monde cévenol, ne cherchez ni hautes montagnes, ni formes tourmentées. Loin des foyers des grandes luttes géologiques, la nature est plus calme si elle est moins grandiose. Au centre du Tarn-et-Garonne, entre les lits des deux cours d'eau qui ont prêté leur nom au département, une large plaine; — au Nord, les plateaux et les collines du Rouergue, du Quercy et de l'Agenais; — au Sud, les ondulations de la Gascogne.

La plaine est assez large — 15 à 10 kilomètres — ou moins encore après le confluent du Tarn. D'alluvions modernes, de sables et graviers anciens des vallées composée, elle a 75 mètres d'altitude moyenne; elle est le trait-d'union entre la plaine du Toulousain et celle de l'Agenais. — C'est le domaine de la Garonne et du Tarn.

Si nous passons sur la rive droite du Tarn, la monotonie de la plaine fait place à des reliefs plus accentués et plus variés.

Entre Aveyron et Tarn, s'étale une petite plaine surmontée d'un mamelonnement de collines, de 200 mètres d'altitude moyenne, où s'entassent limons, dépôts caillouteux des vallées et des plateaux. Ces collines se terminent parfois en petites falaises sur le bord du Tarn et en falaises jurassiques s'élevant à 380 mètres vers Bruniquel, et, plus loin, après la forêt de Grésigne, à 370 mètres sur les rochers d'Anglars, en face de Saint-Antonin. Le frais Tescou et la délicieuse Vère serpentent au pied de ces gracieuses collines généralement fertiles.

Toute la rive droite de l'Aveyron est formée de plateaux plus élevés et plus sauvages : c'est la fin des Causses du Rouergue et du Quercy, aux profondes couches jurassiques, avec poches phosphatées vers Lavaurette, traces de granit vers Laguépie et grès, marnes irisées et calcaires magnésiens vers Castanet, où se trouve le point culminant de Tarn-et-Garonne (498^m).

Plus loin, vers l'Ouest, au-dessus de la rive droite de la Garonne s'étalent les collines de calcaire, d'argile fertile confinant à l'Agenais, sédiments rappelant la lutte incessante de l'eau de la mer et de l'eau de la montagne à l'époque tertiaire.

La Seye, la Bonnette, la Lère, le Lemboulas, la Barguelonne, la Séoune serpentent lentement au fond des vallées de toute cette région.

De la rive gauche de la Garonne partent des collines aux dépôts tertiaires de calcaire et d'argile, semblables aux précédents, qui vont se rattacher au plateau de Lannemezan et participent à dessiner sa forme d'éventail entre les branches duquel coulent de petites rivières : Nadesse, Tessonne, Gimone, Séré, Arrats, Auroue. Le point le plus élevé est ici de 289 mètres, au Sud de Beaumont-de-Lomagne.

Plaine féconde, collines fertiles, plateaux où l'homme a conquis la terre sur la pierre, sont charmants et variés, en ce département qu'ils concourent à former.

Cours d'eau. — Des Pyrénées et du Plateau Central dépend le sol du département ; des Pyrénées et du Plateau Central proviennent les cours d'eau qui l'arrosent. Dominant tout le S.-W. de leurs hautes cimes, les Pyrénées et le Plateau Central arrêtent les effluves de l'Atlantique, les condensent de leurs masses réfrigérantes et les répandent dans le bassin de la Garonne, auquel appartient entièrement le Tarn-et-Garonne.

Des Pyrénées vient la Garonne, le seul fleuve du déparment ; du Plateau central viennent le Tarn et l'Aveyron ses deux principales rivières.

La *Garonne* n'a que des eaux pyrénéennes lorsqu'elle arrive dans le département où elle recueille, à 4 kilomè-

tres en aval de Moissac, le tribut du Tarn, son premier
affluent cévenol. Dans un lit large de 200 mètres environ et sur une pente de 0^m00057, elle possède, pendant les
75 kilomètres de son cours dans le Tarn-et-Garonne,
un débit très variable. A l'étiage d'été, le fleuve n'est pas
plus large parfois qu'une rivière ordinaire et son débit
s'abaisse à 30 mètres cubes par seconde ; à l'époque de
la fonte des neiges, ce débit s'élève jusqu'à 10,000 mètres
cubes, et la Garonne envahit les plaines voisines, qu'elle
ravage de ses flots furieux. Le souvenir des désastres de
l'inondation de 1875 est encore dans toutes les mémoires.

Pour obvier à cette irrégularité de régime, il a fallu
construire le canal latéral qui permet, en toute saison, la
navigation entre Toulouse et Bordeaux. Un autre canal,
allant de Montauban à Montech, favorise les communications du Tarn avec le canal latéral.

Sur la rive gauche, la Garonne reçoit de nombreuses
rivières, filles du Lannemezan : la Nadesse, la Tessonne,
la Gimone, le Séré, l'Arrats, l'Auroue. Heureuses rivières
qui n'ont pas d'histoire et quelquefois pas d'eau ! Elles
répandent la fraîcheur sur leurs bords et sont chères aux
agriculteurs.

C'est sur la rive droite que la Garonne reçoit ses principaux affluents : Tarn, Barguelonne.

Le *Tarn* est depuis longtemps sorti de ses gorges
fameuses lorsqu'il pénètre dans le département, où il parcourt 56 kilomètres. Entre des berges, assez élevées et
difficilement submersibles, son lit a une largeur moyenne
de 150 mètres. Il roule des eaux souvent limoneuses. Son
débit normal, de 50 mètres cubes, s'élève aux fortes
crues jusqu'à 4,400 mètres cubes (1773, — 10^m,10 de hauteur à l'échelle du pont de Montauban). C'est une belle

rivière, dont la batellerie a été presque ruinée par le railway. Actuellement, elle alimente 11 usines de 2,500 chevaux-vapeur, consacrées à la meunerie ou à l'éclairage électrique. Des soins éclairés et dévoués lui sont consacrés depuis quelques années, et il y a lieu d'espérer que, par la réfection des digues, l'amélioration des écluses, elle rendra bientôt à l'industrie et au commerce des services de premier ordre.

C'est sur la rive droite que sont situés les affluents du Tarn. A Montauban, et par 72 mètres d'altitude, il reçoit le modeste Tescou qui, dans son cours rectiligne, parcourt une fertile vallée.

Plus loin, c'est l'*Aveyron*. Cet enfant des Causses, à demi-sauvage, à demi-civilisé, ami de l'habitant, ami du touriste, renferme les vraies curiosités naturelles du Tarn-et-Garonne. Après avoir reçu le Viaur, si fier dans sa vallée profonde, il s'engage dans des gorges calcaires, aux flancs élevés, qui surplombent la rivière ou s'inclinent vers elle et viennent mourir au milieu de son lit. Tantôt la roche est dénudée, tantôt elle est couverte de végétation. Les murailles de pierre se rapprochent, s'éloignent tour à tour, obligent le cours d'eau à de brusques et bizarres méandres et charment le visiteur par leur variété imprévue, sombre ou riante. Ailleurs, la nature peut être plus grandiose, nulle part elle n'est plus touchante. A Montricoux, la vallée s'agrandit et va se réunir à celle du Tarn.

Que de souvenirs sur ces bords enchanteurs! Ici, c'est Laguépie que détruisit Joyeuse; là, c'est la *Vallée noble*, berceau de Saint-Antonin, au pied des pittoresques rochers d'Anglars; plus loin, ce sont les châteaux féodaux de Penne et de Bruniquel fièrement campés sur de hauts éperons; plus loin encore, ce sont Montricoux, Nègrepelisse où se sont déroulés de sanglants épisodes des guerres de religion, et Cos qui se souvient de ses fastes gallo-romains.

Partout, la vue du touriste est ravie et son intelligence

en éveil. On était fier, jadis, aux bords de l'Aveyron !
Pour l'indépendance politique ou religieuse, on était toujours en armes. Aujourd'hui, les armes sont déposées,
mais les habitants veulent encore être leurs maîtres, et ils
travaillent et ils économisent. En 1901, les opérations des
caisses d'épargne postales des bureaux des bords de
l'Aveyron se sont élevées à 622,073 fr. 37 : le 7e des opérations du département, pour une population qui n'est
que le 16e de la population tarn-et-garonnaise. Et le Tarn-
et-Garonne occupe le 21e rang pour toute la France !

Le régime de l'Aveyron est très variable. La pente est
faible : 0m0008 ; le lit est profond de 0m40 à 2 mètres en
temps ordinaire. Le débit normal est de 7 mètres cubes ;
à l'étiage, ce débit s'abaisse à 3 mètres cubes ; il s'élève
parfois à 2,200.

Grands sont les services rendus par ce charmant Aveyron. La terre de la vallée ou de la plaine est un don de
ses eaux fertilisantes. Là, croissent en abondance lin,
chanvre, maïs, pâturages, peupliers ou arbres fruitiers.
23 usines, de 500 chevaux-vapeur, sont établies sur ses
bords, et, à bon marché, meulent les grains, scient les
bois, triturent les phosphates, blutent la chaux.

Nombreux sont les affluents. A gauche, la riante Vère ;
à droite, la Seye et la Bonnette, au cours si frais et si om-
bragé, et la Lère, rivière de Caussade.

Vers l'Ouest, coulent encore quelques cours d'eau, ce
sont : le Lemboulas, tributaire du Tarn, et la Barguelonne, affluent de la Garonne ; la Séoune conflue avec
cette dernière dans le Lot-et-Garonne. Ils donnent au
pays fraîcheur et variété.

Un grand fleuve, deux grandes rivières avec de nombreux affluents sillonnent donc le Tarn-et-Garonne. Ils
coulent généralement de l'Est à l'Ouest, — direction de

la plus grande pente, de Laguépie à Lamagistère, — et apportent à l'Océan Atlantique, grand réservoir de la région, une partie des eaux du monde pyrénéen et du monde cévenol.

Ancien Pays de Liberté

En l'emplacement du Tarn-et-Garonne, l'histoire ne nous montre point l'existence d'une province de l'ancienne France. Vers Montauban finissaient le Languedoc, la Guyenne et la Gascogne; à ces trois personnalités du passé furent empruntés des lambeaux de « pays » : Toulousain, Rouergue, Bas-Quercy, Agenais, Armagnac, Lomagne, dont l'assemblage forma le département actuel. Fin de deux mondes naturels, le Tarn-et-Garonne fut établi sur les confins de trois anciens mondes politiques, dont il avait suivi les vicissitudes à travers les siècles.

Entre Toulouse et Bordeaux, l'espace manquait et ne vivaient dans le voisinage des puissantes cités que ceux qui se soumettaient. Entre Toulouse et Bordeaux, l'on passait... et l'on foulait, aussi, les populations qui, en des époques célèbres — Albigeois, Guerre de Cent ans, Guerres religieuses — montrèrent, conscientes de leurs droits, un ardent amour de la liberté et firent aux envahisseurs une violente opposition.

Les Origines. — Presque innombrables sont les peuples que la passion de la conquête, les ressources du sol, la clémence du ciel ont attirés ou retenus chez nous.

Les Celtibères apprirent aux premiers habitants des cavernes, constructeurs des dolmens, la vie en commun.

Tolosates, Tectosages, Ruthènes, Cadurques, Nitriobroges, Lactorates vivaient en tribus éparses quand apparu-

rent les Romains qui, avec César, imposèrent définitivement leur domination bienfaisante, dont l'empreinte resta
ineffaçable. Des routes se tracèrent, des villes s'élevèrent,
des champs furent cultivés. Le christianisme adoucit les
mœurs, et, surtout, les libertés municipales furent importées dans le pays et y laissèrent des traces indestructibles.
Dans la paix, la sécurité, l'abondance et la liberté, le pays
vivait heureux. Il se le rappellera toujours.

Les Barbares arrivent : Suèves, Alains, Vandales, Visigoths, Francs, Arabes, Normands se succèdent et cou-
vrent le pays de ruines, étouffent la civilisation romaine.
Seuls, les Visigoths donnent près d'un siècle de repos.
Point de sécurité, si ce n'est à l'abri de quelques abbayes
célèbres : Moissac, Grand-Selve, Saint-Théodard, Mas-
Grenier, fermes-modèles et asiles de la pensée d'où par-
tirent les premières lueurs d'une civilisation nouvelle.

Du chaos du Moyen-Age sort l'anarchie féodale, laïque
ou ecclésiastique. Plusieurs maisons seigneuriales s'éri-
gent ; la plus puissante est celle des Comtes de Toulouse.
Et ce sont de continuelles guerres privées dont le peuple, dépouillé et meurtri, fait tous les frais. Il a parfois
des rébellions sublimes. A Montauriol, berceau de Montauban, l'abbé prélève des redevances que les habitants
trouvent trop lourdes. Les habitants réclament en vain
moins de charges et plus de libertés. Ils s'adressent au
comte de Toulouse, Alphonse-Jourdain, qui, le 6 octobre 1144, leur permet de s'établir sur ses terres. C'est la
fondation de Montauban et le prélude des libertés consu-
laires.

Montauban est fondé. L'abbé de Saint-Théodard veut
empêcher de le bâtir. La population tout entière prend
les armes, court à l'Abbaye et la détruit. Une telle action
est une leçon pour le nouveau comte Raymond VI qui
accorde aux Montalbanais une charte consulaire (24 mars
1195). Montauban s'administre lui-même ; bourgeois et

plébéiens se rapprochent ; les métiers prospèrent ; le commerce se développe. Les nouveaux citoyens deviennent forts dans la liberté et se tiennent prêts à toutes les attaques du dehors. Montauban devient une des citadelles du Midi ; malheur à qui l'attaquera injustement !

Albigeois. — Après les Barbares d'Europe et d'Asie, les Barbares du Nord de la France allaient bientôt se ruer sur notre pays. Ce fut la guerre des Albigeois. La tradition romaine et les franchises municipales avaient favorisé le développement économique du Languedoc. Des relations nombreuses s'étaient établies avec des étrangers de toute origine et de toutes croyances. Dans l'aisance et la liberté, les populations s'étaient montrées plus tolérantes au point de vue religieux ; les troubadours répandaient *le gay sçavoir*, une douce civilisation régnait partout. La foi chrétienne subit de graves atteintes. Des novateurs nombreux voulurent ramener le christianisme à la simplicité des temps de la primitive Église et firent connaître des doctrines orientales basées sur l'antagonisme du Bien et du Mal. Des évêques se laissèrent gagner... L'hérésie ne provoquait pas de désordre au sein des villes qui goûtaient une tranquillité et un bien-être inconnus jusqu'alors.

Un pape, le grand mais terrible Innocent III, résolut d'anéantir les nouvelles doctrines. Il envoya un moine, saint Dominique, pour convertir les hérétiques, et des soldats pour soumettre le pays. Le moine était un étranger, — un Espagnol ; les soldats étaient des Français, — des Français d'Outre-Loire, encore des étrangers qu'une haine de race, plutôt qu'une haine de religion, déchaînait sur le Midi. Ils enviaient le Midi pour ses richesses ; ils le détestaient pour son singulier mélange de sangs, de mœurs, de civilisations apportés par tous les peuples, Ibères, Romains, Goths, Arabes qui s'y étaient établis. Le choc fut épouvantable. Conduits par un brave et surtout un ambitieux, Simon de Montfort, ils s'acharnèrent sur les hérétiques et principalement sur le malheureux comte de Toulouse, Raymond VI, qu'ils voulurent dépouiller.

Notre pays se montra héroïque. Entre toutes les villes, nulle ne fut plus vaillante que Montauban. Elle opposa la plus vive résistance aux aventuriers qui voulaient détruire ses idées religieuses et témoigna le plus grand dévouement aux comtes qui lui avaient donné ses libertés municipales : « Plutôt que de laisser spolier notre prince, s'écrièrent ses habitants, nous mangerons nos enfants ! » Parole terrible, mais sublime, tout en l'honneur de nos ancêtres. Ils offrent leur forteresse à Raymond VI, lui fournissent des hommes d'armes, combattent dans tous les environs, accueillent les populations épouvantées, secourent Puylaroque rasé, Caylus brûlé, en imposent à Simon lui-même, qui désespère de s'emparer de la ville (22 septembre 1212), soutiennent Raymond VII et ne mettent bas les armes qu'après le traité de Paris !... Montauban perdit une partie de ses remparts, l'Inquisition surveilla ses habitants... La force primait le droit et l'héroïsme ! Elle ne devait pas anéantir l'esprit d'indépendance...

Guerre de Cent ans. — Période de pillage, de sang versé et de ruines pour notre pays que celle où les Anglais se proposèrent d'assujettir la France. Entre Bordeaux et Toulouse circulèrent souvent des bandes de soldats armés qui portaient partout la désolation. Les populations s'étaient retirées dans les villes, qui se soumettaient pour éviter de plus grands malheurs. Une cité, dans la région, indignée des abus commis, donna l'exemple de la résistance à l'oppression et de son attachement aux rois de France : ce fut la ville de Montauban, toujours prête à embrasser les nobles causes.

Après le désastreux traité de Brétigny (1360), les Montalbanais refusent d'ouvrir leurs portes aux Anglais. Ils prétendent que le roi Jean n'avait pu les aliéner de son domaine. Jean II est obligé de leur envoyer des lettres patentes pour leur enjoindre de se rendre. Alors seulement, Jean Chandos entre dans la ville, au milieu de la consternation des habitants : « Ce n'était pas eux qui abandonnaient leur prince naturel, mais bien lui qui les délaissait comme des orphelins ! » (20 janvier 1361).

Mais la fierté de caractère et l'esprit de résistance des Montalbanais sont connus et redoutés des Anglais. Jean Chandos offre de leur accorder des privilèges. Le Prince Noir, si dur pour les vaincus, les ménage toujours. Redoutant un soulèvement, il fait continuer la construction du château des comtes de Toulouse. Vaines précautions ! Au commencement de juin 1369, les Montalbanais ne peuvent plus souffrir la présence des étrangers. Pendant la nuit, au son de la cloche de la Maison Commune, ils tirent les cent chaînes des rues, prennent les armes, se précipitent sur les Anglais dont ils font un grand carnage et les chassent par la porte du Griffoul. Et c'est depuis lors que Montauban porte dans ses armoiries de gueules à un saule d'or, planté sur un mont d'or, un chef cousu d'azur chargé de fleurs de lys d'or. Les fleurs de lys d'or, ce fut Charles V qui les lui octroya. Noble souvenir d'une belle action !

Le siège de 1621. — Deux siècles s'écoulent. Le pays vit dans la paix et dans la prospérité de son agriculture et de son industrie. Tout à coup, une tourmente de haines et un déchaînement de guerres privées s'abattent sur lui et le désolent. Ce sont les guerres religieuses. Montauban, toujours épris de liberté, a prêté l'oreille aux idées de la Réforme et veut transporter dans le domaine religieux ses traditions d'indépendance administrative et politique. Les exigences des abbés de Saint-Théodard et l'absolutisme du pape Innocent III lui avaient fait jadis prendre les armes. La conduite de l'évêque Jean de Lettes le soulève contre ses rois.

Crescent et Vignaux, Tachard et Duperrié ont expliqué aux Montalbanais la Bible selon Calvin. Le mariage de Jean de Lettes, leur évêque, avec la belle Armande de Durfort précipite leur conversion. Dès lors, Montauban s'apprête à conquérir la liberté de conscience menacée par les rois et se montre inébranlable dans sa résolution. Il s'organise en une sorte de petite République dont les membres se traitent comme des frères. Il consolide ses murailles, s'approvisionne, se fortifie dans le maniement des armes et soumet l'autorité militaire à celle des Consuls. Il impose l'ordre à l'intérieur, comme le respect à l'extérieur. Malheur, hélas! à ceux de ses enfants qui n'entrent pas dans la religion nouvelle. Les injonctions du Parlement de Toulouse et les ordres de l'astucieuse Catherine de Médicis demeurent lettre morte pour lui. Dans la seule année 1562, il repousse quatre attaques du farouche Montluc et de son émule Terride. Il secourt Caussade, Nègrepelisse, Saint-Antonin, réunit dans son enceinte, en 1578, 1579 et 1584, les délégués des églises protestantes de France, et, à l'abjuration de Henri IV, menace de former une République indépendante. Sa fière attitude contribue beaucoup à faire accorder aux protestants les privilèges de l'Édit de Nantes de 1598. La liberté de conscience est fondée en France, mais Montauban reste sous les armes, prêt à défendre ses intérêts et ceux du protestantisme français, s'ils sont menacés.

Peu après, il accomplit une action éclatante et se couronne de gloire.

Henri IV est mort. Sa politique sage et prévoyante n'est plus suivie. Le 25 juin 1617, son fils, le faible Louis XIII, rétablit dans le Béarn l'exercice de la religion catholique aboli 60 ans auparavant par Jeanne d'Albret. Le Midi s'insurge, et Montauban devient le centre de la résistance. Une telle audace indigne le roi qui jure d'en tirer vengeance, et qui, à la tête d'une armée, se dirige vers notre ville.

L'immensité du danger n'effraye pas Montauban. Au généralissime des armées protestantes, le duc de Rohan, il jure solennellement de vivre et mourir dans l'union des églises réformées. La résistance s'organise. Un homme, le premier consul Dupuy, s'immortalise. Intelligent, actif, probe, énergique, de grand ascendant par ses vertus et son éloquence, il dirige tout, suffit à tout. En 15 jours, les murailles sont renforcées par les hommes, les femmes et les enfants ; la ville est approvisionnée, les coreligionnaires des environs accueillis ; 4,500 hommes sont réunis et soutenus par une population de 15,000 habitants pleine d'enthousiasme et d'abnégation. Le comte d'Orval, fils de Sully, est nommé gouverneur de la place, et le marquis de la Force investi du commandement général des troupes.

Le 16 août 1621, la vedette du clocher de Saint-Jacques donne l'alarme et annonce l'arrivée du roi. Le tocsin de toutes les églises sonne, des cris d'allégresse sont poussés par les habitants :

> « Dieu nous rendra forts et vaillants,
> Encontre tous nos assaillants... »

L'armée royale comptait 20,000 soldats. Le roi était à sa tête, mais Louis XIII n'avait pas l'étoffe d'un grand capitaine. Le connétable de Luynes, qui la dirigeait, ne se connaissait qu'en chiens et vautours ; les chefs, le duc de Mayenne, le prince de Joinville, le duc d'Angoulême, les maréchaux de Thémines, de Chaulnes, de Praslin, de Montmorency, de Lesdiguières, de Saint-Géran, étaient divisés par de mesquines ambitions.

Le premier jour, Dupuy effectue une première sortie et

bat les avant-gardes royales. Et les sorties et les assauts se succédèrent sans grand profit pour les assaillants. L'indécision et l'indifférence dominaient au camp royal. Dans la ville, un ordre admirable régnait : nuit et jour, sans confusion et sans murmures, chacun accomplissait son œuvre. Les femmes lançaient des grenades et des feux d'artifice ; quelques-unes se rendirent illustres : Jeanne Paulhas et Guillemette du Gasc moururent au champ d'honneur et méritèrent des funérailles publiques !

Tous les assauts sont repoussés : ceux du 3 septembre, du 16 septembre, du 17 octobre. Le duc de Mayenne est tué, et, après 86 jours de siège, Louis XIII, découragé, donne le signal du départ. Le connétable de Luynes, qui avait rêvé le titre de duc de Montauban, allait bientôt mourir de honte à l'attaque d'un village, Monheurt, sur les bords de la Garonne.

C'est par des cris de joie que les Montalbanais saluèrent leur délivrance, heureux et fiers d'avoir sauvé la foi religieuse et l'indépendance de leur chère cité.

Richelieu. — Dans ce suprême effort, Montauban s'était épuisé. Quand la Rochelle eut succombé et que le traité d'Alais eut été signé, il n'osa pas affronter la colère de Richelieu et il se soumit. Le cardinal entra dans la ville et reçut les hommages de fidélité de ses habitants. Ce grand politique lui enleva sa force matérielle : ses murailles, et la combla de hautes fonctions : évêché, sénéchaussée, cour présidiale, cour des aides, bureau des finances, élection, généralité, qui lui enlevèrent sa force morale : ses libertés. Plus brutalement, Louis XIV, en révoquant l'Edit de Nantes, exila ses enfants non encore soumis.

Et depuis, Montauban, qui avait résumé, dans son indépendance et sa fierté, toutes les magnificences de l'histoire du pays de Tarn-et-Garonne, sommole sur la falaise du Tarn, dédaigneux de se livrer aux mesquines luttes des temps présents.

Trois Personnages célèbres

Ce coin de France, où tant de races sont venues se fondre, comme en un creuset humain, a donné le jour à une pléiade d'enfants célèbres qui, à travers les siècles, ont jeté sur leur petite patrie des reflets de gloire dans les carrières les plus variées. Trois se sont mis hors de pair : Fermat, Jeanbon Saint-André, Ingres.

Pierre Fermat (1601-1665). — Un modeste, un studieux, un grand géomètre et mathématicien. Un ignoré de la foule et une célébrité du monde savant. A Toulouse, où il remplit les fonctions de Conseiller au Parlement, ses collègues purent apprécier sa connaissance approfondie de la jurisprudence, la sûreté et l'indépendance de son jugement, et le soin consciencieux qu'il apportait dans l'étude des dossiers. Dédaigneux de la popularité, il ne prit part à aucun événement mémorable de son temps et vécut très retiré au sein de sa famille. Tous ses loisirs, il les consacra à l'étude ; il se livra aux plus hautes spéculations des mathématiques et, par distraction, composa des vers français, latins et espagnols. Il devait briller dans les défis que les savants de l'Europe du XVIIe siècle se jetaient pour la résolution des questions les plus délicates des mathématiques et de la géométrie. Il fut le correspondant et le rival de Descartes, Torricelli, Pascal, Frénicle, Roberval, Huyghens, le P. Marsenne, les plus beaux génies de son temps. Ses découvertes furent nombreuses et précieuses. On lui doit la découverte du calcul infinitésimal ou différentiel, qui a permis à Newton d'expliquer le système du monde, et à Laplace de publier sa *Mécanique céleste;* — avec Pascal et Galilée, il établit la théorie du calcul des probabilités; — avec Descartes, il partage la gloire d'avoir créé la géométrie analytique par l'application de l'algèbre à la géométrie; — et, titre suprême, il découvrit la théorie des nombres, où, sur plusieurs points de la plus abstraite des sciences, personne ne l'a surpassé. Et tous ces beaux travaux ne furent connus que de quelques correspondants, leur auteur, indifférent à la gloire, n'ayant pas permis de les publier. Mais ils excitèrent l'admiration des savants, si l'on en juge par la lettre qu'écrivit Pascal à ce fils illustre de Beaumont-de-Lomagne : « Je vous tiens pour le plus grand géomètre d'Europe... Vos enfants portent le nom du premier homme du monde ! »

André Jeanbon Saint-André. — Sa vie : Né à Montauban le 25 février 1749; enrôlé dans la marine marchande; ministre protestant à Castres, puis à Montauban (1788); député à la Convention nationale (1792-1795) et membre du Comité de Salut public; consul général à Alger (1795), puis à Smyrne (1798); préfet du Mont-Tonnerre (1801); mort à Mayence le 10 décembre 1813.

Un des personnages le plus en vue de la période révolutionnaire, un de ceux qui ont le plus fait pour sauvegarder les principes de 1789 et protéger la Patrie contre l'invasion étrangère. Doué d'une vive intelligence, d'un talent de parole remarquable et d'une grande habileté à conduire les hommes, il devint, dès le début, le chef du parti révolutionnaire du pays montalbanais et sut lui faire partager ses idées de liberté contre l'absolutisme de l'ancien régime.

A la Convention, dont il fut président, il se rangea du côté des Girondins, dont il admirait les idées généreuses et le magnifique talent, puis du côté des Montagnards

qui, par la rigueur de leurs principes, leur esprit de déci-
sion et leur énergie lui paraissaient seuls capables de sauver la Révolution contre l'anarchie intérieure et l'invasion
étrangère. Disciple de Rousseau, il ne cessa de demander
pour la classe populaire, avec la liberté de ses propres
destinées et une existence matérielle meilleure, une éducation civique capable de lui enseigner ses droits et de lui
inspirer ses devoirs. Sachant démêler, à chaque instant,
les sentiments et les passions qui dominaient dans l'assemblée, et les exprimer avec netteté, précision, abondance,
il se fit écouter, et il plut. Dans le sein du Comité de
Salut public, son action fut plutôt administrative que politique. Il n'eut pas à prendre part aux mesures les plus vio-
lentes de la Terreur. Envoyé en mission, avec Prieur, aux
armées de l'Est, il releva le moral des soldats, secoua
l'inertie des chefs, leur communiqua le souffle de liberté
qui animait la Convention, et imposa la tactique offen-
sive, par grandes masses, la seule tactique française et la
seule qui répondît à l'enthousiasme révolutionnaire.
Chargé de diriger la marine, il s'efforça de mettre un
terme à l'anarchie qui régnait dans les services, de faire
cesser les divisions parmi les chefs et d'augmenter les
unités de combat. Dans l'escadre de Brest, il prit part,
avec Villaret-Joyeuse, à la bataille navale où sombra le
Vengeur, qu'a immortalisé Lebrun. Il élabora un plan de
réorganisation qui devait donner à nos forces navales la
puissance suffisante pour lutter contre l'Angleterre dont il
redoutait l'animosité présente et l'omnipotence future. A
Brest, à Toulon, il porta partout son activité fiévreuse, se
fit obéir de tous et accomplit d'importants travaux.

Avec la Convention finit son rôle politique. Malheureux,
pauvre, il consentit à servir le Directoire et Napoléon Ier,
qui utilisèrent ses aptitudes administratives, son activité et
son énergie. A Mayence, où il mourut victime du devoir,
on conserve encore le souvenir des bienfaits rendus.

Si Jeanbon Saint-André n'est pas un grand chef de parti comme Robespierre, un grand politique comme Danton, un grand orateur comme Mirabeau, il occupe, par son talent et son énergie, une des premières places parmi les grands Conventionnels. S'il a eu parfois des défaillances de caractère, il a quitté le pouvoir pauvre. Il a bien servi la démocratie et il s'est dévoué pour la Patrie. Que ceux qui lui reprochent d'avoir joué un rôle important dans la grande assemblée révolutionnaire se rappellent ce mot célèbre : « Je n'oublierai jamais, disait le grand orateur Berryer, royaliste fervent mais patriote sincère, je n'oublierai jamais que la Convention a sauvé mon pays. »

Jean-Auguste-Dominique Ingres (1780-1867). — Ce fut l'un des plus grands peintres de l'école française. A la fin du XVIIIe siècle, notre art s'était égaré dans les mièvreries et le poncif qui ne répondent pas à la netteté et à la grandeur du génie national. Ingres eut le grand honneur de le régénérer. Elève de David, il étudia les œuvres de la Renaissance et ne tarda pas à devenir un admirateur passionné de Raphaël Sanzio et son plus célèbre émule. Il sentit que l'art devait se retremper dans la nature qui, seule, produit le vrai dans la variété infinie des modèles. Son idéal conçu, il se prodigua, dans un labeur lent, pénible, acharné, pour le réaliser dans tous les genres, sauf le paysage. L'histoire, le portrait, la peinture épisodique et la peinture de genre furent traités par lui dans un grand nombre de tableaux dont quelques-uns sont restés célèbres : *Vœu de Louis XIII, Apothéose d'Homère, Martyre de Saint-Symphorien, Stratonice, Jésus au milieu des Docteurs, Portraits de Mme Devauçay, de Mme Forgeot, de Bertin aîné, Baigneuse assise, l'Odalisque et l'Esclave, la Source*. Dans tous ces tableaux, Ingres a idéalisé la nature en la purifiant de tous les détails sans importance pour n'en conserver que les traits essentiels.

Chez lui, le dessin — « la probité dans l'art » — est la caractéristique première de son génie. Ce dessin est plein de mesure et de délicatese. Il est tour à tour naïf dans la *Source;* tendre et voluptueux dans ses *Odalisques;* violent et farouche dans ses *Licteurs;* magistral dans *Jésus.* L'expression est rendue par le mouvement et le geste plutôt que par la couleur, qu'il considérait comme inférieure au trait. Toutefois, s'il ne connut pas souvent l'orchestration des couleurs, il eut parfois des finesses de touche ravissantes comme dans ses portraits. Il fut plutôt un dessinateur qu'un peintre. Quant à la draperie, elle fut toujours l'objet de tous ses soins et toujours elle fut d'un grand goût. Ces grandes qualités le firent reconnaître pour le chef des *Classiques* et il eut à livrer des luttes ardentes contre Eugène Delacroix, le chef des *Romantiques,* qui réclamaient la liberté contre la tradition et proclamaient la supériorité de la couleur sur le dessin, du costume sur la draperie, du mouvement sur la froideur sculpturale. L'influence d'Ingres fut immense.. Flandrin, Chassériaux et d'autres élèves célèbres se formèrent à son école; toutes les branches de l'art se ressentirent de son génie. Après avoir fécondé le domaine de l'intelligence et rendu plus noble l'humanité, il mourut, plein d'ans et d'honneurs, léguant à Montauban, sa chère ville natale, les croquis de ses chefs-d'œuvre, témoins intimes d'une vie de labeur et de gloire.

Le Péril de demain

Le Tarn-et-Garonne souffre, depuis plus d'un demi-siècle, d'un mal, lent mais redoutable, qui le mine, diminue sa vitalité économique et compromet son avenir : il se dépeuple. De 228.300 habitants qu'il comptait en 1808 et 244.498 en 1850, il est descendu au chiffre de 195,669, d'après le recensement du 24 mars 1901. En un demi-siècle, sa population kilométrique est tombée de 65 à 52 habitants, nombre inférieur de 20 unités à celui de la France entière. Notre pays devient de plus en plus un pays de célibataires et de fils uniques ; les derniers recensements accusent, en bien des endroits, une diminution marquée dans le chiffre des mariages et des naissances. En outre, fils de la terre, le paysan dédaigne la terre et se laisse prendre au mirage trompeur des villes. Il court aux grandes cités, Montauban, Toulouse, Paris..., s'enrôler dans les rangs des déclassés, des malheureux, des mécontents. Commencé sous la Monarchie de Juillet, ce mouvement de désertion des campagnes a eu son apogée sous le second Empire, et, sous la troisième République, il s'est régularisé et a pris l'importance d'un fait permanent (5 °/₀₀ habitants). Déjà, dans la plupart des villes, les métiers ne battent guère et le commerce périclite. Mais ce sont les campagnes qui sont le plus atteintes. Sur plusieurs points, les bras manquent, les collines se couronnent de friches, les champs sont abandonnés, les maisons inhabitées. Presque partout, la gêne se fait sentir.

Le Tarn-et-Garonne ne mérite pas de marcher dans cette voie de décroissance et de consomption. Il est riche et il a déjà fait preuve d'aptitudes économiques remarquables qu'il est bon de rappeler aux générations contemporaines.

Dans l'industrie, les Montalbanais, écartés des fonctions publiques, de Richelieu à Louis XVI, surent créer de très importantes fabriques de draperie que la tourmente révolutionnaire et l'épopée napoléonienne ont à peu près ruinées. Avant 1789, le *cadis*, le modeste, l'honnête cadis, a enrichi maintes familles montalbanaises, après avoir

alimenté soixante manufactures et fait vivre six mille ouvriers. Issu de la laine des moutons de Gascogne et de
Languedoc et de la fameuse trempe du Tarn, il alla bien
loin porter l'excellence de notre fabrication. — Du sein des
Causses, n'est-il pas sorti, de toutes pièces, l'industrie
caractéristique actuelle du Tarn-et-Garonne? Depuis 1798,
date à laquelle Pétronille Cantecor, l'humble bergère,
commença à tresser le jonc, fils de la pierre, quarante
fabriques se sont fondées à Septfonds, Caussade, Montauban, qui occupent quatre mille ouvriers et produisent
annuellement six millions de chapeaux de paille, d'une
valeur de six millions de francs.

De tout temps, le pays montalbanais a été un pays
agricole. On y a pratiqué, avec succès, la culture traditionnelle des céréales et des légumes secs, et la vigne y
a prospéré comme par enchantement. L'agriculteur tarn-
et-garonnais ne s'enorgueillit-il pas de quelques beaux
produits : *Chasselas de Montauban, pêche bisconte et
bigarreau Napoléon*, qui portent dans toute la France et
jusqu'en Amérique le bon renom de notre sol et de notre
climat ?

Si le Tarn-et-Garonne est petit en étendue, il est grand
en fécondité. Il peut nourrir abondamment beaucoup plus
d'habitants. Que ses enfants lui restent, y deviennent
nombreux, et il jouera dans la France de demain un rôle
important, digne de celui que lui ont légué les grandes
traditions du passé.

15 mai 1902.

JEAN CAZAUBIEL.

GÉOLOGIE

Généralités — Description sommaire des Terrains

Le département de Tarn-et-Garonne appartient à la bordure sud-ouest du plateau central de la France et au bassin tertiaire aquitanien. Traversé par trois grands cours d'eau, la Garonne, le Tarn et l'Aveyron, par deux rivières qui descendent du plateau de Lannemezan, la Gimone et l'Arrats, il est recouvert en grande partie par les dépôts meubles liés à la formation des grandes vallées.

Les terrains primitifs et secondaires n'y occupent qu'une superficie restreinte ; les terrains tertiaires et quaternaires y acquièrent, en revanche, un important développement.

Voici, dans leur ordre de superposition normale, les couches qui constituent le sol géologique du département :

Terrain primitif. — *Micaschistes* de natures et de colorations diverses. — Intercalation de roches amphiboliques et de serpentines. Filons quartzeux et métallifères.

Formation permo-carbonifère. — Schistes à veines et lits de *houille* et rognons de fer carbonaté lithoïde avec empreintes végétales. — Schistes bitumineux.

Formation permienne. — Argiles schisteuses *(Rufs)* rouges, grises, noires, en dalles, à empreintes problématiques, avec gypse et psammites dans le haut. — Psammites très micacées avec alternances de grès micacés en plaquettes, quelquefois avec bancs noirâtres semblables à des micaschistes. — Grès rouges plus ou moins micacés avec argiles schisteuses et psammites à végétaux *(Walchia)*.

Formation triasique. — Grès feuilleté et psammitiques, blancs, gris ou rosés. — Grès à gros éléments à galets de quartz. — Marnes rouges et lie de vin très sableuses, parfois micacées, devenant calcaires avec intercalation de marnes vertes vers le haut.

Terrain jurassique

Rhétien. — Calcaire grossier en plaquettes avec intercalation de marnes vertes. — Dolomies. — Cargneules.

Hettangien et Sinémurien. — Cargneules associées à des calcaires dolomitiques et à des bancs lithographiques à grain très fin, gris, bleus, jaunes, compacts, zônés ou en plaquettes. — Calcaires massifs à grains de quartz avec *Ostræa* et *Pentacrines*.

Liasien ou **Charmouthien.** — Calcaires grézeux jaunâtres à *Ter. resupinata* et *subnumismalis* et *Gryphæa cymbium*. — Calcaires marneux et marnes à grosses *Pholadomyes* et gros *Nautiles* à *Gryphæa Mac'Ullochi*, *Bel. Niger* et *Amm. normanianus*. — Marnes et calcaires marneux à *Amm. margaritatus* avec retour de *Gr. cymbium* dans des marnes fissiles, grises et verdâtres, parfois très micacées. — Calcaires grézeux roux à *Pseudopecten æquivalvis*, *Pecten calvus* et *Zeill. cornuta*.

Toarcien. — Calcaires marneux, en rangs de pavés, marnes grises et bleues, marnes puissantes, noires, schisteuses et fissiles avec *Amm. Serpentinus* (base), *Amm. bifrons* (milieu), *Leda rostralis, Cerithium armatum, Turbo subduplicatus et capitaneus, Bel. irregularis et tripartitus* (haut et passim). — Calcaire marneux avec bancs de lignites et de calcaire à ciment avec *Amm. radians*. — Calcaire gris ou jaunâtre, marneux, un peu grézeux, à faune partie toarcienne, partie bajocienne : *Gryphæa sublobata (Gr. Beaumonti), Rynch. cynocephala, Bel. unicanaliculatus, Ter. perovalis*.

Bajocien. — Calcaires un peu marneux, bien stratifiés à *Ceromya concentrica et Bajociana, Ter. perovalis* et nombreux *Bivalves* — Dolomies. — Cargneules. — Calcaires blancs à grains très fins, très homogènes, parfois oolithiques avec *Pecten, Lima, Terebratules, radioles de Cidaris*. — Calcaires gris sublithographiques.

Bathonien. — Calcaires en plaquettes (formation assez puissante) avec quelques bancs compacts à *Ostræa costata, Ter. intermedia et ornithocephala* et intercalation d'un niveau marneux à fossiles d'eau douce et saumâtre (précieux repère stratigraphique) avec *Corbula tristriata, Neritina bidens, Planorbis calculus*.

Callovien et **Oxfordien** (pars). — Calcaires sublithographiques des *Causses* avec banc à *Rynch. elegantula* à la base.

Oxfordien supérieur, Rauracien, Astartien (pars). — Calcaires coralligènes et subcrayeux (massif d'Arbre Long).

Astartien supérieur et Ptérocérien. — Calcaires en dalles de Septfonds, Gardès et les Roys avec *Ceromya excentrica, Ostr. solitaria et bruntutana, Pinnigena Saussurei,*

Ter., subsella, Rynch. inconstans, Pseudo-cidaris mammosus, Cidaris cervicalis, Rhabdocidaris Orbignyana, Pygurus Blumenbachi, etc., etc.

Virgulien. — Calcaires sublithographiques, jaunâtres et brécheux avec *Exogyra virgula et Ter. Subsella*. — Calcaires marneux avec *Ex. virgula et Olcostephanus* de grande taille.

Terrain tertiaire

ÉOCÈNE

Sidérolithique. — Argiles rouges; minerai de fer en grains; sables quartzeux; dépôts marno-calcaires des poches, fentes et crevasses; brêches et conglomérats de rivage; phosphorites du Quercy (pars); argiles de décalcification et terres rouges des Causses; couches tertiaires inférieures de Varen. Argiles à gravier.

OLIGOCÈNE

Sannoisien. — Mollasses et calcaires marneux ou calcaires francs (calcaire de Lexos) avec argiles rouges (Vindrac) et jaunes à graviers. Phosphorites du Quercy (pars).

Stampien. — **Mollasses de l'Agenais,** puissante formation arénacée, d'une composition assez constante avec alternances de marnes, sables et argiles, jaunâtres ou grisâtres, parfois à colorations vives, rose, brun et vert, et trois groupes de grès mollasses (Tufs dans le pays), assez uniformément répartis dans la masse. Gisement des *Rhinoceros minutus, Anthracotherium magnum et minimum.*

Le long de la bordure jurassique, apparition au sein de ces mollasses de quatre lentilles calcaires : **Calcaire à *Bythynies* de Fontannes et calcaire inférieur du Boulve et de Puylaroque, — Calcaires de Roques et de Saint-Matre, — Calcaire du Bouisset, — Calcaires de Cieurac,** — s'épaississant à mesure que l'on va vers le Nord et se soudant à Cieurac et Lalbenque pour former la masse calcaire de Cieurac, à allure transgressive (brèches littorales) et très fossilifère : *Helix Ramondi, corduensis, cadurcensis; Cyclostoma cadurcense ; Pomatias Cieuracensis ; Lymnæa albigensis et cadurcensis ; Planorbis cornu.*

Phénomène analogue dans l'Albigeois, autour de Cordes, dont le calcaire est identique à celui de Cieurac et occupe la même place dans la masse des mollasses stampiennes.

Continuation du dépôt des phosphorites du Quercy.

Aquitanien inférieur. — **Calcaire blanc de l'Agenais** formé de marnes argileuses blanches ou verdâtres. — Calcaire dur, compact, grisâtre, bréchoïde, concretionné, avec partie supérieure marneuse plus blanche. — Marnes parfois argileuses, ocreuses, grises, verdâtres ou brunâtres. — Calcaire blanc dur caverneux à veinules ocreuses. — Calcaire semblable au précédent, mais plus marneux et plus tendre. Les fossiles sont : *Helix Ramondi, oxystoma, obtuse-carinata, Tournali ; Planorbis cornu ; Lymnæa pachygaster ; Melanopsis callosa ; Cyclostoma antiquum.*

Dans une partie du Quercy, le Calcaire blanc de l'Agenais se soude au Calcaire, sous-jacent, de Cieurac. Du côté de Moissac, Lafrançaise, Molières, l'assise devient marneuse et mollassique ; ce phénomène se reproduit sur le versant nord de la vallée du Lot, de Montpezat à Penne. Sur la rive gauche de la Garonne, en amont de la

Gimone, le Calcaire blanc perd aussi beaucoup de sa puissance.

Aquitanien moyen. — Trois facies : **Argiles et Marnes** à *Ostræa Aginensis* ; **Argiles et Marnes sans Fossiles ; Facies calcaire sans fossiles**. — Dans la partie occidentale de l'Agenais, sur les deux rives de la Garonne, affleurent des marnes et argiles, rarement associées avec des mollasses sableuses, avec intercalation médiane d'argiles à huîtres *(Ostræa Aginensis)* blanches ou vertes, avec banc supérieur marneux dur passant au calcaire.

L'intercalation marine suit la Baïse, n'atteint pas Agen sur la rive gauche de la Garonne et sur la rive droite se limite à une ligne Agen — Prayssas — Lacépède. Le Tarn-et-Garonne est donc en dehors de l'extension prise par les eaux marines de l'Aquitanien, au moment du dépôt des faluns de Bazas.

Dès que cesse l'influence marine, l'étage tend à devenir calcaire et à se souder intimément avec le précédent et le suivant.

Aquitanien supérieur. — **Calcaire gris de l'Agenais**. — Calcaire un peu marneux, blanc, à parties noduleuses ocracées. — Calcaires fétides, gris, noirs, en deux bancs séparés par un lit marneux jaunâtre, noduleux, tubulés, caverneux, très fossilifères. — Calcaire plus marneux identique au banc inférieur. — Retour (assez rare) d'argiles, souvent en poches de remplissage avec *Ostræa aginensis*. Les fossiles sont : *Dremotherium aginense ; Helix subglobosa, Moroguesi, Tristani, Bartayresi ; Planorbis solidus, cornu*. Trois facies différents : noir et bitumineux dans les mêmes limites géographiques que les argiles à huîtres. — Blanc, ocracé et moins noduleux au-delà de ces limites, vers le nord-est et le sud-est. — Blanc, ocracé, plus ou moins marneux ou compact, quand il se soude aux deux autres niveaux de l'Aquitanien pour former, comme dans le Quercy, une seule masse calcaire.

MIOCÈNE

Burdigalien. — Trois divisions, dont le type a été pris sur la rive gauche de la Garonne.

I. — **Marnes, argiles et mollasses inférieures de l'Armagnac.** — Marnes jaunes, grises ou verdâtres avec couches plus sableuses et sables assez purs à nodules calcaires, se chargeant, en haut, d'éléments calcaires et se transformant en marnes sèches et calcaires blancs, compacts et cristallins.

Quelques gisements de gypse et de brèches à *Unio*.

II. — **Calcaires de l'Armagnac.** — Calcaires quelquefois gris, fétides et noduleux, mais plutôt blancs et grumeleux, ocracés par places avec *Helix Larteti et Leymeriei, Planorbis cornu, Lymnæa pachygaster*.

III. — **Marnes et Argiles supérieures de l'Armagnac.** — Marnes très blanches, sèches ou légèrement sableuses alternant avec des lits plus gras, gris ou jaunâtres.

De même que la mollasse de l'Agenais, cet ensemble de couches, du côté du Gers et de la Haute-Garonne, se charge, à divers niveaux, de sédiments calcaires qui se réunissent en lentilles superposées présentant plus ou moins de continuité ou de puissance.

Les Calcaires de l'Armagnac représentent, sur les hauteurs de La Gardette, Gouts, Ferrussac, Aurignac, Sainte-Cécile, Saint-Gervais, un groupe de ces lentilles. Les Calcaires des vallées de l'Arrats (Grammont), de la Gimone (Avensac, Maubec, le Cauze) et du Gers (masses d'Auch et de Lectoure) appartiendraient plutôt à l'étage inférieur.

Les deux étages I et II correspondent, du reste, à l'étage de Sansan ou Armagnac inférieur; l'étage III répond, au contraire, à l'étage de Simorre ou Armagnac supérieur, étages séparés sur un certain nombre de points par un poudingue à éléments calcaires, indice d'un changement violent dans les conditions de la sédimentation.

Toutes ces formations d'eau douce paraissent être au-dessous des marnes et argiles à *Ostræa crassissima* si développées dans l'Armagnac; toutefois, les couches de Simorre pourraient peut-être appartenir déjà à l'**Helvétien.**

PLIOCÈNE

A cet étage se rattachent les **Sables et Graviers des plateaux, les Sables des Landes, les Graviers de la Lomagne.**

Ce sont des sables siliceux, ferrugineux, parfois grossiers, à éléments roulés, dans des fentes, poches et crevasses des calcaires tertiaires; des sables grossiers, à veines argileuses, à colorations vives; à petits cailloux quartzeux analogues à ceux du sable des Landes; des couches graveleuses, à gangue argilo-sableuse à éléments quartzeux et colorations vives, surmontées d'un limon feldspathique, jaune, rougeâtre, bariolé de gris (Cox — Vacquiers — Montjoire — Casteron — Montgaillard — Flamarens — Gimbrède) occupant les lignes de faîte des bassins de l'Aveyron, du Tarn et de la Garonne et les plateaux élevés de la Lomagne.

Cet ensemble de couches aurait été charrié et formé par les eaux vers la fin de la période pliocène.

Terrain quaternaire

Alluvions anciennes. — C'est la formation des *Terrasses*, constituées par un limon argilo-siliceux recouvrant une couche de graviers empruntés aux roches du bassin supérieur du cours d'eau. Ces terrasses sont étagées à divers niveaux, presque exclusivement sur la rive gauche; elles présentent une pente sensible et vers la terrasse inférieure et dans la direction de la vallée. Elles tendent à se rapprocher et à se subdiviser à mesure que l'on descend vers la partie basse du fleuve.

L'appareil diluvien de la Garonne comprend, au niveau de Castelsarrasin, cinq terrasses : 85 mètres, 140 mètres, 170 mètres, 185 mètres, 210 mètres. Sur d'autres points, la série est moins complète, les troisième et quatrième niveaux paraissant ne former qu'un seul gradin. Les cailloux sont de plus en plus gros à mesure que l'on remonte le cours du fleuve et de plus en plus voisins des cailloux actuels à mesure que la terrasse est moins élevée.

Le Tarn, à son entrée dans le département présente quatre niveaux de terrasses : 90, 100, 150, 190 mètres; sa plaine basse n'est plus inondable sur bien des points. Les deux terrasses supérieures ont leur surface très ondulée et mamelonnée.

Le plateau de Lavilledieu, entre le Tarn et la Garonne a été formé par le Tarn et remanié en partie par les eaux de la Garonne; les graviers qui caractérisent les alluvions de chacun de ces cours d'eau se trouvent mélangés sur quelques points de la vaste plaine (altitude moyenne : 100 mètres) qui s'étend de Montbartier à Castelsarrasin, ainsi que sur la bordure nord de la vallée de la Garonne de Grisolles à la forêt de Montech.

Dans la vallée de l'Aveyron, au sortir de la gorge jurassique, on trouve trois terrasses : 110, 150, 190 mètres; les deux terrasses supérieures sont assez tourmentées et déchiquetées et se relient aux dépôts meubles pliocènes qui occupent les points culminants des différentes crêtes.

Les affluents du Tarn et de l'Aveyron et les affluents de droite de la Garonne offrent quelques terrasses alluviales anciennes, mais de peu d'étendue et à un seul niveau.

Sur la rive gauche de la Garonne, les longues vallées qui descendent du plateau de Lannemezan ont leur flanc gauche recouvert par une bande de limon argilo-sableux, rougeâtre ou jaune, jaspé de gris, à concrétions ferrugineuses et manganésifères *(trancs)*, à galets et cailloux quartzeux assez irrégulièrement répartis dans la masse.

Ces bandes, plus ou moins larges ou continues, atteignant rarement les crêtes ou les plateaux, se relient insensiblement au dépôt de même nature qui recouvre le grand plateau sous-pyrénéen et, si elles se rapprochent parfois du dépôt des pentes, elles semblent plutôt se rattacher aux terrasses diluviennes.

Ce sont les terrasses anciennes inférieures qui ont fourni l'*Elephas primigenius* dont les gisements sont assez nombreux dans la région.

Alluvions modernes. → Les divers éléments des terrasses, limons sables et graviers, y sont moins régulièrement disposés que dans les alluvions anciennes et les roches tendres ou calcaires qui proviennent du cours supérieur de la rivière y sont représentées. Les limons sont un peu calcaires, ce qui accroît leur fertilité. La plaine basse se divise presque toujours en deux parties, l'une encore inondable, l'autre qui s'élève au-dessus des plus hautes eaux connues.

Dépôts des pentes. — Ils sont de deux sortes : les Éboulis, qui recouvrent d'un manteau souvent fort épais les parties déclives ou abruptes situées au-dessous des falaises ou escarpements des calcaires jurassiques et tertiaires ; les Dépôts sableux des pentes, argilo-siliceux et graveleux, qui résultent du remaniement des formations argilo-sableuses tertiaires ou diluviennes sous-jacentes. Ces dépôts, essentiellement siliceux, n'ont jamais une grande étendue ; dans le Quercy et dans l'Agenais, ils occupent presque exclusivivement le versant est des vallons.

Travertins et Tufs. — Quelques sources, aussi bien dans la région jurassique que dans la région tertiaire ont déposé des travertins calcaires avec des restes de végétaux et des coquilles.

Répartition géographique

Le terrain primitif n'occupe qu'une faible partie de la commune de Laguépie sur les deux rives de l'Aveyron. C'est la pointe occidentale du vaste plateau de gneiss et de micaschistes qui se développe dans le Tarn et l'Aveyron et porte le nom de *Ségala*.

Les formations permo-triasiques forment deux groupes : l'un, le groupe méridional qui se rattache au dôme de la forêt de la Grésigne (canton de Monclar) ; l'autre, le groupe septentrional qui se rattache au dôme de Ville-vayre (canton de Saint-Antonin). Entre ces deux groupes, se placent les quelques affleurements de la lèvre orientale de l'importante faille de Villefranche, dans les vallées de l'Aveyron et du Cérou, autour de Laguépie, de Ratay-rens et de Marnaves, ainsi que le lambeau permo-carbonifère de Puech-Mignon.

Nos couches jurassiques appartiennent à l'éperon occidental de la bordure du plateau central, séparé de l'éperon oriental (causses de Larzac) par le plateau primitif de Ségala. Elles occupent l'intégralité des cantons de Caylus et de Saint-Antonin et une partie de ceux de Caussade, Montpezat, Nègrepelisse et Monclar.

Les calcaires hettangiens et sinémuriens forment de véritables causses dans les cantons de Caylus, Saint-Antonin et Monclar, le long des vallées de la Baye et de la Seye (Verfeil, Ginals, Parisot), de l'Aveyron et de Cérou (Milhars, Fenayrols, Vaour) et de la Vère à l'est de Bruniquel.

Les couches liasiques, toarcien compris, ne dépassent pas, sauf peut-être dans le haut de la vallée, la rive gauche de la Bonnette. Elles forment ensuite une ceinture presque continue autour du causse d'Anglars et, par la vallée de l'Aveyron, elles gagnent la vallée de la Vère et la bordure du dôme de la Grésigne autour duquel elles règnent presque sans interruption.

L'autre partie du pays jurassique est occupé par les *Causses* calcaires, vastes plateaux aux larges surfaces, à peine entamées par quelques gorges ou dépressions, qui forment un saisissant contraste avec la région découpée et ravinée que recouvre le lias et celle non moins tourmentée et déchiquetée que constituent les formations tertiaires.

Tout le reste du département appartient aux formations tertiaires et quaternaires. Le sidérolithique et les argiles à graviers se confinent au voisinage de la bordure secondaire et la suivent sans interruption depuis Tournon, dans l'Agenais, jusqu'à la région de Carmaux et de Cordes et la vallée de la Vère, de Bruniquel à Cahuzac, le long du dôme de la Grésigne et de ses dépendances.

Les poches à phosphorites, ainsi que l'indiquait M. Péron dès 1875 et que l'ont confirmé les travaux de

M. Vasseur et de ses collaborateurs de la Carte géologique détaillée de la France, sont en relation étroite avec
les îlots tertiaires disséminés à la surface des causses du
Tarn (Moncéré, près Penne), du Tarn-et-Garonne et du
Lot (Servanac, La Mandine, Pech-Poujol, Albrespy,
Mouillac, Vaylats, Bach) et semblent ne se rencontrer, au
au moins au sud du Lot, que sur les causses de moins de
350 mètres d'altitude, appartenant aux calcaires sublithographiques (Callovien et Oxfordien) et plus rarement aux
calcaires en plaquettes du Bathonien.

Les mollasses de l'Agenais et de l'Armagnac; les calcaires de l'Agenais, soit indépendants (cantons de Valence,
Lauzerte, Moissac et de la rive gauche de la Garonne),
soit soudés ou non aux calcaires inférieurs (Montpezat et
Lauzerte), ou supérieurs (Lauzerte, Bourg-de-Visa, Mon-
taigut), soit en îlots ou en couches devenues marneuses
(Lafrançaise, Molières, Caussade, Nègrepelisse, Montauban, Monclar) se présentent sous forme de plateaux étroits,
allongés, aux ramifications multiples, supportés par des
pentes douces, là où les couches marneuses dominent,
raides et abruptes, là où se montrent les corniches calcaires, le plus souvent recouverts, sur leurs surfaces ondu-
lées qui s'allongent entre les nombreux ruisseaux du
Quercy, de l'Agenais et de la Lomagne, par des formations marneuses au-dessus desquelles pointent quelques
mamelons couronnés par les couches calcaires les plus
récentes.

Les terrasses quaternaires dominent sur toute la rive
gauche de la Garonne et dans les cantons de Grisolles,
Montauban, Monclar, Nègrepelisse, Villebrumier, Castelsarrasin et Moissac.

Les dépôts sableux des pentes sont intimement liés aux
affleurements molassiques, mais se développent surtout
dans toutes les régions tertiaires situées sur les rives gau-
ches du Tarn et de la Garonne.

Les éboulis sont fréquents dans les vallées du Cérou, de l'Aveyron, de la Vère et dans celles de leurs affluents. Tous les hauts vallons de la partie la plus élevée des cantons de Bourg-de-Visa, Lauzerte et Montaigu sont aussi tributaires de cette formation.

Le dépôt de travertin le plus important est celui de Saint-Pierre-de-Livron près de Caylus. On peut ensuite citer celui de Saleth, dans la vallée de l'Aveyron ; d'autres dépôts travertineux se montrent en divers points, au bord de la rivière, ainsi que dans la vallée de la Bonnette, notamment autour du Martinet.

Remarques stratigraphiques et orographiques

La stratification des micachistes de Laguépie est assez confuse. On y distingue, cependant, une direction N. O. — S. E. assez constante, avec une forte inclinaison des strates sur l'horizon, inclinaison souvent modifiée par l'intrusion des filons quartzeux ou celle de la serpentine et des amphibolites qui l'accompagnent.

Le lambeau permo-carbonifère de Puech-Mignon, ainsi que les lambeaux similaires voisins de Lacapelle (vallon d'Aymer) et de Najac, paraît avoir été ramené au jour par le jeu de failles orientées comme celles qui intéressent le bassin de Carmaux (N. S. — N. 60° O.) et être limité au N. O. par l'importante faille de Marnaves ou de Villefranche (N. 20° E.), ce qui rend assez incertaines l'étendue et la puissance de ces gisements houillers.

Les formations permo-triasiques de la région se présent en dômes dont le grand axe est dirigé N. N. E. — S. S. E. parallèlement à la faille de Villefranche.

Les couches psammitiques et grézeuses accusent, tout
autour du bombement, des plongements réguliers qui
s'atténuent quand on s'éloigne du centre. Ce n'est qu'accidentellement qu'elles deviennent verticales (flanc E. du
Cérou) ou se renversent en s'étirant (flanc O. de la Vère).
Dans ces parties enfaillées (fractures secondaires) et
tourmentées (plis synclinaux et anticlinaux) se montrent
des effondrements (Peyralade-Grèzes) ou des boutonnières
anticlinales (Puycelcy); il y a là une série de petits accidents (La Gautario, les Truquets, Marnaves) dont l'étude
peut fournir d'intéressants aperçus sur la tectonique de
cette partie du département. Les dômes permo-triasiques
de la région sont ceux de la Grésigne, de Ratayrens et de
Villevayre.

Les couches jurassiques sont disposées selon des bandes
parallèles à la faille de Villefranche ; elles penchent vers
l'ouest. Mais leur inclinaison diminue à mesure que l'on
s'avance dans cette direction. Les étages jurassiques
proprement dits ont donc une extension géographique
plus grande que les étages liasiques. Après les calcaires
sublithographiques des Causses, les affleurements sont
moins continus et le Virgulien est limité à un point élevé
au-dessus de Cazals; il ne reparait plus qu'au Montat,
aux portes de Cahors, dessinant ainsi un vaste golfe qui
semble avoir favorisé, soit le dépôt des calcaires tertiaires
(masse de Cieurac), soit la transgressivité vers l'Est des
étages aquitaniens (ilots tertiaires des Causses).

Dans cet ensemble jurassique les plis sont assez nombreux, mais leur amplitude est faible (La Plaine — La
Mouline — Montrozier — Le Ségalar — Mondésir). Il
convient d'y noter : 1º la faille de l'Aveyron ou de Saleth (E. O. environ) qui s'étend de la grotte du Ca-
pucin à Lexos où elle n'est plus sensible ; 2º la faille de
la Vère qui, aux environs de Layrolle, met le Bajocien
successivement en contact avec le permieu, le trias et le

lias ; 3° le bombement ou boutonnière de Puycelcy où un noyau liasien sert de support à des couches toarciennes et bajociennes ; 4° le grand dôme de Mandavy, Griffoul et la Barthe, entre Vidaillac et Puylagarde, qui intéresse le toarcien, le bajocien et le bathonien ; 5° le bombement de Bosc de la Camp, entre Saint-Antonin et Espinas ; 6° enfin, le bassin synclinal ou cirque de Varen dont la forme demi-circulaire est déterminée par une arête intérieure bajocienne autour de laquelle toute la série liasique, plongeant fortement vers le centre de la cuvette, se trouve représentée. Le fond du cirque, brusquement écorné à l'Est par la faille de Villefranche, est formé par des dalles bajociennes sur lesquelles sont déposés des couches tertiaires qui se prolongent jusqu'à Sol-de-Rozier et Fon-Negrète et dont l'allure et la composition (amas gypseux et bancs calcaires inclinés) méritent une attention particulière.

Les argiles à graviers, eocènes ou oligocènes, largement développées dans l'Albigeois et le Rouergue, s'étendent, autour de Laguépie, sur les plateaux primitifs ou permo-triasiques en nappes presque horizontales, et leurs éléments varient suivant la nature des roches sous-jacentes.

Les dépôts sidérolithiques proprement dits sont, au voisinage de la bordure jurassique, confinés dans les poches, fissures ou crevasses des calcaires de la falaise. (Le Colombier près Cayriech — Minières des forêts du Bretou et de La Garrigue.) A la surface des Causses, c'est la terre rouge qui domine, et son épaisseur est en relation, soit avec les ondulations des dalles jurassiques, soit avec la plus ou moins grande consistance des calcaires, plus fissurés, crevassés ou creusés en boit-tout ou igues dans les régions bajociennes et bathoniennes, sans que les cassures y affectent cependant des directions bien constantes et bien nettes.

On avait cru trouver dans la fréquence de l'orientation Est-Ouest et Nord 25° Est des poches à phosphorites, un indice certain de leur époque ou de leur mode de remplissage, mais des observations plus attentives ont dû faire abandonner cette manière de voir. Du reste, ni la prodigieuse abondance des ossements fossiles, ni la structure concrétionnée, zonaire, noduleuse ou massive de la phosphorite du Quercy, ni la limitation de l'extension de ses gisements, n'ont pu fournir des preuves indiscutables en faveur de l'une ou l'autre des hypothèses émises au sujet des conditions dans lesquelles elle s'est formée : Origine animale, thermale, chimique, physique ou mécanique.

Ce qui reste certain, c'est que les phosphorites du Quercy sont d'âge tertiaire et que leur faune, si riche et si variée, présente de nombreuses affinités avec celle du gypse parisien et comprend de nombreux types oligocènes. Les phosphorites ont dû commencer à se former avec l'éocène supérieur et continuer à se déposer pendant toute la période oligocène, jusqu'au moment où les eaux aquitaniennes ont pris leur extension vers le nord-est, ce qui pourrait ne pas correspondre partout au même stade de la période aquitanienne.

Les couches tertiaires qui occupent la ligne de séparation des bassins du Lot et de la Garonne et s'étendent transgressivement vers le Rouergue et l'Albigeois, ont une pente nettement accusée vers le sud-ouest. Sur la rive gauche de la Garonne, les corniches des calcaires aquitaniens, assez élevées dans l'Agenais au-dessus du fond des vallées, ne tardent pas à disparaître sous les formations plus récentes et sont remplacées par celles des diverses masses de l'Armagnac inférieur. L'allure de tous ces calcaires, stampiens, aquitaniens ou burdigaliens est d'une grande régularité, et, c'est à peine si on peut y relever quelques accidents locaux, comme les bombements de la Serrette et de Boudou et les cuvettes de Place-Longue près de Gasques et de Saint-Martin au pied de Castelsagrat.

Dans la Gascogne, la limite entre le pays tertiaire et le pays quaternaire est nettement marquée par la ligne des hauteurs que jalonnent Pujaudran, Cox, Gimbrède, Estillac, Saint-Loup, ligne qui se rapproche, en s'abaissant graduellement, du cours de la Garonne qu'elle parait rejoindre à la hauteur de la vallée de la Baïse.

La ligne de faîte entre les bassins du Tarn et de la Garonne, occupée par les dépôts pliocènes de Vacquiers et de Montjoire, reste sensiblement parallèle au cours du Tarn entre Saint-Sulpice et Labastide-Saint-Pierre, et cette région, recouverte par les alluvions quaternaires, ne laisse percer qu'en fort peu de points les couches stampiennes et aquitaniennes.

Entre le Tarn et l'Aveyron, le pays est profondément raviné et découpé ; les vallées sont alignées suivant la direction générale de la Garonne et du Tarn en aval de Castelsarrasin et de Lafrançaise, (N. O. — S. E. environ). Dans le Quercy et dans l'Agenais les terrains tertiaires sont sillonnés par une infinité de petites rivières dirigées presque invariablement N. E. — S. O. Sur la rive gauche de la Garonne, de Grenade à Saint-Nicolas-de-la-Grave, les vallées secondaires sont à peu près normales au cours de la Garonne ; à partir de l'Arrats, elles tendent à se redresser puis à s'infléchir vers l'ouest pour prendre enfin l'orientation des cours d'eau qui descendent, en éventail, du plateau de Lannemezan.

Sol arable et cultures — Hydrologie

Les limons des alluvions récentes, grâce à la composition et à l'épaisseur du sol arable, sont d'une grande fertilité et propres à toutes les cultures. Il en est de même des alluvions anciennes *(boulbènes et graves)*, riches généralement en potasse, mais demandant toutefois plus de soins culturaux et un emploi judicieux de la chaux, comme amendement, et des engrais phosphatés. Les couches graveleuses conviennent aux prairies naturelles et artificielles ; les *graves* pures sont généralement plantées en vignes qui sont d'une bonne venue et produisent, mais en petite quantité, des vins fins et de bonne tenue.

Les mollasses stampiennes aquitaniennes et burdigaliennes sont d'une fertilité très irrégulière, constituant des sols riches, surtout au point de vue de la production des céréales et des légumineuses, là où les marnes et les argiles dominent *(terre forte)*, pauvres au contraire là où affleurent les couches sableuses.

Les plateaux calcaires tertiaires, grâce à la décomposition relativement facile des calcaires et à la présence des fragments qui divisent le sol, sont généralement recouverts d'une couche épaisse de terre végétale qui s'adapte à tous les besoins de l'agriculture et produit d'excellentes et abondantes récoltes. Là où les marnes sont trop calcaires ou trop sèches il n'y a que de maigres taillis ou des friches à l'herbe courte et rare.

Sur les causses jurassiques, dès que la terre rouge peut prendre une épaisseur suffisante, les taillis de chêne (chênes truffiers ou chênes producteurs d'écorces à tan) font place aux cultures fourragères, aux céréales et surtout aux pommes de terre et au maïs. Les couches marneuses du lias donnent des terrains compacts, rudes à travailler, à faibles rendements culturaux. Les affleurements permotriasiques ou primitifs sont généralement boisés et fournissent des sols très siliceux où les châtaigners et le seigle dominent, le fond des vallons seul étant consacré aux prairies, et la culture de la vigne ou des céréales n'étant possible que là où la présence des argiles à graviers et la décomposition facile du sous-sol produisent des terres d'une certaine profondeur.

Dans tout le pays calcaire, mais surtout dans l'Agenais et le Quercy, le prunier est cultivé sur une grande échelle et fournit d'importants revenus. Les autres arbres fruitiers semblent confinés dans les plaines ou sur les flancs des collines tertiaires directement exposées au midi (Malause, Moissac, Piquecos, Ardus). C'est cette question d'exposition qui paraît jouer aussi un grand rôle dans la culture des chasselas autour de Moissac et de Montauban.

Le Tarn-et-Garonne est largement planté en vignes aussi bien dans les régions quaternaires que sur les plateaux calcaires jurassiques ou tertiaires. C'est, en outre, un pays de céréales et d'élevage, les prairies naturelles étant d'une bonne venue dans les sols argilo-siliceux que présentent presque toutes les formations géologiques et les sols des terrasses anciennes convenant essentiellement à la culture de la luzerne.

Les sources sont abondantes dans les régions primitives et permo-triasiques à cause de l'imperméabilité du sous-sol et de l'épaisseur des dépôts meubles qui le recouvrent. Elles sont rares dans les étages liasiques aussi bien que dans les formations mollassiques tertiaires. A la base de tous les plateaux calcaires reposant sur des couches marneuses, et notamment des plateaux bathoniens et aquitaniens, sourdent des sources puissantes et nombreuses dont l'emplacement a déterminé celui de la plupart des fermes et des hameaux du Quercy et de l'Agenais. Partout ailleurs, l'alimentation en eau est assurée par des puits, profonds et peu abondants dans les régions marno-argileuses et molassiques; peu profonds et très abondants dans la région des terrasses qui possèdent toutes des nappes aquifères, d'eau pure et excellente, circulant dans la couche graveleuse inférieure, au contact des marnes

et mollasses tertiaires et se faisant jour en donnant lieu à
de nombreuses sources d'une eau très claire et très
fraîche, partout où la chute des terrasses n'est pas mas-
quée par les dépôts des pentes ou par le relèvement du
limon de la terrasse inférieure.

Mines — Minières et Carrières — Sources
minérales

Les filons quartzeux métallifères de Laguépie avec
barytine, malachite, azurite et pyrites diverses n'ont
donné lieu qu'à des recherches.

Il en est de même de certaines mouches de malachite,
et d'azurite rencontrées dans les rufs permiens de la Grésigne.

Quelques orpailleurs de Castelsarrasin et de Saint-
Nicolas-de-la-Grave gagnaient jadis de maigres journées
en criblant et lavant à la sébille les sables aurifères de
la Garonne.

Le lambeau permo-carbonifère de Puech-Mignon, près
Laguépie, avec ses schistes houillers à empreintes végétales et rognons de fer carbonaté lithoïde a été l'objet,
en 1830 et 1834 (MANÈS, *Annales des Mines*, tome X,
1836) de recherches sérieuses. Ces dernières ont été reprises il y a quelques mois.

Des sociétés se sont fondées à Saint-Antonin et à Bruniquel pour la recherche des combustibles minéraux et
l'examen de la possibilité de rencontrer des couches
permo-carbonifères au-dessous des formations permiennes
de la Grésigne.

Les lignites toarciens du Pech-de-Mouloyre, près Caylus, et des Gardelles, dans la vallée de la Vère, n'ont été

que superficiellement exploités. Les lignites bathoniens ne se présentent dans le département qu'en mouches ou veinules inexploitables.

Les gypses tertiaires de Varen, Mansonville, Caravèche, près Beaumont, sont employés comme amendements. Les gypses permo-triasiques de Succaillac, près Marnaves (Cérou) et de Merlins, près Larroque (Vère) pourraient recevoir des emplois industriels.

Les exploitations de calcaires lithographiques tentées, il y a quelques années, auprès de Bruniquel et de Saint-Antonin, n'ont pas donné de bons résultats à cause de la variabilité et du défaut d'homogénéité des bancs.

Les poches à phosphorites, dont l'exploitation a été très active pendant une vingtaine d'années, sont à peu près épuisées, ainsi que les gisements de minerais de fer en grains.

Les carrières de pierres à chaux grasse ou hydraulique sont nombreuses autour de Mascefigue, Bruniquel, Saint-Antonin, Caussade, Lexos, Malause, Goudourville, Auvillar, Larrazet. Presque tous nos calcaires fournissent des des moellons ou des pierres d'appareil, surtout en pays tertiaire. Dans la région jurassique, les carrières les plus renommées sont celles de Septfonds, Bruniquel, Saint-Antonin, Lexos, Caylus, Mascefigue. Les grès permiens et triasiques fournissent des pierres d'appareil et des rouleaux à dépiquer. Certains grès mollasses tertiaires sont aussi utilisés pour les mêmes emplois.

Les limons argilo-siliceux quaternaires, les marnes et les sables tertiaires, les depôts sableux des pentes, purs ou convenablement mélangés ensemble, conviennent parfaitement à la fabrication des tuiles et briques de tout genre.

Les matériaux d'empierrement abondent et sont fournis soit par les calcaires jurassiques et tertiaires, soit par par les graviers des terrasses, soit par le lit des cours d'eau,

notamment de la Garonne, du Tarn et de l'Aveyron qui
donnent en même temps d'excellent sables et graviers
pour la construction. Les sables et graviers mollassiques
(sables de mine) ne sont qu'exceptionnellement utilisés ;
les premiers sont d'un emploi plus courant pour amender
les terres ou amaigrir les argiles à briques.

Dans la vallée de l'Aveyron, on a signalé des sources
minérales à Saleth et à Fenayrols. Ces dernières seules
jouissent de l'autorisation administratives et sont exploitées dans un établissement thermal récemment construit
et aménagé. Ce sont des eaux sulfatées calciques avec bi-
carbonate de chaux et de magnésie, chlorure de sodium
et traces de lithine, d'iode, d'arsenic et de cuivre. Elles
paraissent convenir très bien au traitement des affections
nerveuses et rhumatismales, de la goutte et de la gra-
velle ; on les utilise en bains et en boisson. Ces sources
sont au nombre de quatre et jaillissent sur la rive droite
de l'Aveyron, en aval de l'Église, en deux groupes dont
les points d'émergence sont distants de 200 mètres environ. Le groupe d'aval (Eglise et Villeneuve) a un débit
de vingt litres par minute environ, l'autre groupe (Bom-
bouzolle 1 et 2) a un débit plus élevé, mais plus variable
suivant les saisons. Leur minéralisation est à peu près
identique. Leur température est voisine de 17 degrés cen-
tigrades. Elles sourdent par des cassures existant dans les
calcaires marneux du Charmoutien et se se font jour ensuite à travers les alluvions qui recouvrent la boucle de
Fenayrols. Leur apparition, ainsi que celle de la source à
peu près semblable de Saleth, doit être en relations avec
la faille de l'Aveyron qui manifeste son passage et son
influence autour de Fenayrols par les accidents de La
Plaine, de Deroucal et de Montrozier.

Quelques eaux de source de la région liasique sont très
chargées en sels calcaires et magnésiens et plusieurs hy-
giénistes ont considéré leur ingestion habituelle comme

favorisant le développement et empêchant la disparition complète de certaines affections goîtreuses assez largement représentées autrefois dans le nord-est du département, mais aujourd'hui, fort heureusement, en décroissance très marquée.

JEAN DOUMERC,
Ingénieur civil des Mines.

CLIMATOLOGIE

On est trop porté à sourire lorsque l'on parle de météorologie en temps que cette science se donne pour objet la prévision du temps. Les progrès réels déjà accomplis, les nombreux matériaux réunis et les facilités dues aux communications télégraphiques doivent faire espérer, en effet, que tôt ou tard il n'en sera pas ainsi.

Suffisamment bien étudiés, groupés convenablement et sur une assez vaste étendue, les courants, les divers phénomènes de notre atmosphère permettront de prédire, avec une approximation suffisante, le temps probable qu'ils préparent pour une contrée déterminée.

Quoiqu'il en soit, l'étude des phénomènes atmosphériques, objet essentiel de la météorologie, qu'elle aboutisse ou non à la prévision du temps, présente et présentera toujours le plus grand intérêt.

L'agriculture surtout, dont les travaux et les produits subissent les influences de l'atmosphère, doit être mise à même d'en apprécier les variations. Pour bien installer et bien diriger son domaine, l'agriculteur doit apprendre à connaître non seulement le sol sur lequel il opère mais encore la température de la région aux diverses époques de l'année, les pressions atmosphériques, l'intensité des pluies, leur répartition sur les douze mois de l'année, etc., etc.

Tout en collaborant aux travaux du bureau central météorologique, comme les Commissions instituées dans la plupart des autres départements, par application d'une circulaire de M. le Ministre de l'Instruction publique en date du 5 mars 1879, la Commission météorologique de Tarn-et-Garonne a pour mission de recueillir ces divers renseignements. Par les vingt membres dont elle est composée, elle dirige et assure ce service au moyen de treize observateurs répartis sur tout le territoire du département. Les observations ont lieu ainsi tous les jours, à *Beaumont, Caussade, Caylus, Canals, Lafrançaise, Molières, Montaigu, Montauban*, sur deux points : à l'Ecole normale et au Canal; *Monclar, Montalzat, Saint-Antonin* et *Valence*, à des altitudes variant entre 68 et 300 mètres.

Malgré les faibles ressources dont elle dispose, la Commission a pu, grâce au désintéressement et au dévouement de ses collaborateurs, réaliser de sérieuses améliorations. En même temps qu'elle installait à Montauban un baromètre de précision, sur lequel viennent se contrôler les baromètres anéroïdes des treize stations du département, elle obtenait beaucoup plus de régularité, d'exactitude et de soin dans les observations.

Depuis 1897 elle publie annuellement un relevé de ses observations qui est inséré dans le volume des délibérations du Conseil général et arrive par là dans toutes les communes du département.

Ses moyens sont trop limités et son domaine trop peu étendu pour permettre de tirer de grandes conséquences des faits relevés par ses observateurs. Mais, au point de vue local, ces faits ont leur importance et la Commission s'attache, de plus en plus, à en améliorer, à en perfectionner l'observation et à mieux les coordonner.

C'est ainsi que, depuis deux ans, son bulletin annuel a été complété, en ce qui concerne les observations climatériques dans la ville de Montauban, par des relevés spéciaux aux vents et à la pluie; la durée relative des premiers, suivant les principales directions, et celle des

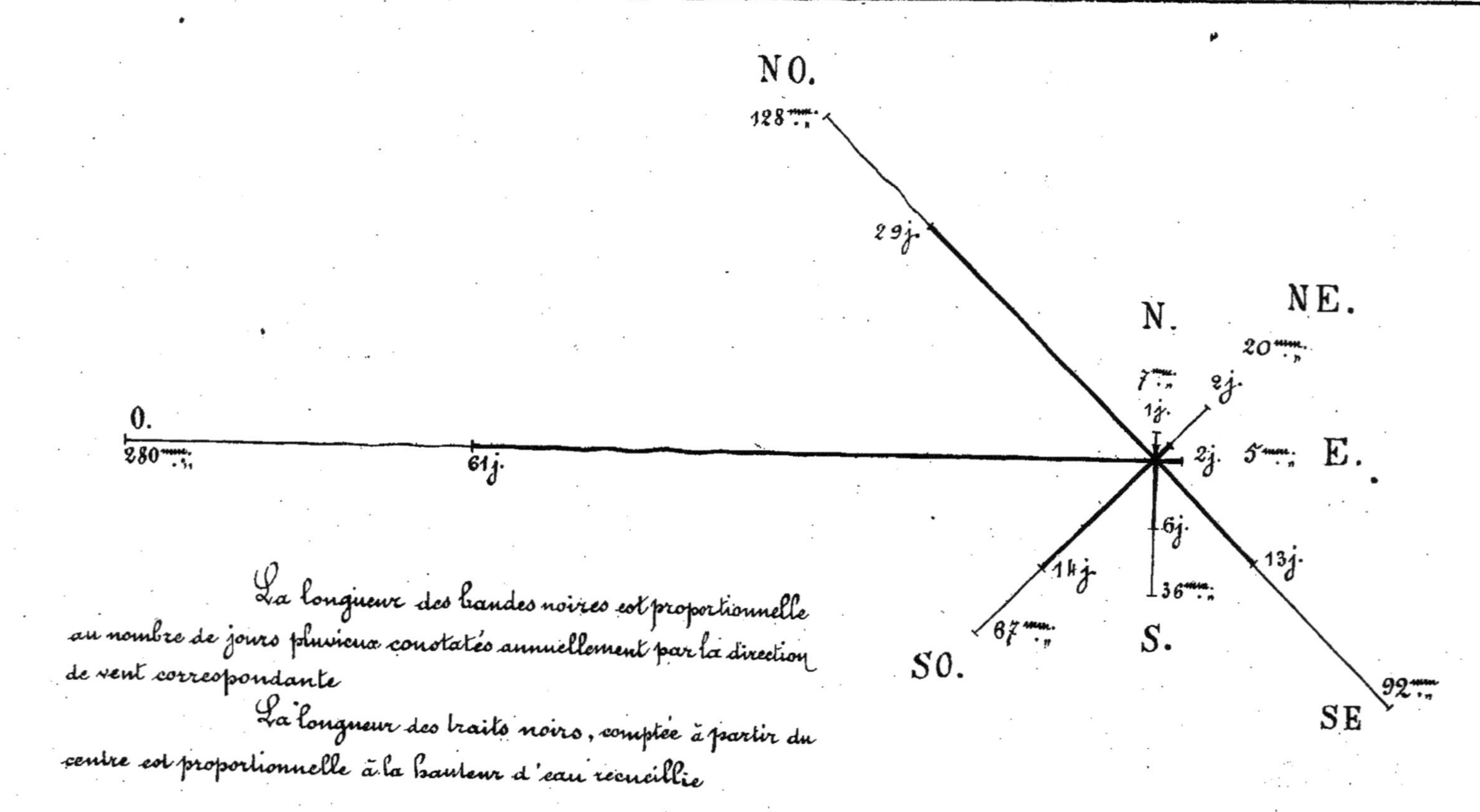

La longueur des bandes noires est proportionnelle au nombre de jours pluvieux constatés annuellement par la direction de vent correspondante

La longueur des traits noirs, comptée à partir du centre est proportionnelle à la hauteur d'eau recueillie

pluies correspondantes avec leur intensité y sont indiquées pour tous les mois de l'année.

Ces relevés montrent que, moyennement, pour les deux années 1900 et 1901, les journées pluvieuses ont été au nombre de 140 et la hauteur d'eau correspondante de 690 millimètres.

C'est à la direction de l'ouest que correspond la plus grande pluie :

280 millimètres en 61 jours.

Le nord-ouest et le sud-est viennent ensuite avec :

128 millimètres en 29 jours pour le premier et 92 millimètres en 13 jours pour le sud-est.

Le sud-ouest figure pour

14 jours et 67 millimètres de pluie.

Les quatre autres vents principaux : le nord-est, le sud, le nord et l'est, ne donnent que des pluies insignifiantes :

68 millimètres en 11 jours.

Au temps calme a correspondu une pluie de :

55 millimètres distribués sur 12 jours.

Le graphique ci-contre rendra plus saisissant le résultat de ces relevés.

Les observations des six dernières années ont porté encore, dans le département, sur divers autres phénomènes, notamment sur la pression barométrique et la température. Mais elles ne peuvent pas, toutes, trouver place dans cette note.

Il suffira, d'ailleurs, d'en extraire ce qui se rapporte à l'une des deux stations de Montauban, celle qui est à l'altitude de 87 mètres et à proximité du port du Canal. Quoique n'embrassant pas une longue période, ces relevés doivent donner, en effet, une idée assez exacte du climat de cette localité.

Le tableau suivant a pour objet d'en déduire les résultats et les moyennes pour la période en question.

4

	Pressions barométriques MOYENNES réduites au niveau de la mer	TEMPÉRATURE						PLUIE	
		MOYENNE des		MINIMUM absolu	DATES	MAXIMUM absolu	DATES	HAUTEUR en millimètres	NOMBRE de jours
		Mini-ma	Maxi-ma						
Janvier....	764ᵐᵐ3	2° »	9° »	— 7° 5	6 janv. 1901	15° 7	1ᵉʳ jan. 1900	52ᵐᵐ 4	11 j.
Février ...	762 8	1 9	11 3	— 9 »	20 fév. 1901	19 8	21 fév. 1899	44 7	10
Mars......	759 »	3 6	13 7	— 6 3	26 mars 1899	28 »	28 mars 1897	68 5	12
Avril	760 4	7 »	18 2	— 1 3	2 avril 1900	28 8	29 avr. 1896	62 6	13
Mai.......	756 1	8 »	22 5	0 2	3 mai 1896	34 8	31 mai 1901	68 7	13
Juin	761 9	13 6	26 6	7 5	20 juin 1901	35 8	22 juin 1901	73 6	11
Juillet.....	763 »	15 5	29 3	7 »	9 juill. 1900	38 6	18 juil. 1900	49 5	7
Août......	762 9	15 2	28 5	7 2	30 août 1896	38 6	18 août 1898 / 4 août 1899	59 6	9
Septembre.	762 7	13 3	25 3	6 2	24 sep. 1899	36 2	5 sept. 1899	59 1	10
Octobre...	761 8	8 4	19 2	— 1 »	8 oct. 1897	28 7	4 oct. 1899	37 9	9
Novembre.	762 6	4 5	12 »	— 6 »	27 nov. 1897	26 8	2 nov. 1899	38 6	12
Décembre.	762 7	2 »	10 »	— 7 8	17 déc. 1899	15 9	5 déc. 1900	56 5	14
Totaux et moyennes .	761ᵐᵐ7	8° »	18° 8	— 9° »	20 fév. 1901	38° 6	18 juil. 1900 / 18 août 1898 / 4 août 1899	671ᵐᵐ 7	131 j.

15 mai 1902.

DAUSSARGUES,

Président de la Commission météorologique
de Tarn-et-Garonne.

FAUNE ET FLORE

FAUNE

Le département de Tarn-et-Garonne ne présente, au point de vue de sa faune, aucune particularité bien saillante.

Il n'y a pas, en effet, entre les diverses régions qui le constituent, des différences de climat, d'altitude ou de culture qui soient assez considérables pour déterminer une localisation de certaines espèces ou pour favoriser le développement de certains types originaires d'autres parties de notre continent.

Nos campagnes sont moyennement giboyeuses, sauf peut-être en quelques points de la Gascogne et du Quercy où les lièvres, les perdreaux et les grives (Quercy) abondent ; nos fleuves et nos rivières sont médiocrement poissonneux ; nos bois et forêts sont peu peuplés, surtout en animaux recherchés pour leurs fourrures.

Avec l'abondance relative des espèces de passage, qui font la joie de nos chasseurs et la prospérité de nos oiseleurs, c'est tout au plus si l'on peut noter la disparition presque complète du gibier dans les plaines de la Garonne, depuis la grande inondation de 1875, et le repeuplement très rapide en sangliers, grâce à l'introduction de quelques couples, des taillis et futaies de la région de la Grésigne qui, il y a trente ans, ne comptaient plus qu'un ou deux solitaires.

Mais le Tarn-et-Garonne mérite une mention particulière pour ses races domestiques : bœufs et vaches garonnais ; oies de la plaine de la Garonne ; poules de Caussade ; dindes et pintades de Gascogne ; pigeons Montauban, les plus gros et les plus beaux de nos pigeons pattus ; toutes espèces que nos agriculteurs et éleveurs s'appliquent à conserver et à perfectionner avec un soin jaloux et qui ont fait leur réputation et leur fortune.

FLORE

Le Tarn-et-Garonne offre, au point de vue botanique, un incontestable intérêt, en raison de la variété des formations géologiques qui en constituent le sol et de sa situation topographique, qui le place au milieu ou au voisinage de grandes régions naturelles dont les productions végétales sont en rapport avec les conditions orographiques ou climatologiques qui les caractérisent.

La première flore du Tarn-et-Garonne a été publiée en 1789, par M. Gatereau, un des disciples de Gouan, le célèbre professeur de Montpellier. M. Baron fit paraître en 1823 une flore des départements méridionaux de la France, et, en particulier, du Tarn-et-Garonne, établie d'après la classification de Linné. En 1846, enfin, M. Lagrèze-Fossat donna une *Flore de Tarn-et-Garonne* sur le plan du *Prodrome* de de Candolle. L'Herbier de M. Lagrèze-Fossat est conservé au Musée d'histoire naturelle de Montauban.

Les travaux de MM. Saint-Amans, sur l'Agenais (1821) ; Noulet, sur la flore du bassin sous-pyrénéen (1837-1846-

1861); de Martrin d'Onos, sur le Tarn (1860); Bras, sur les plantes vasculaires de l'Aveyron (1877), pourront aussi fournir d'utiles indications aux botanistes qui voudraient étudier la flore de notre département.

Ajoutons, pour terminer cette revue bibliographique, que M. Casimir Roumeguère a présenté à l'Académie des sciences, belles-lettres et arts de Montauban et a fait couronner par cette Société, en 1877, une *Flore mycologique de Tarn-et-Garonne,* dont la première partie *(Agaricinés)* a été imprimée dans le recueil de l'Académie (Montauban, E. Forestié, 1880).

Comme l'a fort bien indiqué M. Noulet, dans l'un de ses opuscules, la grande division que l'on peut établir dans le sol arable de la région : les *terres fortes* ou argilo-calcaires provenant de la décomposition des couches tertiaires, et les *boulbènes* ou sols argilo-siliceux, qui appartiennent aux dépôts pliocènes, quaternaires et récents, « constitue le fait le plus saillant touchant la « géographie des plantes de notre flore locale ainsi que « de la flore des cultures. En effet, chacune des deux « classes de terres a une végétation spéciale, sans préju- « dice, toutefois, de l'influence qu'exercent, dans la dis- « tribution et la dispersion des espèces, l'altitude, l'expo- « sition et l'humidité ».

Cette dernière remarque est très importante, car il est démontré que la nature chimique du sol et principalement l'absence ou la présence du calcaire, qui caractérise les deux genres de sols que nous venons d'indiquer, ne peut pas régler d'une manière absolue la distribution des espèces. Beaucoup de plantes que l'on peut considérer comme *calcicoles* dans une contrée, sont, au contraire, absolument *calcifuges* dans une autre. L'humidité et la température du sol jouent dans ce phénomène un rôle considérable.

Sous le bénéfice de ces observations, en prenant pour

guide les travaux de Lagrèze-Fossat [1] et en tenant compte des observations que nous avons pu faire au cours de nos excursions géologiques, nous allons exposer quelques particularités de la flore de notre département.

Les formations alluviales récentes ou quaternaires occupent la plus grande partie de notre sol, mais, par les couches calcaires qui se développent entre les vallées de la Gimone et de l'Arrats, il se relie à la région du Gers, tandis que les plateaux calcaires de la rive droite de la Garonne le rattachent à l'Agenais et au Quercy. D'un autre côté, les terrains jurassiques qui encadrent la vallée de l'Aveyron font du Tarn-et-Garonne la limite méridionale de la région des causses, pendant que les affleurements permo-triasiques des environs de Bruniquel, Fenayrols et Lexos, joints au petit lambeau cristallophyllien de Laguépie, atteignant les uns et les autres une grande altitude, le mettent en relations avec les régions voisines des départements de l'Aveyron et du Tarn.

Le Tarn-et-Garonne est donc bien placé pour présenter une assez grande variété d'espèces végétales et pour abriter un certain nombre de plantes, appartenant aux régions voisines, qui forment sur quelques points de véritables colonies que le botaniste est heureux de rencontrer et dont il surveille avec soin la vie et le développement.

C'est ainsi que nos calcaires jurassiques de la vallée de l'Aveyron et des vallées affluentes, de même que les escarpements des calcaires tertiaires de la partie nord-ouest du Quercy, aux confins de l'Agenais, offrent, dans leurs endroits secs, un ensemble de plantes qui caractérise d'ordinaire des régions plus méridionales et plus chaudes, telles que le Figuier *(Ficus carica L.)*, le Sumac *(Rhus coria-*

---

[1] *Flore de Tarn-et-Garonne* (1846). — *Notice géologico-botanique sur l'arrondissement de Moissac* (1838).

ria. L.), le Pistachier térébinthe *Pistacia terebinthus. L.)*,
l'Arbre de Sainte-Lucie *(Prunus mahaleb. L.)*, le Cornouiller
mâle *(Cornus mas L.)*, l'Épine vinette *(Berberis vulgaris. L.)*,
les Nerpruns *(Rhamnus alaternus, catharticus, alpinus L.)*, le
Groseiller *(Ribes rubrum. L.)*, le Chêne vert *(Quercus ilex. L.)*;
associés au Chêne noir *(Quercus pubescens. Wild)*, au Buis
(Buxus sempervirens. L.) et aux plantes suivantes :

Convulvulus cantabrica (L.).	Biscutella lævigata (L.).
Coronilla minima (L.).	Digitalis lutea (L.).
Teucrium montanum (L.).	Alyssum macrocarpum (D. C.).
Leuzea conifera (D. C.).	Dianthus caryophyllus (L.).

Dans les endroits humides ou frais on rencontre
plutôt :

Aquilegia vulgaris (L.) *(Ancolie)*.	Bupleurum junceum (L.).
Hutchinsia petræa (R. Brown).	Silene saxifraga (L.).
Geranium lucidum (L.).	Sedum dasyphyllum (L.).
Epipactis rubra (All.).	Acer monspessulanum (L.) *(Érable)*
Rumex scutatus (L.).	Chrysosplenium oppositifolium (L.)

De même, sur les sols siliceux du permien et du trias et
sur les terres meubles formées par la décomposition des
micaschistes, on voit se développer une végétation qui se
rapproche de celle du Plateau central ou des premiers
contreforts des Pyrénées :

Castanea vulgaris (Lam) *(Châtaignier)*.	Campanula rotundifolia (L.).
Carpinus betulus (L.) *(Charme)*.	Senecio artemisiæfolius (Pers).
Fagus sylvatica (L.) *(Hêtre)*.	Anarrhinum bellidifolium (Desf.).
Lobelia urens (L.).	Digitalis purpuræa (L.).
Malva moschata (L.).	Lychnis coronaria (Lam).

Dans les grandes vallées de la Garonne, du Tarn et de
l'Aveyron, on remarque aussi quelques espèces étrangères
au pays, apportées sans doute par les alluvions, par les

vents violents qui se manifestent dans ces directions, ou par le fait de l'industrie humaine, comme :

Glaucium luteum (Scop).	Epilobium dodonei (Will).
Ænothera biennis (L.).	Datura stramonium (L.).
Epilobium montanum (L.).	Trapa natans *(Macre)* (L.).
Fritillaria meleagris (L.).	Saxifraga granulata (L.).

La plupart de ces plantes, très rares autrefois, notamment à l'époque où Lagrèze-Fossat a publié sa *Flore de Tarn-et-Garonne*, sont actuellement assez communes, *Saxifraga granulata* surtout, qui pullule maintenant dans toutes nos prairies.

Les *Orchidées*, qui constituent l'une des familles les plus intéressantes et l'une de celles dont le botaniste recueille avec le plus de plaisir les représentants au cours de ses herborisations, nous offrent 35 espèces, dont 17 du genre *Orchys*, 4 du genre *Ophrys*, 6 du genre *Epipactis*, 3 du genre *Serapias*, 2 du genre *Neottia* et 1 de chacun des genres *Aceras, Limodorum* et *Spiranthes*.

Mais le trait le plus remarquable de la flore du Tarn-et-Garonne c'est la différence très accentuée qui se manifeste entre les productions végétales des deux grandes classes de terres qui se partagent les trois quarts de la superficie du département, les *boulbènes* et les *terres fortes*, les premières étant absolument dépourvues de calcaire, les secondes en renfermant une plus ou moins grande proportion.

Quel que soit le point du département que l'on considère ; qu'il s'agisse des plaines alluviales des grands cours d'eau ou des dépôts sableux des pentes ou des plateaux ; que l'on parcoure les affleurements marneux, argilo-marneux ou marno-sableux des formations tertiaires et liasiques, on soit toujours les boulbènes occupées :

1° par une végétation arborescente ou arbustive, dans laquelle dominent les Chênes blanc et bâtard *(Quercus pedunculata. Ehr. et sessiliflora. Smith.),* le Châtaignier *(Castanea vulgaris. Lam.),* le Peuplier tremble *(Populus tremula. L.),* l'Ajonc *(Ulex europæus. L.),* le Genêt à balais *(Sarothamnus scoparius. Koch),* la Bruyère à balais *(Erica scoparia. L.).*

2° par une végétation herbacée dans laquelle on distingue :

Rumex acetosella (L.) *(Oseille sauvage).*
Erica cinerea (L.) *(Bruyère).*
Erica communis (L.) *(Bruyère).*
Spergula pentandra (L.).
Malva fastigiata (Saint-Amans).
Ornithopus perpusillus. (L.).
—   roseus (Duf).
—   compressus (L.).

Corrigiola littoralis (L.)
Tillæa muscosa (L.).
Filago minima (Fries).
Lapsana minima (L.)
Linaria Pelisseriana (Will.).
Stachys arvensis (L.).
Scandix pecten veneris [1] (L.)
Specularia speculum [1] (D. C.) ;

tandis que les terres à éléments calcaires nous offrent :

(A) comme arbres et arbustes : le Noyer *(Juglans regia L.),* que l'on peut considérer comme spontané dans la région jurassique ; le Frêne *(Fraxinus excelsior. L.),* l'Érable *(Acer campestre L.),* l'Alisier *(Pyrus torminalis Ehr)* et surtout le Chêne noir ou pubescent *(Quercus pubescens. Wild),* le faux Baguenaudier *(Coronilla emerus L.),* le Chèvrefeuille *(Lonicera etrusca. Sant),* la Corroyère ou Sumac redon *(Corriaria myrtifolia L.),* le Genêt velu *(Genista pilosa. L.),* associés dans les friches herbeuses à :

Antirrhinum majus (L.) *(gueule de loup).*
Fœniculum officinale (L.) *(fenouilh).*
Asphodelus albus (Will).

Helleborus fætidus (L.)
Hippocrepis comosa (L.)
Cynoglosum officinale (L.).
Medicago orbicularis (All.).
Ægilops ovata (L.)

---

[1] Dans certaines parties du département, ces deux espèces passent dans la région calcaire et s'y confinent volontiers.

(B) des moissons, des chaumes et des jachères riches en :

Orlaya grandiflora (Hoff).	Anchusa italica (Retz).
Echinaria capitata (Désf.).	Delphinium peregrinum (L.).
Tulipa oculus solis (Saint-Amans).	Nigella damascena (L.).
— sylvestris (L.).	Coronilla scorpioïdes (Koch).
Thlaspi perfoliatum (L.).	Rubus cæsius (L.).
Teucrium botrys (L.).	— — var agrestis (Weihe);

(C) des parties argileuses et humides caractérisées par la présence constante du Tussilage pied d'âne *(Tussilago farfara L.)* et de deux espèces de Prêles *(Equisetum arvense et sylvaticum L.)*;

(D) enfin certaines prairies renfermant en abondance le Colchique d'automne *(Colchicum autumnale L.)*, qui se montre aussi dans quelques pelouses à sol siliceux.

La végétation des bois et forêts ne dépend pas de la composition du sol d'une façon aussi étroite que celle des terres cultivées ou des endroits découverts. Avec les arbres et arbustes qui vivent dans notre département et qui n'ont point d'habitat bien déterminé, les régions boisées du Tarn-et-Garonne, même les forêts de Montech et de Saint-Porquier, que l'on peut considérer comme le type des boisements à sol siliceux, légers et totalement exempts de carbonate de chaux, renferment à peu près toutes les essences que nous venons d'énumérer, aussi bien celles des boulbènes que celles des terres fortes. Le Hêtre seul se localise dans les terrains primitifs.

Le Pin des Landes *(Pinus maritima. Lam — Pinus pinaster. Soland.)*, d'abord planté et semé dans beaucoup de clairières de nos bois, est devenu aujourd'hui spontané dans les quartiers où on l'a introduit. Il en est de même du Chêne-Liège *(Quercus suber. L.)* et du Pin sylvestre *(Pinus sylvestris. L.)*; mais ces deux arbres sont moins répandus que le précédent et semblent se propager avec plus de lenteur.

Les alluvions de la Garonne, du Tarn et de l'Aveyron, principalement dans la zone inondable, se signalent par des plantations, en lignes ou en quinconces, de diverses espèces de Peupliers, telles que le Peuplier noir *(Populus nigra. L.)*, qui vient spontanément sur les sables et graviers des rivières; le Peuplier d'Italie *(Populus fastigiata. Poir. — Populus pyramidalis. Rozier.)*; le Peuplier de la Caroline *(Populus virginiana. Desf.)*, associés à de nombreux hybrides de ces diverses espèces, parmi lesquelles celles dont le bois est le moins noueux et le plus tendre sont les plus appréciées. Les peupliers sont coupés dès qu'ils atteignent, à 1 mètre environ au-dessus du sol, une circonférence de 1ᵐ10 à 1ᵐ15, ce qui demande de 15 à 25 ans suivant la plus ou moins grande fertilité, profondeur ou humidité du sol. On les replante presque indéfiniment dans le même terrain, et cette culture est considérée comme une des plus rémunératrices de la région des plaines alluviales.

Les parties les plus basses des alluvions sont recouvertes de Saules *(Salix alba L. capræa (Lam) et cinerea. L.)* ou complantées d'Osiers *(Salix vitellina L. et incana Schrank)*, qui sont aussi d'un excellent rapport et qui sont d'un grand secours pour la fixation des limons et des berges de nos grands cours d'eau.

M. Roumeguère, dans sa *Flore mycologique du Tarn-et-Garonne*, distingue sept régions ou zones :

1º La zone du chêne (chêne vert et pubescent), à sol calcaire, avec *Amanita cæsarea, vaginata, ovidea ; Agaricus piperatus, aluiaceus, sanguineus, zonarius, socialis, etc., etc.*

2º La petite zone du châtaignier, avec *Agaricus lividus, procerus et laccatus; Amanita muscaria, pantherina, bulbosa, etc.;*

3º La zone du hêtre, avec *Agaricus pulvellus et chrysanterus* (caractéristiques), *procerus et melleus*, déjà répandus dans la zone du chêne; *eryngii, plumbeus, pellucidus; Hygrophorus penarius ; Cortinarius torvus ; Russula lepida ;*

4° La petite zone du pin (forêt de Montech et *passim*), avec *Agaricus deliciosus*; *Lactarius acris, pyrogalus, piperatus;*

5° Les prairies arrosées, avec *Agaricus prunulus, campestris, orcella;*

6° Les pacages, pelouses et lisières des bois, avec *Agaricus tortilis (D. C.)* (faux mousseron);

7° Les arbres isolés (saules, aulnes, peupliers), avec *Agaricus attenuatus, tigrinus, ulmarius, socialis, etc.*

Les Clavaires, les Morilles, les Bolets sont représentés dans les bois et dans les talus par de nombreuses espèces; mais, en dehors des divers Agarics comestibles, de l'Oronge *(Amanita cæsarea)* et du Bolet *(Boletus edulis)*, il n'y a guère d'autres champignons qui entrent dans la consommation.

Une mention doit être enfin accordée à la Truffe *(Tuber cibarium. Bull.)*, que l'on rencontre sur les plateaux calcaires, jurassiques ou tertiaires du Tarn-et-Garonne, en assez grande quantité pour que notre département tienne une place honorable parmi ceux qui produisent ce précieux champignon. Chez nous, la truffe paraît être moins abondante dans la région jurassique que dans la région tertiaire, et être plutôt confinée sur les causses formés par les calcaires de Cieurac (stampien) et par les calcaires blancs de l'Agenais (aquitanien) qui les continuent sans interruption, partout où la terre rouge des causses présente un certain développement. Des plantations de chênes truffiers, sur des défrichements de vignes détruites par le phylloxera, ont été faites avec succès sur les causses de la partie N. N. E. du département, dans les cantons de Montpezat, Caussade, Caylus et Saint-Antonin.

JEAN DOUMERC,

Ingénieur civil des Mines.

INDUSTRIE, COMMERCE

ET

VOIES DE COMMUNICATION

I. — Les anciennes industries de la région [1]

Les plaines qu'arrosent la Garonne, le Tarn et l'Aveyron, ont été, de tout temps, très habitées, ce qui, en raison de la richesse de leur sol et de leur situation géographique, en a fait le siège de nombreuses industries et d'un important commerce, soit local, soit de transit.

Les découvertes faites dans les dolmens, les grottes à ossements et les sépultures primitives indiquent que la **Céramique** était une des industries que pratiquaient les premiers habitants du pays.

L'antique cimetière de Leviacum (Léojac, près Montauban), a fourni des *præfericula* d'une forme qui se conserva pendant de longs siècles. Plus tard, sous la domination romaine, la ville de Cos, sur les bords de l'Aveyron, à 8 kilomètres au nord de Montauban, produisait des poteries samiennes rouges, à figures, de pâte très fine. Pendant le moyen-âge, c'est une fabrication active de poteries grossières, vernissées à l'oxyde de plomb,

---

[1] D'après les notes obligeamment communiquées par M. E. Forestié.

qui alimente les régions voisines et qui ne se transforme qu'au XVIe siècle, lorsque des potiers maures, chassés d'Espagne, apportent avec eux le secret de l'engobe et de l'emploi du vert et du brun. Ce fut l'époque où Giroussens (Tarn) fabriqua ses plus belles imitations de poteries de Talavera-la-Reina.

En 1737, le baron de Lamothe d'Ardus fonda dans cette localité, voisine de Montauban, sur l'emplacement d'une très ancienne poterie, une manufacture de faïence honorée bientôt du titre de Manufacture royale et favorisée par un privilège s'étendant dans un très grand rayon. Plusieurs pièces signées : Ardus 1739, dans le genre de la faïence de Moustiers, sont conservées dans les collections. En 1747, avec Delmas, Louise Ruelle et un peintre nommé Rigal, Ardus donna des œuvres très personnelles et vraiment remarquables. Vers 1780, un peintre de Lorraine, y apporta le secret de la fabrication au réverbère et l'on possède de cette époque des œuvres intéressantes. Les faïences d'Ardus se reconnaissent à la teinte rouge de la pâte et à l'émail bleuté qui la recouvre : quant au dessin, les artistes d'Ardus se sont exercés dans tous les genres, mais avec une naïveté qui les fait aisément reconnaître.

Au commencement du XIXe siècle, Ardus abandonna la fabrication qui avait fait sa renommée pour se consacrer à la production d'une simple poterie de terre vernissée d'excellente qualité.

En 1761, Lestrade abandonna Ardus pour créer une faïencerie à Montauban. Lapierre l'imita plus tard et jusqu'en 1800 notre ville posséda deux fabriques de faïences, à pâte plus marneuse que celle d'Ardus, mais semblables pour tout le reste à ces dernières, les potiers et les peintres, tous nomades d'ailleurs, passant fréquemment d'un atelier à l'autre, ce qui rend assez difficile, d'une façon générale, de distinguer les uns des autres les produits des différentes faïenceries du département.

A Auvillars, sur les bords de la Garonne, il y avait au XVIIe siècle de nombreuses fabriques de poteries en pleine prospérité. Vers 1750, sans doute par l'arrivée de Rigal qui venait de quitter Ardus, quelques établissements se transformèrent en faïenceries, celui de Ducros notamment, et en 1790, Auvillar comptait sept ou huit fabriques en grande activité. Leurs produits imitaient la faïence de Rouen et les faïences italiennes, si bien que quelques marchands gênois venaient les chercher pour les vendre, comme originaires de leur pays, dans les provinces du centre de la France. Mais le plus grand débouché de l'industrie d'Auvillars, c'était Bordeaux où les faïences descendaient par la Garonne pour alimenter ensuite tout le nord-ouest.

Beaumont-de-Lomagne et Nègrepelisse possédaient aussi quelques faïenceries. Les principaux décors employés dans le Tarn-et-Garonne étaient le Moustiers, le Varages, le Samadet; quelques pièces hors ligne, dues à des artistes de passage, sont conservées dans les collections [1].

Après la céramique, il convient de mentionner l'**Imprimerie.** En 1518, des imprimeurs nomades, Berton ou Garnier de Limoges, firent paraître à Montauban, un livre conservé à Séville, dans la Bibliothèque Colombienne *(Cunabula fere omnium scientiarum).* Quelques années plus tard, en 1525, on signale un autre livre dû probablement à Eustache Maréchal, et, de loin en loin, quelques autres publications sorties de presses volantes rattachées, sans doute, aux imprimeries conventuelles de Toulouse.

Ce n'est qu'en 1597, que l'on trouve à Montauban un imprimeur sédentaire dont le succès lui suscite bientôt de nombreux rivaux. C'est la belle époque de l'imprimerie

---

[1] ÉD. FORESTIÉ, *Les anciennes faïenceries de Montauban et du Tarn-et-Garonne*, Montauban, 1876.

montalbanaise avec Louis Rabier, imprimeur du roi de Navarre, et Denis Haultin, de La Rochelle, dont l'œuvre fut brillamment continuée pendant trois siècles, jusqu'à nos jours, par les Coderc, Arnaud de Saint-Bonnet, Bertié, Braconnier, Rouyer, Dubois, Brô, Légier, Descaussat, Teulières, Fontanel, Crosilhes et Forestié. M. Émerand Forestié neveu a réuni et légué à son fils une précieuse collection des œuvres sorties des presses montalbanaises et a écrit en même temps une intéressante histoire de l'imprimerie et de la librairie à Montauban [1].

En 1777, Vincent Teulières publia le premier périodique qui ait paru à Montauban, *la Feuille hebdomadaire de la Généralité*, bientôt suivie, en 1785, du *Calendrier de la Généralité*. Le *Journal de Tarn-et-Garonne* créé en 1809 fut remplacé en 1815 par le *Recueil des Actes administratifs* et il faut attendre jusqu'au 11 janvier 1840 pour voir paraître un journal à tirage régulier, le *Courrier de Tarn-et-Garonne* qui vient d'entrer dans la 63e année de son existence.

La fabrication des **Draps** dans le Tarn-et-Garonne date aussi d'une époque très reculée. Le livre des comptes des frères Bonis [2] indique que cette industrie était en pleine activité à Montauban dès le milieu du XIVe siècle. Il y est question, en effet, de tisserands qui fabriquaient des draps blancs et rosets employés de préférence pour les vêtements extérieurs féminins, de tondeurs, de foulonniers, de teinturiers, et ces divers corps de métiers sont mentionnés dans la plupart des actes des XVe et XVIe siècles. Il semble

---

[1] ÉMERAND FORESTIÉ NEVEU, *Histoire de l'Imprimerie et de la Librairie à Montauban*, Montauban, 1898.

[2] ÉD. FORESTIÉ, *Les Livres de comptes des frères Bonis, marchands montalbanais du XIVe siècle*, 3 vol., 1890, couronné par l'Institut

toutefois que, vers la fin de ce dernier, les draps communs de Montauban, en raison de leur qualité défectueuse, étaient devenus d'une vente difficile.

C'est alors que plusieurs fabricants songèrent à imiter les serges drapées ou *cadis* du Languedoc, en augmentant le nombre des fils en chaîne et en employant les laines les plus fines.

La principale manufacture fut établie en 1626 par Jean et David d'Aignan. Son produit, « une étoffe aussi épaisse que le drap et d'un meilleur usage par sa croisée », connu sous le nom de *Cadis d'Aignan,* ne tarda pas à jouir d'une grande réputation. Plusieurs fabriques importantes et un certain nombre de petits ateliers furent fondés, si bien qu'au commencement du XVIIIe siècle les manufactures montalbanaises étaient à l'étroit dans l'enceinte de la ville et durent, en raison surtout du développement pris par les industries de l'apprêt et de la teinture, se fixer à Villebourbon, sur la rive gauche du Tarn. C'est l'époque où l'intendant Sanson, dans son mémoire de 1698 sur la généralité de Montauban, écrivait : « On fabrique, à Mon-
« tauban et dans les bourgs des environs, des étoffes ap-
« pelées cadis, cordelats et raquères qui sont assez belles
« et de bon usé. Il y vient aussi, du Nébouzan et du voi-
« sinage des Pyrénées, quantité de cadis qui s'y perfec-
« tionnent par l'apprêt que l'on y donne. La plus grande
« partie de ces étoffes descendent à Bordeaux, par le Tarn
« et la Garonne, et se débitent aux foires qui s'y tien-
« nent deux fois l'année. Partie se porte à Bayonne et
« presque tout se débite aux étrangers ».

En 1745, il y avait à Montauban 170 fabricants qui déclaraient entretenir de nombreux métiers en ville et 90 dans les communautés voisines. Dans la requête qui précède l'octroi des lettres patentes délivrées aux frères d'Aignan pour l'érection de leur maison en Manufacture royale, il est dit que l'industrie montalbanaise des draps et des bas au tricot occupe environ 20,000 personnes des deux sexes.

Un mémoire manuscrit de 1764, destiné sans doute à l'intendant de la province et que M. E. Forestié a analysé dans sa remarquable notice historique, sur la fabrication des draps à Montauban [1], évalue à 1,321,930 livres le produit de la fabrication montalbanaise d'articles de laine, se décomposant en :

1,190,000 livres pour les *cadis* et les *razes*, d'une demi-aune de longueur, employés surtout par les artisans et les communautés religieuses, d'une valeur de 3 livres 10 sols à 4 livres 10 sols l'aune (1ᵐ187). Leur fabrication, occupant de 5,500 à 6,000 ouvriers recevant un salaire annuel de 365,000 livres environ et produisant de 8 à 9,000 pièces d'étoffe (35 aunes), exigeait la mise en œuvre de 3,500 quintaux de laine du pays et de la Navarre et 1,500 à 1,800 quintaux de laines d'Aragon ou d'autres provinces espagnoles ;

33,000 livres pour les *droguets* ou petits draps communs, les *bergobssums*, étoffes drapées tissées à long poil des deux côtés, les *serges* façon Rome, imitation de calemandres non calendrées ;

9,750 livres pour les *bayettes* façon d'Angleterre, étoffes non croisées, fabriquées avec des laines de Navarre (chaîne) et des laines du pays ou du levant (trame) ;

22,400 livres pour les *burats*, étamines communes en laine du pays, de demi-aune environ de largeur et d'une valeur de 2 livres 10 sols à 1 livre 15 sols l'aune, dont la fabrication occupait 25 à 30 métiers, produisant 350 pièces environ, et dont l'usage était à peu près général pour les vêtements des artisans et des enfants ;

30,780 livres pour les *mignonettes*, étoffes de laine et

---

[1] ÉDOUARD FORESTIÉ, *Notice historique sur la fabrication des draps à Montauban, du XIVᵉ siècle à nos jours.* — Montauban, 1883.

de soie de demi-aune de largeur et d'une valeur de 2 livres 15 sols à 3 livres l'aune (270 pièces environ);

36,000 livres pour les 8 à 9,000 chapeaux de laine fabriqués annuellement par 15 maîtres chapeliers.

A cette fabrication, étroitement surveillée et réglementée, soit par l'administration supérieure, soit par la Chambre syndicale des marchands, afin de maintenir la qualité et la réputation des produits de l'industrie montalbanaise et de prévenir la concurrence que les nombreux fabricants auraient été tentés de se faire entre eux par l'emploi de laines plus grossières, de chaînes ou de trames avec moins de fils ou par la diminution graduelle de la largeur de l'étoffe, venaient se joindre l'apprêt et la teinture de 50 à 60,000 pièces d'étoffes de laine que nos fabricants de draps recevaient des manufactures du Tarn et du Languedoc, et qui venaient se faire tondre, presser, ratiner et teindre dans nos ateliers des bords du Tarn. Ces opérations donnaient lieu à un commerce de transit de 5 à 6,000,000 de francs et valaient à notre population ouvrière un salaire annuel de 250,000 francs environ.

L'industrie de la **Soie** comprenait trois fabrications différentes d'une importance de 110,000 livres environ :

Les *raz de Saint-Cyr* simples, doubles, croisés ou satinés, fabriqués avec de l'organsin pour la chaîne et du fleuret pour la trame, ce fleuret provenant des grossiers de la soie et des cocons qui ont servi pour la graine (150 pièces de demi-aune de largeur d'une valeur de 5 livres 10 sols à 7 livres l'aune);

Les *serges de soie* croisées, en organsin pour la chaîne, en trame d'Alais pour la trame (60 pièces de demi-aune de largeur d'une valeur de 5 livres 10 sols à 6 livres l'aune);

Les *bas de soie* fabriqués par 48 métiers produisant 7 à 8,000 paires de bas d'une valeur de 8 livres 10 sols à 9 livres la paire et occupant 350 ouvriers.

Le *tirage* de la soie, dont les produits alimentaient ces diverses fabrications, occupait, dans Montauban ou dans la banlieue, 80 à 90 fourneaux qui, dans une période de 35 à 40 jours, mettaient à la disposition de nos fabricants tout ce qu'ils consommaient en organsin, trame d'Alais, soie plate ou commune, etc., etc. Ces soies étaient fournies par les beaux cocons fins doubles du pays et leur tirage était fait dans des conditions bien meilleures que partout ailleurs, ce qui donnait aux bas et étoffes de Montauban une grande réputation. La production de ces fourneaux était évaluée à 2,880 livres de soie d'une valeur moyenne de 18 livres la livre ; la fabrication des étoffes n'en absorbait guère que trois quintaux.

Toutes ces industries demandaient pour l'emballage de leurs produits d'importantes quantités de toiles faites exclusivement avec du chanvre du pays, et Montauban en fabriquait 250 à 300 pièces de 30 aunes de longueur et de 7/8e d'aune de largeur d'une valeur de 1 livre 10 sols à 1 livre 15 sols l'aune.

Pour compléter le tableau de l'activité industrielle de Montauban, dans la dernière moitié du XVIIIe siècle, il convient de mentionner : les **Tanneries**, dans lesquelles 10 maîtres tanneurs ou corroyeurs, munis de 80 fosses, travaillaient annuellement 6,150 gros cuirs (bœufs, vaches et chevaux) ; 3,600 douzaines de petites peaux (veaux, moutons et agneaux), et contribuaient au commerce général de la province pour 250,000 livres environ, et surtout les **Minoteries**, au nombre de 30 environ, tant sur le Tarn que sur l'Aveyron, qui occupaient 3,000 ouvriers et opéraient sur 150,000 hectolitres de froment transformé, soit en *minot* pour l'exportation dans nos colonies des Antilles, soit en farines plus grossières qui s'en allaient vers le Languedoc.

Comment ce mouvement s'est-il progressivement ralenti et pourquoi l'industrie du drap notamment, autrefois si

florissante, est-elle tombée rapidement en décadence?
Pour quelles causes, la ville de Montauban ne comptait-
elle plus en 1810 que 34 fabricants d'étoffes qui ne produi-
saient que 7,000 pièces et n'occupaient que 2,500 ouvriers?
Quelles sont les raisons économiques qui ont fait successivement disparaître presque toutes ces manufactures et
qui n'ont laissé subsister dans notre cité que 6 fabricants et teinturiers de draps, 3 filateurs de laines, 2 tondeurs et 1 foulonnier, travaillant presque exclusivement
pour quelques cantons de la Bretagne, dans lesquels le
cadis de Montauban est resté en honneur?

Il semble résulter des divers documents que l'on peut
utilement consulter, à ce propos, que la promulgation des
lettres patentes du 5 mai 1779 qui accordaient aux manufactures une complète liberté au point de vue de leurs
procédés de fabrication, de la mesure et de la qualité de
leurs produits et de l'apposition des marques de fabrique,
amena les draperies montalbanaises à se faire entre elles
une concurrence acharnée qui eut pour conséquence de
discréditer leurs étoffes, d'en rendre la vente lente et
difficile, de les appauvrir considérablement et, par suite,
de les placer dans de très mauvaises conditions pour
résister aux perturbations sociales et économiques qui
marquèrent les dix dernières années du XVIIIe siècle. Duc
de la Chapelle, dans son mémoire de 1798; Constans-
Tournier, quelques années plus tard; Vialètes d'Aignan,
en 1806, dans son rapport à la Chambre consultative des
arts et manufactures de Montauban, sont unanimes pour
attribuer à la suppression de tout contrôle; à la cherté et
à la rareté du numéraire et des marchandises; à la diminution de la consommation, par suite de l'avilissement de
la qualité, de l'appauvrissement du pays et de la suppression des ordres religieux, grands acheteurs de cadis blancs
et noirs, la crise intense qui sévissait alors sur l'industrie
montalbanaise, et pour engager leurs compatriotes à

revenir à leurs anciens errements, à améliorer leurs produits et à en perfectionner la fabrication, soit par l'emploi de laines de meilleure qualité, soit par l'usage de métiers et de machines, sans oublier, toutefois, que le cadis de Montauban n'est pas une étoffe de luxe et qu'il convient de le maintenir à un prix moyen pour en assurer la vente.

La situation économique de la fabrique montalbanaise n'était pas assez prospère pour que ses représentants pussent attendre l'heureux effet de ces mesures. Préoccupés du sort de leur ouvriers que l'introduction des procédés mécaniques leur paraissait menacer ; enclins par éducation et par routine à ne voir leur salut que dans le protectionnisme le plus étroit et le plus absolu ; dépourvus de capitaux suffisants pour transformer leur outillage et modifier leurs opérations ; ne se rendant pas un compte assez exact des progrès réalisés ailleurs ; du développement pris, dans les régions voisines, par les ateliers d'apprêt et de teinture ; des besoins nouveaux de la Société française issue de la Révolution et de l'Empire, ils ne songèrent qu'à défendre l'ancien état de choses et ils succombèrent les uns après les autres, laissant aux industriels plus audacieux et plus fortunés de Lodève, Castres et Mazamet la place qu'ils auraient pu conserver avec un peu plus de hardiesse et d'initiative.

II. — Les Industries du Tarn-et-Garonne

Le département de Tarn-et-Garonne créé par le sénatus-consulte du 2 novembre 1808, aux dépens des cinq départements limitrophes est classé, quelle que soit la publication que l'on consulte, parmi les départements agriçoles de la France et au nombre de ceux qui sont les plus riches et les plus fertiles. Aussi, les industries qui s'y sont intallées et le commerce spécial qui s'y exerce ont-ils naturellement comme matières premières ou comme aliments les produits du sol ou de la ferme.

Après l'industrie de la draperie, dont nous avons fait connaître tout à l'heure l'état actuel et sur laquelle est venu se greffer un important commerce de laines à matelas, il importe de mentionner la *Filature de soie* et la *Fabrication des Gazes de soie à bluter les farines*, descendant en ligne directe de ces tirages de soie dont nous avons signalé l'existence en 1764 et dont le développement avait amené les agriculteurs de la région à étendre leurs plantations de mûriers et à augmenter considérablemeut leur production en cocons.

Montauban peut être considérée comme le berceau de la gaze de soie destinée à la minoterie et c'est en 1780 que l'on voit cette nouvelle étoffe remplacer les bluteaux en laine dans les usines du pays, tandis que le reste de la France était tributaire des tissages de Lyon et de la Hollande qui livraient un tissu répondant mal aux besoins de la meunerie.

C'est seulement vers 1838, qu'un modeste travailleur de Montauban, devenu plus tard un grand industriel, M. Couderc, réalisa de grands progrès dans la fabrication des tissus à bluter et créa la gaze à bluter française dont la réputation est devenue européenne et dont l'emploi a permis à la meunerie d'améliorer considérablement ses procédés et ses produits.

Tout était à faire pour installer cette nouvelle industrie : Usines, organisation commerciale pour la vente de la gaze, régularisation et augentation de la production des cocons du pays (Tarn-et-Garonne et Tarn) qui convenaient le mieux à la fabrication de cette étoffe de soie. Ces difficultés ne rebutèrent pas M. Couderc et grâce à son infatigable activité et à son intelligence toujours en éveil, il réussit à les vaincre et à placer Montauban à la tête de cette intéressante industrie.

Le succès de M. Couderc lui suscita quelques imitateurs et pendant plusieurs années Montauban compta cinq ou six manufactures de gaze de soie. Aujourd'hui, par suite de la diminution dans la production des cocons du pays, de l'introduction des cocons et des soies exotiques, de la concurrence étrangère, de la vogue qui s'attache à des tissus plus résistants et produits par de nouveaux métiers (gaze genre Zurich), la fabrication montalbanaise a diminué d'importace et il ne subsiste que deux manufactures dont les produits sont toujours très appréciés sur les divers marchés de la soie et dont les tissus sont classés au premier rang tant en France qu'à l'étranger : la filature Jules Souleil, successeur et continuateur de M. Couderc, et la filature Vidal-Marty (ancienne maison Marty, Lugol et Vidal), dont la fondation remonte à 1860.

Ces deux établissements comprennent 116 bassines et fabriquent annuellement 7,500 kilogrammes de soie filée, dont une moitié environ est tissée sur place; l'autre moitié est vendue sur la place de Lyon où elle est très recherchée pour quelques usages spéciaux. Elles emploient près de 300 ouvriers, hommes ou femmes, et mettent en œuvre 38 à 40,000 kilogrammes de cocons du Tarn-et-Garonne (3,000 kilog. environ), du Tarn, des Cévennes et du Levant. Les cocons du pays donnent des soies jaunes très estimées; leur production diminue malheureusement tous les ans par suite du bas prix des cscons étrangers (2 fr. 50 actuellement au lieu de 10 francs autrefois).

La *Papeterie de Montech* (Raoul Veissière et Cie), fondée en 1858 par M. Genevière, ingénieur des arts et manufactures, passa en 1860 entre les mains de M. Arnaud Veissière, grand-père du propriétaire actuel, qui se proposa d'utiliser, pour la fabrication du papier blanc, la paille d'avoine qui se produit en abondance dans la région qui entoure Montech. Les premières années, en s'approvisionnant dans un rayon de 50 kilomètres autour de l'usine, M. Veissière réussit à fabriquer annuellement 1,200 tonnes de papier journal, d'un prix moyen de 1,000 francs la tonne, et en 1888 la production de l'usine de Montech fut portée à 2,000 tonnes, avec une consommation de 4,000 tonnes de paille. L'année suivante, la fabrication des pâtes de bois et des celluloses au bisulfite de chaux avait fait de tels progrès et livrait des produits à si bas prix que M. Vessière n'avait plus avantage à employer la paille d'avoine, dont le transport et le blanchiment demandaient des frais de manutention et d'emmagasinement considérables. Le prix du papier était, du reste, tombé à 450 francs la tonne et une fabrication plus économique s'imposait absolument. L'usine emploie aujourd'hui 4,000 tonnes de pulpe de bois sèche (Norwège et Pyrénées pour une faible part) et 1,500 tonnes de cellulose au bisulfite d'origine française. 4 machines de 1^m60 de largeur produisent annuellement 5,500 tonnes de papier journal (35,000 bobines de 4,000 mètres), d'un prix moyen de 320 francs la tonne. La surface couverte est de 8,500 mètres. 2 turbines de 75 chevaux chacune, 6 générateurs d'une surface de chauffe de 600 mètres carrés et une machine à vapeur de 200 chevaux, exigeant l'emploi de 5,500 tonnes de houille, mettent en mouvement les divers appareils et produisent la vapeur nécessaire aux différentes opérations industrielles auxquelles concourent 120 ouvriers, tous originaires de la localité.

Les papiers sont vendus à Paris, Bordeaux, Toulouse et Montpellier. Le rayon d'action de l'usine est limité par les tarifs des chemins de fer qui ne permettent pas à ses produits d'atteindre avantageusement Marseille, Limoges et Tours.

De nouvelles taxes sont à l'étude, qui permettront sans doute à la papeterie de Montech, dès qu'elles auront été appliquées, d'étendre ses opérations, en attendant que nos chimistes puissent trouver le moyen d'utiliser les bois des Pyrénées dans les mêmes conditions que les bois de Norwège et de rendre à la papeterie de Montech son caractère d'industrie locale, mettant en œuvre un produit de notre région.

L'industrie des *Chapeaux de paille* [1], dans le Tarn-et-Garonne, tire son origine de l'utilisation des tresses de paille du pays, blanches, jaunes et noires, que confectionnaient, dans le Quercy et le Rouergue, les femmes de la campagne, soit à la veillée, soit en gardant les troupeaux, et qui, achetées par petites quantités, sur les foires et marchés du département, étaient revendues aux chapelleries de la région Lyonnaise.

Ce n'est que vers 1830 qu'a commencé à se dessiner l'admirable mouvement industriel qui a abouti, tant à Septfonds, Caussade et Montauban que dans quelques localités voisines, à l'installation de 40 fabriques occupant, suivant les saisons, de 3 à 4,000 ouvriers et donnant lieu à un chiffre d'affaires de 5 à 6,000,000 de francs.

Les matières premières sont les tresses de Chine (article classique), du Japon (article fantaisie), d'Italie (picots), de Suisse (paillassons), de Belgique (tresses à jour légères), de Toulouse ou du pays (articles communs pour l'exportation).

Les tresses exotiques, après avoir subi, généralement dans les pays importateurs ou dans les lieux de vente, les opérations du blanchiment et de la teinture, passent entre les mains des ouvrières qui font le chapeau, soit à

---

[1] D'après les renseignements qu'a bien voulu mettre à notre disposition M. Didier Rey, maire de Caussade, membre de la Chambre de commerce, le créateur, à Caussade, de l'industrie du chapeau de paille.

la main, soit à la machine à coudre, dont l'emploi a permis d'augmenter la production d'un même atelier dans des proportions considérables. Des presses hydrauliques et des presses à pédale, dans lesquelles les chapeaux se trouvent placés entre deux formes métalliques chauffées, soit à la vapeur, soit au gaz de houille ou de gazoline, servent à les conformer, les dresser et les repasser. Il n'y a pas à Caussade et Septfonds moins de 2,000 machines à coudre et de 200 presses de divers systèmes.

Il existe dans le département, 32 fabriques de chapeaux de paille, 4 à Montauban, 3 à Caussade et 25 à Septfonds. Les chapeaux du Tarn-et-Garonne appartiennent à la catégorie des chapeaux dits *cousus*, à bords de tresses superposés, par opposition aux chapeaux dits *remmaillés*, fabriqués plus spécialement dans l'est et dans la région Lyonnaise, dans lesquels les tresses, juxtaposées et assemblées, sont réunies par un fil qui court dans l'intérieur des mailles latérales.

La période active de la fabrication s'étend de septembre à juillet ; ce dernier mois est généralement employé à la préparation des échantillons et des collections que plus de 200 voyageurs vont soumettre aux acheteurs de toutes les régions de la France, tandis que le mois d'août, qui comporte un chômage relatif, est utilisé pour les réparations et la remise en état du matériel.

Les expéditions se font en grande vitesse (messageries et colis postaux) et petite vitesse par les gares de Montauban, Caussade et Borredon. On évalue de 6 à 700 tonnes le tonnage transporté en grande vitesse et à 500 tonnes celui qui est remis à la petite vitesse. Les tresses en provenance des ports de la Manche donnent lieu à un trafic de 650 tonnes environ.

La main-d'œuvre, exclusivement indigène, se paie à la journée ou à la façon, et le salaire journalier varie de 2 fr. 50 à 4 francs pour les hommes et de 1 fr. 50 à 3 francs pour les femmes. Presque tout le travail se fait à l'usine. Certaines maisons, cependant, ont dû, pour assurer leur production (4 à 5,000 chapeaux par jour), faire confectionnier à domicile, à Septfonds, à Caussade ou dans les communes voisines, et établir des ateliers secondaires à Montauban, Réalville, Servanac et Saint-Antonin.

L'industrie des chapeaux de paille, dans notre département, a dû son développement et sa prospérité à l'intelligence et à l'activité de ses premiers fondateurs et à la persévérance avec laquelle ils ont poursuivi le but qu'ils s'étaient proposé. Sans doute, elle a été favorisée par l'existence de l'ancienne fabrication avec les pailles du pays, par l'abondance et le bon marché de la main-d'œuvre, mais il lui a fallu lutter contre d'énormes difficultés. Grâce aux efforts continus des industriels de Caussade et de Septfonds, les tarifs douaniers ont été revisés et les taxes de transport ont été modifiées de façon à permettre à cette industrie de transformation de travailler dans les conditions les plus avantageuses et de refouler les produits similaires étrangers pour s'emparer de la presque totalité de la consommation française.

Par l'importance de ses opérations, par le chiffre des salaires qu'elle distribue, par le nombre des ouvriers qu'elle occupe, elle a droit à la sollicitude des pouvoirs publics, et lorsque les installations de la gare de Caussade auront été mieux proportionnées au tonnage et au nombre de colis qu'elle reçoit, lorsque certains tarifs facilitant l'arrivée des matières premières auront été mis en vigueur, lorsque Septfonds sera reliée à Caussade par une voie ferrée, l'industrie des chapeaux de paille prendra un nouvel essor et contribuera dans une mesure encore plus grande à la prospérité et à la richesse de notre département.

Le Tarn-et-Garonne possédait autrefois à Bruniquel, au barrage de Caussanus, en amont du confluent de la Vère, une *forge* avec *hauts fourneaux* et *laminoirs* qui fabriquait des fers assez estimés en traitant les minerais de fer en grains du pays et employant les charbons de bois de la Grésigne. Mais, cet établissement, dont les vicissitudes ont été nombreuses et la fortune diverse, a disparu depuis quelques années, et l'*industrie métallurgique* n'est plus représentée dans le département que par l'usine de Castelsarrasin, appartenant à la Compagnie française des métaux et destinée à la fabrication des planches de cuivre et laiton, bandes et disques pour munitions de guerre, bandes de maillechort pour enveloppes de balles, chaudronnerie de cuivre, barres et fils de cuivre et laiton, feuilles d'étain battu, etc., etc.

Fondée en 1876-77 par M. Sécrétan, dans l'intérêt de la défense nationale qui exigeait une usine à métal de guerre pour l'alimentation des arsenaux du Midi, cette usine est située à 2 kilomètres en aval de Castelsarrasin, sur le canal latéral, à l'écluse nº 19, qui lui fournit une force hydraulique de 150 chevaux environ, complétée à 400 chevaux par moteurs à vapeur. Elle est reliée par un embranchement particulier, en pleine voie, à la ligne de Bordeaux à Cette.

Elle occupe une superficie de 30,000 mètres carrés dont 1/3 couvert et emploie un personnel ouvrier de 350 à 400 personnes, en marche normale.

Elle comprend des fours d'affinage pour le cuivre rouge, ainsi qu'un four à manche pour le traitement des scories et un laboratoire d'essais.

Les laminoirs sont de forces diverses, de construction moderne, et disposés pour le laminage du cuivre rouge, du laiton et du maillechort.

L'usine possède un atelier pour le martelage et la fabrication de grosses pièces de cuivre et des tuyaux en cuivre rouge soudés. Elle a en plus une fonderie avec fours à creusets pour le laiton et le maillechort, et elle comprend aussi une tréfilerie et enfin une fonderie et un atelier de laminage et de battage pour l'étain et le papier d'étain (chocolateries, manufactures de tabacs, etc.).

Elle est entièrement éclairée à l'électricité. Elle se complète par une cité ouvrière qu'occupent un certain nombre de familles d'ouvriers.

Sa puissance de production, en marche normale, est de 3 à 4,000 tonnes de tous métaux. Elle consomme de 5 à 6,000 tonnes de combustibles tirés exclusivement des houillères du midi de la France.

Parmi les autres industries qui occupent dans le département une place notable, il convient de citer, en première ligne, la *Minoterie* qui, à Montauban, Ardus, Albias, Loubéjac, Montricoux, Castelsarrasin, Moissac, Valence-d'Agen, etc., opère sur des quantités considérables de blé et, après avoir assuré l'alimentation des boulangeries locales, envoie au loin la majeure partie de sa production de minots, farines et issues obtenus par les nouveaux procédés de mouture et avec un matériel entièrement renouvelé et transformé; puis la *Brasserie* représentée à Montauban par deux établissements et, notamment, par la brasserie Heim, fondée il y a 60 ans environ, dont la production est très importante et dont la marque jouit dans toute la région d'une grande réputation.

Après ces deux industries, mais un peu loin derrière elles, comme importance, viennent d'autres industries rattachées aux productions du sol, telles que la fabrication des balais de paille de sorgho (Grisolles, La Magistère, Nohic); des sabots, pétrins, chaises, cages et paniers en saule, peuplier et osier (vallée de la Garonne); des briques et poteries (Montauban, Dieupentale, Auvillar, Castelsarrasin, Beaumont, Moissac); des chaux grasses et hydrauliques (Laguépie, Lexos, Saint-Antonin, Bruniquel, Monteils, Labourgade, Larrazet, Mascefigue, près Monclar, Malause, Auvillar); des meubles communs en peuplier et noyer (Montauban, Valence-d'Agen).

Caussade, Saint-Antonin, Puylaroque, Beaumont-de-Lomagne, Montaigut-du-Quercy possèdent encore des tanneries; à Montauban, il y a une importante couperie de poils de peaux de lapins, dont les produits jouissent en France et à l'étranger d'une grande faveur. Des fabriques de galoches existent à Valence-d'Agen et à Saint-Antonin, et Montech produit en quantité des chaussures à semelles de cordes. Montauban, Moissac et Valence préparent avec succès des plumes et duvets qui sont très appréciés à Paris et dans l'Est et qui représentent un très important mouvement d'affaires. Quelques fabriques de liqueurs (Montauban, Valence, Moissac), ont un rayon de vente assez étendu. Montauban et Lafrançaise possèdent des taillanderies renommées. Enfin, dans la catégorie des arts chimiques, une fabrique de produits pharmaceutiques (Montauban) et plusieurs fonderies de suif et couleries de bougies et de chandelles (Montauban) complètent cette rapide nomenclature des divers établissements industriels du département.

276 d'entre-eux sont pourvus d'appareils à vapeur en activité, comprenant 344 générateurs de vapeur, 28 récipients annexés, 299 machines motrices correspondant, les uns et les autres, à une puissance de 2,913 chevaux-vapeur, dont 1,408 (227 machines) sont consacrés au battage des grains, 705 (4 machines) à la production d'énergie électrique et 61 aux travaux de mines ou de carrières.

Le département compte 189 carrières, dont 30 seulement sont exploitées d'une manière permanente. Le personnel occupé est de 545 ouvriers : 138 dans les exploitations continues et 407 dans les exploitations temporaires.

Tous les travaux se font à ciel ouvert.

2 recherches de mines sont en cours aux environs de Laguépie, une pour la houille et l'autre pour du minerai de cuivre.

4 sources minérales sont exploitées à Fénayrols [1].

Les villes de Montauban, Moissac, Caussade et Sept-fonds sont éclairées à la lumière électrique. Montauban et Caussade sont dotées d'un service d'élévation des eaux actionné par l'énergie électrique.

III. — Le Commerce du Tarn-et-Garonne

§ 1. — LES VOIES FERRÉES

Des relevés statistiques que MM. les Directeurs des Compagnies du Midi et de Paris à Orléans ont bien voulu mettre à la disposition de la Chambre de commerce de Tarn-et-Garonne, il résulte que le mouvement des voyageurs s'élève annuellement à 660,000 unités, dont 400,000 environ pour le Midi et 260,000 pour le P.-O. Les articles de messagerie se chiffrent par 1,700 tonnes, dont 1,250 pour le Midi; les denrées par 10,500 tonnes, dont 3,700 pour le P.-O., et les animaux en grande vitesse par 940 têtes, 420 pour le Midi et 520 pour l'Orléans.

A ces divers chefs de recette viennent s'ajouter les colis postaux qui sont en nombre considérable et qui pour l'Orléans seul ne sont pas inférieurs à 136,500.

La circulation des voyageurs et des articles de messagerie intéresse le commerce général et ne présente du reste aucun courant nettement dessiné.

Il n'en est pas de même de celle des denrées et des colis postaux qui est déterminée par les productions locales et qui indique d'une façon précise le sens et l'importance des échanges auxquels elles donnent lieu.

[1] Voir la notice sur la géologie du département.

Toute la région située en amont de Montauban, sur les lignes de Montauban à Saint-Sulpice· et de Bordeaux à Cette, ne remet au chemin de fer aucun colis de denrées alimentaires. C'est la région des fourrages et des vignes ; la production agricole, à ce point du vue, y est moindre que dans le reste du département et les échanges se font par voie de terre vers Montauban, Toulouse, et les marchés les plus proches de la Haute-Garonne, Villemur et Grenade.

Sur la grande ligne, à partir de Lavilledieu, les œufs, les volailles mortes et vivantes et les viandes abattues jouent un rôle considérable dans les expéditions des gares de Castelsarrasin, Moissac, Malause, Valence et Lamagistère, où viennent aboutir les grandes voies de communication avec la Gascogne et le Quercy, grands producteurs de ces denrées. Paris, Bordeaux, Béziers et le littoral méditerranéen se partagent les œufs et les volailles ; mais tandis que les premiers vont plutôt vers le nord, les secondes gagnent de préférence les marchés de Marseille et Nice. Les viandes abattues (veaux, moutons et agneaux) sont consommées par Bordeaux et Paris.

De Montauban à Montpezat, sur la ligne de Cahors, presque toutes les gares font des expéditions d'œufs sur Paris. Caussade envoie ses volailles et son gibier à Toulouse et dans le Bas-Languedoc et fait avec Paris, de concert avec Montpezat, un commerce assez important de truffes.

Lexos, Montricoux, Nègrepelisse dirigent leurs œufs sur Paris.

Fenayrols envoie journellement à Toulouse 16 à 17 bidons de lait. Saint-Antonin, dont les marchés sont aussi approvisionnés par le riche canton de Caylus, expédie sur Toulouse et le Bas-Languedoc des quantités considérables de gibier et de volailles, tandis que Nègrepelisse, centre de production fort important, commerce, en outre, avec Paris et Bordeaux. Montauban alimente en volailles de toutes sortes le Bas-Languedoc et le littoral méditerranéen ; ce n'est qu'exceptionnellement que ses négociants font des envois sur Paris et Londres (dindes de Noël).

Mais le plus gros tonnage, en fait de denrées, est donné par les expéditions de fruits et primeurs. La vallée de l'Aveyron fournit à Paris et à Londres des prunes et des cerises ; la vallée de la Garonne envoie sur ces deux marchés et puis vers Bordeaux et les diverses stations thermales et balnéaires du midi, des cerises, des fraises, des pêches, des abricots et des prunes. Montauban et Moissac joignent à ce commerce de fruits un commerce important de primeurs : asperges et petits pois. Montauban-Villenouvelle dessert l'Aveyron, le Cantal et le Puy-de-Dôme ; Montauban-Villebourbon et Moissac correspondent avec Londres, Bruxelles, Paris, Bordeaux et les Pyrénées. Aux primeurs, Montauban joint, chaque année, un tonnage assez important de fleurs coupées pour Paris : lilas, mahonia, narcisses.

Restent maintenant les chasselas de Montauban et de Moissac qui vont pour la grande part à Paris. Montauban en fait environ 1,600 tonnes et Moissac en fournit, de son côté, 3,500 environ. Laguépie et Lexos en expédient une dizaine de tonnes, et les stations de Fonneuve, Albias, Réalville et Caussade en donnent 200 environ, ce qui produit un total de 5,310 tonnes environ. Si l'on ajoute à ce tonnage celui qui est transporté par colis postaux, on voit que le commerce des chasselas présente pour notre région une importance considérable. La production des raisins de table s'est énormément accrue depuis quelques années et le Tarn-et-Garonne se trouve maintenant en concurrence sur le marché de Paris avec des régions qui étaient jadis ses tributaires. Un abaissement notable des frais de transport et la suppression des droits d'entrée dans Paris sont deux mesures qui s'imposent pour rendre à cette branche de notre production agricole la prospérité et la sécurité dont elle jouissait il y a quelques années.

Les expéditions en petite vitesse faites en 1901 par les différentes gares du Tarn-et-Garonne atteignent 180,000 tonnes, dont 122,000 pour le Midi et 58,000 pour l'Orléans. Elle comprennent, en outre, 72,000 têtes d'animaux se partageant en 24,000 sur le Midi et 48,000 sur l'Orléans. Les produits agricoles figurent dans ce total pour 135,500 tonnes, 82,500 pour le Midi et 53,000 pour l'Orléans. Les produits industriels ou les objets de commerce général ne représentent donc que 44,500 tonnes : 38,500 appartenant au réseau du Midi et 6,000 à celui d'Orléans.

Le partage des 135,500 tonnes de produits agricoles ou de produits du sol se fait de la manière suivante entre les divers articles :

Produits alimentaires, 50,500 ; vins, 19,500 ; pailles et fourrages, 34,200 ; engrais et amendements, 3,100 ; bois à brûler, 3,100 ; bois de construction, 9,300 ; matériaux, 15,800.

Celui des 72,000 têtes d'animaux donne : 16,500 bœufs et vaches, 49,000 moutons, 6,250 veaux et porcs et 250 chevaux.

Parmi les produits alimentaires, les farines (Montricoux, Montauban, Albias, Castelsarrasin, Moissac, Valence) occupent le premier rang et se divisent entre Bordeaux, le Languedoc et le littoral de la Méditerranée. Montauban approvisionne aussi (250 tonnes) le Lot, le Cantal et l'Aveyron. Viennent ensuite les blés (Caussade, Montpezat, Montauban et toutes les stations de la grande ligne) qui sont achetés par les minoteries de la région. Valence et La Magistère font, toutefois, quelques expéditions sur Bordeaux. Les maïs (La Magistère, Valence) se dirigent vers le Languedoc, ainsi que les avoines (Castelsarrasin, Dieupentale, Grisolles) ; mais ce trafic à peu d'importance. Castelsarrasin et Moissac font près de 100 tonnes d'œufs pour Paris. La Magistère, Valence, Moissac, Caussade envoient des prunes sèches, dites prunes d'Agen, à Bordeaux, Villeneuve-sur-Lot et Paris. Laguépie fait un très grand commerce de châtaignes avec Toulouse, le Bas-Languedoc, Paris et l'étranger, et de temps en temps expédie de fortes quantités de pommes, dites pommes à la pelle, qui se consomment à Toulouse et dans l'Est.

Les vins de Montauban (Midi), Dieupentale et Grisolles vont surtout à Bordeaux, d'où la plus grande quantité transite vers l'ouest et Paris. Ceux de Montauban (Orléans), Albias, Caussade, Borredon, Montpezat se dirigent vers Paris. Nohic, Lavilledieu, Castelsarrasin, Malause envoient les leurs un peu dans toutes les directions. Labastide, Moissac, Valence, La Magistère qui, à elle seule fournit 6,600 tonnes, alimentent principalement Paris, le nord, l'ouest et le centre de la France.

Les fourrages (foins et luzernes) ainsi que les pailles (blé et avoine) entrent pour une grande part dans le commerce du département. Ce sont les régions du Languedoc (Aude, Hérault, Gard) qui en absorbent la majeure partie, du moins en ce qui concerne les luzernes, et toutes les stations du Tarn-et-Garonne, aussi bien sur le réseau du Midi que sur le réseau d'Orléans, Caussade et les au-delà exceptés, expédient de nombreux wagons de balles pressées, que se disputent, sur les marchés de Narbonne, Béziers, Montpellier et Nîmes, les viticulteurs du *Pays bas*. Les stations de la ligne de Bordeaux à Cette, notamment de Grisolles à Lavilledieu, envoient aussi dans cette direction des quantités importantes de pailles et de foins, mais ces derniers constituent presque exclusivement le tonnage des stations de Laguépie, Lexos et Saint-Antonin. Cette dernière, qui reçoit toute la production de la vallée de la Bonnette et du canton de Caylus, trafique surtout avec Paris et le Nord de la France, régions dans lesquelles le foin est préféré aux luzernes. Dieupentale, Castelsarrasin et Moissac font de temps à autre quelques expéditions sur Bordeaux. Dans le trafic total, les luzernes entrent pour 19,700 tonnes, les foins pour 7,000 et les pailles pour autant. La paille de sorgho pour la confection des balais ne fournit qu'un tonnage de 300 tonnes, la culture de cette plante s'étant concentrée autour des centres de fabrication.

Pour les engrais et amendements, en dehors de quelques wagons de fumier de ferme, il n'y a guère à noter que les phosphates de chaux naturels, dont l'expédition s'est concentrée à Saint-Antonin. Les poches à phosphorites du Quercy sont pour ainsi dire épuisées, et l'on ne livre plus aujourd'hui à l'agriculture que des phosphates à titre moyen, provenant du criblage des terres que l'on avait laissées jadis de côté. Lexos, Saint-Antonin et Bruniquel expédient annuellement un certain nombre de wagons de chaux grasse que les agriculteurs des plaines et des terrasses du Tarn et de la Garonne emploient pour le chaulage de leurs terres argilo-siliceuses (boulbènes).

La forêt de Montech avec les quelques bois qui l'environnent, les forêts du Bretou et de la Garrigue, sur la rive droite de l'Aveyron, au voisinage de Montricoux, les causses calcaires du Quercy et la forêt de la Grésigne produisent des quantités importantes de bois à brûler, que les stations de Montbartier, Saint-Antonin, Bruniquel et Montricoux dirigent sur Toulouse à la faveur de tarifs spéciaux à base kilomètrique très réduite. La part de la Compagnie du Midi est de 1,800 tonnes environ.

Les stations de la Compagnie d'Orléans, en fait de bois de construction, expédient sur Toulouse des bois de noyer employés par l'arsenal ou par la fabrique de meubles. Bruniquel voit son tonnage de départ, pour cet article, principalement formé par les douves et merrains provenant des exploitations de la Grésigne, et très recherchés par les fabricants de foudres et futailles du Languedoc. Montauban, qui sert d'entrepôt pour les bois des Landes, fait sur l'Auvergne, le Forez et la région lyonnaise des envois importants de planches et frises pour parquets, et entretient un commerce suivi de bois de pin et de peuplier avec les départements du Tarn et de l'Aude. Les stations de la vallée de la Garonne alimentent en planches et poutres de peuplier Caussade et Réalville, où se confectionnent les emballages pour les chapeaux de paille, les vallées du Lot, de la Baïse et du Gers, et surtout le département du Tarn, dans lequel Castres et Albi possèdent de nombreux et vastes magasins de bois de construction.

Les stations de la Compagnie d'Orléans figurent pour 15,350 tonnes, parmi les 15,800 tonnes de matériaux que le Tarn-et-Garonne expédie chaque année. Bruniquel tient la tête avec près de 8,500 tonnes fournies par ses carrières de pierre de taille et de moellons et ses fours à chaux grasse et hydraulique, dont les produits sont employés par les régions voisines du Tarn, du Tarn-et-Garonne et de l'Aveyron. Saint-Antonin vient après avec 4,250 tonnes presque exclusivement formées par de la chaux; il est de même pour Laguépie (1,400 tonnes). Quant à Lexos (290 tonnes) et à Montricoux (240 tonnes), on leur demande du moellon et des pierres d'appareil fort appréciés à Montauban et à Toulouse.

Les tuileries et briqueteries de la grande ligne, Dieupentale, Grisolles, Moissac, Valence, n'ont qu'un rayon de vente très limité et n'opèrent que sur de faibles quantités. Grisolles, Moissac et Valence livrent à la Compagnie du Midi 250 tonnes environ de poteries communes fabriquées principalement à Cox, près Verdun, et à Auvillars; ces poteries sont vendues dans l'Aveyron, les Landes et les Basses-Pyrénées. Le tonnage de Montauban est un tonnage de transit et porte principalement sur les chaux, les ciments et les produits céramiques.

Dans le commerce des animaux, la Compagnie du Midi, par ses stations de Montauban (6,600 têtes), Castelsarrasin (1,800), Valence (600), Moissac (3,200), Grisolles et La Magistère, occupe le premier rang en ce qui concerne les bœufs, vaches, veaux et porcs, tandis que la Compagnie d'Orléans, avec Caussade (12,000), Lexos (9,900), Montauban (6,600), Saint-Antonin (4,900), Laguépie (3,600), Nègrepelisse (3,300), a l'avantage pour les moutons. Montauban, récemment dotée d'un quai à bestiaux de 90 mètres de longueur, est un point d'embarquement vers lequel viennent converger les animaux achetés sur les marchés du Tarn-et-Garonne et du Lot. Castelsarrasin reçoit les bestiaux de la Gascogne, tandis que Moissac et Valence s'alimentent dans le Quercy et dans l'Agenais. Lexos, Saint-Antonin, Caussade voient affluer dans leurs gares les bœufs et vaches du Haut-Quercy. Les bœufs et vaches ne vont qu'en petite quantité à Bordeaux et Paris; on les dirige surtout vers les grandes villes de l'Hérault, du Gard, des Bouches-du-Rhône, du Var et des Alpes-Maritimes. Les veaux sont consommés à Bordeaux et à Paris; les moutons sont envoyés principalement à Paris, surtout ceux du Quercy; les porcs gras alimentent le Midi et le Sud-Est, tandis que les porcelets vont jusque dans les départements du Nord.

Le tonnage des produits industriels est, comme nous l'avons indiqué, bien inférieur à celui des produits du sol et des exploitations agricoles. Quand nous aurons mentionné les chapeaux de paille de Caussade, les cuirs tannés et chaussures de Saint-Antonin et de Puylaroque (Borredon), les articles de confiserie d'Albias, les meubles de Montauban et le coke destiné aux fours à chaux et à briques de la région, nous aurons à peu près cité tout ce qui, en fait de productions locales, alimente le trafic de la Compagnie d'Orléans.

Pour la Compagnie du Midi, il convient de mentionner les meubles (200 tonnes), [Montauban, vers l'Aude, l'Hérault et le Roussillon]; les balais (1,000 tonnes), [Grisolles et Nohic, vers toutes les directions]; les métaux (3,500 tonnes), [Castelsarrasin, vers Paris, Saint-Denis, les divers arsenaux, Marseille, Cerbère et Genève]; les papiers (3,200 tonnes), [Dieupentale, vers Paris, Toulouse, Montpellier]; les tissus de laine et de soie (65 tonnes), [Montauban, vers la Bretagne, Paris et les gares-frontières]; les cuirs et peaux (150 tonnes), [Montauban, vers Toulouse, le Midi, Bordeaux, le Limousin, la Touraine, la Sarthe et Paris]; les poils de lapin (30 tonnes), [Montauban, vers Bordeaux, Paris, Port-Bou et Vintimille]; enfin les produits industriels divers (30 mille tonnes), qui vont un peu dans toutes les directions.

§ 2. — LE CANAL LATÉRAL A LA GARONNE

Pour compléter ce résumé du mouvement commercial du Tarn-et-Garonne, il importe de faire remarquer que le département compte trois voies navigables, qui concourent, en même temps que les diverses lignes de chemin de fer, à assurer l'exportation et la circulation de nos produits industriels ou agricoles.

Le tableau suivant, que M. l'Ingénieur en chef des Canaux du Midi a bien voulu dresser à l'intention de la Chambre de commerce de Montauban, résume, par nature de marchandise, les principaux courants commerciaux qui se sont produits en 1901 sur le Canal latéral à la Garonne, dans sa traversée du Tarn-et-Garonne, et dans ses embranchements de Montech à Montauban et de Moissac au Tarn :

PORTS DE PROVENANCE ou VOIES D'ENTRÉE	PORTS DE DESTINATION ou VOIES DE SORTIE	TONNAGE	NATURE des MARCHANDISES
		tonnes	
Dieupentale........	Montech.............	1.030	Houil° de Carmaux
Garonne, par Castets	—	3.353	Houille anglaise.
Dieupentale.......	—	898	Pâte de bois.
Garonne, par Castets	—	7.574	Pâte de bois.
Montech............	Garonne, par Castets.	1.808	Papier.
—	Dieupentale	3.035	—
Tarn, par Moissac.	Moissac.....	3.924	Gravier.
— ..	Castelsarrasin :......	472	—
Montauban	Canal du Midi.......	1.465	Fumier de litière.
Castelsarrasin	Tarn, par Montauban	490	Bois.
Montech:..........	—	380	Bois.
Garonne, par Castets	Montauban.	620	Bois.
Montauban.........	Canal du Midi.......	2.681	Farines.
Moissac...........	Baïse, par Buzet	553	Céréales.
Canal du Midi......	Montauban.	879	Céréales.
Dieupentale	Garonne, par Castets.	682	Vins.
Grisolles	—	487	Vins.
Canal du Midi.......	Montauban.	1.462	Vins.
—	Valence............	809	Vins.

Pour l'ensemble du département, les expéditions s'élèvent à 18,102 tonnes, dont 4,126 pour les céréales, 2,213 pour le commerce des vins, 5,741 pour la papeterie, 1,558 pour les amendements et engrais.

Les arrivages sont, de leur côté, de 30,592 tonnes se partageant en 5,408 tonnes pour la houille, 11,507 pour la papeterie, 1,396 pour les céréales, 3,294 pour les vins, 6,515 pour les matériaux de construction, 1,470 pour les bois, 1,108 pour les produits industriels divers.

Les différents ports du département se classent comme suit :

PORTS	EXPÉDITIONS	ARRIVAGES	TOTAL
	tonnes	tonnes	tonnes
Grisolles...............	753	290	1.043
Dieupentale............	3.697	3.112	6.809
Montech...............	5.477	14.844	20.321
Castelsarrasin.........	969	1.208	2.177
Moissac...............	1.972	4.719	6.691
Valence-d'Agen........	555	1.901	2.456
Lamagistère...........	94	243	337
Montauban.............	4.585	4.275	8.860
	18.102¹	30.592¹	48.694¹

§ 3. — LE TARN

Au point de vue de la navigation, la rivière du Tarn peut se diviser en trois sections :

1º De la limite de la Haute-Garonne à Montauban ;
2º De Montauban à Moissac ;
3º De Moissac à la Garonne.

La seconde section n'est pas actuellement en état de navigabilité.

La première, ainsi que l'indiquent les relevés afférents au Canal latéral à la Garonne n'est parcourue que par les bateaux qui apportent à Villemur les bois de peuplier exploités sur les bords de la Garonne. La troisième section n'est qu'accidentellement utilisée, alors que la hauteur des eaux au-dessus de l'étiage permet la libre circulation entre Moissac et la Garonne. En 1898 elle avait été parcourue par 16 bateaux portant 403 tonnes ; elle n'a servi en 1901 que pour le transport de graviers destinés à l'entretien des voies de la Compagnie du Midi.

§ 4. — LA GARONNE

La Garonne ne peut pas être considérée comme navigable dans la partie comprise entre Toulouse et le confluent du Tarn (deuxième section). Elle ne peut être que très accidentellement parcourue dans ces limites par les bateaux qui circulent sur le Canal du Midi ; il en est à peu près de même de la section qui va du confluent du Tarn à Agen (troisième section) ; elle ne joue donc qu'un rôle très minime dans les opérations commerciales de ses riverains. Les statistiques de 1900 indiquent bien un tonnage kilométrique [1] de 239 tonnes, dont 41 à la remonte et 198 à la descente, dans la deuxième section, longue de 81 kilomètres ; mais ces transports s'appliquent exclusivement aux matériaux d'entretien des berges.

Pour la troisième section, d'une longueur de 46 kilomètres, les mêmes statistiques signalent un mouvement de 52,710 tonnes kilométriques divisées en 29,451 à la remonte et 23,259 à la descente, portant sur les combustibles minéraux, les engrais et amendements (25,236 tonnes kilométriques) et les produits industriels à la remonte, et sur les bois à brûler et de service (18,492 tonnes kilométriques) et les engrais et amendements à la descente. Il s'agit, en somme, d'un faible tonnage qui n'a intéressé qu'un petit nombre de bateaux et qui est venu alimenter le commerce de La Magistère et de Moissac en charbons anglais, engrais chimiques et articles d'épicerie en provenance de Bordeaux.

Depuis la libération du Canal latéral, les bateaux n'ont intérêt à prendre la voie fluviale qu'à la descente et il

---

1. Le *tonnage kilométrique* est la somme des produits des tonnages partiels par leurs distances respectives de parcours sur le canal, On lui donne encore la désignation de « *Nombre de tonnes transportées à un kilomètre* ».

est à présumer que l'importance de la Garonne, au point de vue du commerce général de notre département, ne deviendra notable que le jour où la navigation y sera rendue plus facile et sera encouragée et protégée par de sérieuses allocations budgétaires.

IV. — Voies de Communication

Routes nationales. — Le département de Tarn-et-Garonne, au moment de sa création (2 novembre 1808), ne comptait qu'une seule route de première classe : celle de Paris à Toulouse, par Limoges. Il était, en outre, desservi par trois routes de seconde classe : Bordeaux à Toulouse, par Agen et Montauban ; Tarbes à Auch, et Montauban ; Rodez à Toulouse, par Montauban. Il est traversé aujourd'hui par 7 routes nationales d'un développement total de 255 kilomètres [1] :

N° 20	de Paris à Toulouse et en Espagne. *(Montpezat, Caussade, Montauban, Gresolles.)*	64ᵏ743ᵐ	163 colliers moyens.
N° 99	d'Aix à Montauban.............. *(Montauban à Albi.)*	19.264	154 —
N° 122	de Toulouse à Clermont-Ferrand... *(Laguépie.)*	2 567	(rattachée au serv⁰ du Tarn)
N° 123	de Toulouse à Bordeaux............ *(Grisolles, Montech, Castelsarrasin, Moissac.)*	35 463	204 colliers moyens.
N° 126	de Montauban à Saint-Flour........ *(Caussade, Septfonds, Caylus.)*	35 010	90 —
N° 127	de Montauban à Bordeaux......... *(Montauban, Lafrançaise, Moissac, Valence, Lamagistère.)*	56 291	181 —
N° 128	de Montauban à Auch .... *(Montech, Beaumont-de-Lomagne.)*	41 854	167 —

[1] Conseil général de Tarn-et-Garonne, session d'août 1901. Rapport de l'Ingénieur en chef Le Secq Destournelles.

Les principaux ouvrages d'art à mentionner sont les ponts de Montauban (XIIe siècle) sur la route n° 20, de Moissac (1826), sur la route n° 123, et le pont suspendu de Bourret, sur la route n° 128.

La fréquentation moyenne de colliers bruts est de 219 colliers 2 dizièmes. Le pont de Montauban seul donne passage journellement à 1,693 colliers réduits ou 2,233 colliers bruts et à 418 têtes d'animaux.

Les matériaux d'empierrement sont empruntés aux formations géologiques que traversent les différentes routes et se composent de pierres calcaires tendres ou dures, de cailloux cassés et de cailloux bruts extraits soit du lit des fleuves et rivières, soit des gravières des terrasses, soit des couches graveleuses des mollasses. Le mélange des éléments calcaires et siliceux est le mode d'opérer qui donne les meilleurs résultats. Le cylindrage à la vapeur, largement employé depuis quelques années, a permis d'obtenir d'excellentes chaussées. Le pont de Montauban est empierré avec de l'ophite de l'Ariège. Des études sont poursuivies en vue de l'élargissement de ce pont ou de la construction en aval d'un nouvel ouvrage.

Service vicinal. — Le Tarn-et-Garonne n'a plus de routes départementales; elles ont été transformées en chemins de grande communication et remises au service vicinal. Le réseau des chemins vicinaux [1] est de 6,450 kilomètres environ; 5,778 sont livrés à la circulation, soit 1,956 pour les chemins de grande communication et 3,822 pour les chemins vicinaux ordinaires. La dépense engagée peut être évaluée à 6,650,000 de francs et les frais

[1] D'après une note obligeamment communiquée à la Chambre de Commerce par M. Daussargues, agent voyer en chef du Tarn-et-Garonne.

d'entretien annuels atteignent 700,000 francs. Les ouvrages d'art comprennent 27 grands ponts en maçonnerie sur la Garonne, le Tarn et l'Aveyron, 6 ponts suspendus sur la Garonne, 2 ponts métalliques fixes sur l'Aveyron, 319 ponts de 5 à 15 mètres d'ouverture et 10,663 ponceaux ou aqueducs.

Parmi les grands ponts, il faut mentionner spécialement :

1º Le pont de Mondou, sur la Garonne, livré en octobre 1885, qui relie la vallée de l'Arrats à la rive droite de la Garonne. [Largeur 6^{m}60, 11 arches plein cintre de 20 mètres d'ouverture à tympans percés de 30 petites voûtes de décharges, 882 mètres de levées d'accès, coût 501,613 francs;]

2º Le pont de Reyniès, sur le Tarn, construit en 1887, pour assurer une facile communication entre les deux rives. [Largeur 5^{m}90, hauteur sous clef 13^{m}93, 5 arches plein cintre de 21 mètres d'ouverture et 2 voûtes de secours, une sur chaque rive de 12^{m}50 en arc surbaissé, voûtes sur pieds droits à parements courbes d'un bel effet, coût 214,340 francs;]

3º Le pont suspendu de Coudol ou de Saint-Nicolas, entre Malause et Moissac, jeté sur le chemin de fer, le canal et la Garonne, qui étonne et ravit par sa légèreté et son élégance.

Le département vient de mettre en adjudication la construction d'un pont en maçonnerie sur la Garonne, à Mauvers, au droit de Grisolles, pour relier la Gascogne à la ligne de Bordeaux à Cette. Cet ouvrage d'art, établi sur piles fondées à l'air comprimé, se composera de 7 arches en arc surbaissé de 25 mètres d'ouverture ; la dépense est évaluée à 340,000 francs.

Le service vicinal est chargé, pour presque toutes les communes du département, de l'entretien des chemins ruraux. Dès 1883, il s'est attaché à assurer l'application de la loi du 21 août 1881 et il a pu, grâce à un judicieux emploi des ressources et des subventions mises à sa disposition, réaliser des améliorations importantes qui, dans un pays agricole comme le Tarn-et-Garonne, sont fécondes en heureux résultats. La longueur des chemins ruraux actuellement reconnus dans les formes légales est au moins de 2,000 kilomètres.

Cette situation fait le plus grand honneur au département de Tarn-et-Garonne et au service vicinal, dont les directeurs ont si bien compris le rôle prépondérant que les chemins vicinaux sont appelés à jouer dans le développement de la fortune publique.

Chemins de fer. — Quatre lignes de chemins de fer traversent le Tarn-et-Garonne : Bordeaux à Cette ; Montauban à Castres, par Saint-Sulpice ; Montauban à Cahors, Brives, Limoges et Paris ; Montauban à Lexos et au Lot.

Les deux dernières sont exploitées par la Compagnie du chemin de fer de Paris à Orléans ; les deux premières appartiennent à la Compagnie des chemins de fer du Midi. Une cinquième ligne, concédée à la Compagnie du Midi, Castelsarrasin à Beaumont-de-Lomagne (25 kilomètres), avec prolongement éventuel vers la ligne de Toulouse à Auch, sera mise en exploitation en 1903.

Ligne de Bordeaux à Cette. — La grande ligne de Bordeaux à Cette, ouverte le 29 mai 1856 jusqu'à Valence-d'Agen, et le 30 août 1856 pour l'autre partie, présente dans le département un parcours de 80 kil. 500 mètres et passe de la côte 109 (Pompignan) à la côte 56 (Laspeyres). Elle entre dans le Tarn-et-Garonne en un point où la Garonne, le Canal latéral et la route nationale n° 127 se touchent presque et elle accompagne à peu près constamment ces trois grandes voies de communication, ce qui, surtout entre Malause et Moissac, rend cette partie du trajet excessivement pittoresque. Les tunnels sous lesquels on traverse une partie de Moissac et le pont du Cacor, par lequel on franchit le Tarn, constituent les principaux ouvrages d'art de cette partie de la ligne. Le pont métallique du Cacor mesure 308 mètres de longueur et se compose de 5 travées, dont 3 de 67^{m}45 de portée et 2 de 45^{m}40. Construit sur les plans de l'ingénieur Flachat, il est constitué par 4 poutres en tôle à âme pleine avec contreventements horizontaux de 5^{m}50 de hauteur ; il est à 8^{m}50 au-dessus de la rivière et on estime à 2,000 tonnes le poids du métal qui a été employé à sa construction.

Après Castelsarrasin, la voie ferrée abandonne le Canal latéral pour se diriger en droite ligne vers Montauban. Par un nouveau crochet elle le retrouve à Montbartier et elle le longe complètement ensuite jusqu'aux portes de Toulouse.

Ligne de Montauban à Saint-Sulpice. — La ligne de Montauban à Castres, ouverte à l'exploitation le 5 décembre 1884 n'a dans le département qu'une longueur de 28^{k}431^m ; elle passe de la côte 87 à la côte 108 (Nohic). Elle se tient en entier sur la rive gauche du Tarn et ne présente aucun ouvrage d'art méritant d'être cité. Cette ligne relie directement Montauban à Montpellier, par Bédarieux, Faugère et Paulhan, et ramène de 299 kilomètres (via Cette) à 270 kilomètres la distance entre les deux points extrêmes. Elle est sillonnée, en conséquence, par un très grand nombre de trains de marchandises et constitue, pour la grande ligne, un précieux dégagement.

Ligne de Castelsarrasin à Beaumont-de-Lomagne. — La ligne de Castelsarrasin à Beaumont-de-Lomagne offrira un certain nombre d'ouvrages d'art intéressants, tels que les ponts qui lui feront franchir le Canal latéral et la route de Castelsarrasin, les viaducs qui lui permettront de traverser la plaine submersible de la Garonne, le grand pont en maçonnerie de Belleperche, sur ce fleuve, et les ponts métalliques de la vallée de la Gimone. Cette voie ferrée prolongée le plus directement possible jusqu'à Auch, ainsi que l'ont demandé les Chambres de commerce de Montauban et du Gers, et complétée par un embranchement de Larrazet à Montauban, ainsi que par la ligne directe de Vic-Bigorre à Pau, dont le réclassement dans le réseau d'intérêt général s'impose à bref délai, est destinée à devenir la grande voie de communication entre le centre de la France et Pau, et à se souder, au delà de Pau, avec la ligne Franco-Espagnole qui doit relier Oloron à Jacca et à la partie nord-ouest de l'Espagne

Ligne de Montauban à Brive et Paris. — C'est le 10 avril 1884 que la ligne de Montauban à Cahors et Brive a été ouverte à l'exploitation. Son trajet dans le Tarn-et-Garonne est de 34^k585^m entre Montauban (gare commune avec le Midi) et la station de Montpezat, avec un court passage dans le Lot entre Borredon et Montpezat. Elle passe de la côte 86 à la côte 210 (pont des Auques). Elle franchit le Tarn, à Montauban, sur un pont de 8 arches en anse de panier de 25 mètres d'ouverture et de 13^m20 de hauteur sous clef, construit, sous la direction de l'ingénieur Balandier, en maçonnerie de briques et de pierres de taille avec un très heureux et très élégant mélange de ces deux sortes de matériaux. Le pont sur l'Aveyron, à Albias, le viaduc et le tunnel de Viandès, entre Borredon et Montpezat, sont aussi des ouvrages d'art qui méritent d'être signalés. La ligne de Montauban à Brive a ramené la distance de Toulouse à Paris de 848 (par Capdenac) à 713 kilomètres.

7

Ligne de Montauban à Lexos et au Lot. — La ligne de Montauban au Lot, par Lexos, est exploitée avec une seule voie. La distance de Montauban à Lexos est de 67 kilomètres et celle de Lexos à Laguépie de 9 kilomètres, mais le parcours de la voie ferrée dans le Tarn-et-Garonne n'est que de 58ᵏ631ᵐ. La différence d'altitude, entre les deux points extrêmes, est de 49 mètres environ. Au départ de Montauban, la voie décrit une grande courbe et traverse le Tarn sur le pont du Verdier (à 1,232 mètres en aval du pont de la ligne de Cahors) construit en briques et pierres de taille avec 7 arches surbaissées de 23 mètres d'ouverture et de 13ᵐ60 de hauteur libre sous clef. Après avoir atteint la station de Montauban-Villenouvelle, elle se dirige par Nègrepelisse vers Montricoux où elle entre dans la gorge de l'Aveyron. Les 48 kilomètres qui séparent cette dernière station de Laguépie constituent un des trajets les plus accidentés et les plus pittoresques du réseau d'Orléans. Les rails, sauf sur un espace assez limité, entre Cazals et Saint-Antonin, où ils passent sur la rive droite, se maintiennent constamment jusqu'a Montrozier, entre Fenayrols et Lexos, sur la rive gauche de la rivière, au pied des escarpements abrupts, découpés dans la masse des calcaires jurassiques, au sommet desquels se dressent les châteaux de Bruniquel et de Penne et au pied desquels l'Aveyron déroule ses capricieux méandres, dessinant parfois des cirques remarquables comme ceux de Penne et de Saint-Antonin. Les tunnels de Bruniquel, de Courgnac, de Brousse et de Bony, entre lesquels la voie passe sur la rive droite au moyen de deux ponts en maçonnerie, le souterrain de Saint-Antonin et les ponts de Montrozier, de Varen et de Laguépie constituent les ouvrages d'art les plus remarquables de cette curieuse et intéressante ligne qui fut ouverte par la Compagnie du Grand Central le 30 août 1858 et qui fait partie maintenant du domaine de la Compagnie d'Orléans.

La construction d'un chemin de fer entre Lexos et Carmaux, par la vallée de Céron, est actuellement à l'étude ;
les populations intéressées demandent depuis longtemps
l'établissement d'une voie ferrée directe de Lexos au Lot,
par la vallée de la Seye. En exécutant ces deux projets, on
donnera à la section de Montauban à Lexos, sur laquelle la
circulation est actuellement peu intense, une importance
considérable et l'on justifiera ainsi les prévisions de ceux
qui n'ont pas hésité, vers le milieu du siècle dernier,
à choisir la vallée de l'Aveyron, malgré les difficultés
qu'elle présentait et les dépenses considérables qu'elle
exigeait pour l'assiette de l'une des grandes voies commerciales de la France.

Canal latéral de la Garonne. — Le Canal latéral à
la Garonne [1] a été construit par l'État en vertu d'une loi
du 3 juillet 1838, afin d'assurer le prolongement du Canal
du Midi sur Bordeaux, et livré à l'exploitation en 1853.
Concédé à la Compagnie des chemins de fer du Midi, il
a fait retour à l'État à partir du 1er juillet 1898. Son parcours dans le Tarn-et-Garonne, de Pompignan à Laspeyres, est de 66^{k}078^m ; l'embranchement de Montech à
Montauban mesure 10^{k}812^m, et la descente dans le Tarn,
à Moissac, forme une section de 140 mètres.

Sa largeur au plafond est de 11 mètres et à la ligne
de flottaison de 18^{m}80 ; le mouillage, après dragages, est
de 2 mètres, supérieur de 0^{m}20 à celui du Canal du Midi.
L'alimentation du Canal est assurée par une prise d'eau
de 6,837 litres à la seconde, dans la Garonne, à Toulouse,
en amont de la chaussée de Bazacle. 37 concessions d'eau
pour irrigations absorbent 163 litres par seconde et la

----

[1] Conseil général de Tarn-et-Garonne, session d'août 1901. Rapport
de M. l'Ingénieur en chef de Volontat.

redevance est de 30 francs par litre. 5 usines, une papeterie, une usine métallique et trois minoteries utilisent la force motrice du Canal pour 450 chevaux environ.

On compte dans le Tarn-et-Garonne, sur la ligne principale, 22 écluses rachetant une différence de niveau de 53^m52; sur la branche de Montauban, 10 écluses (9 simples et 1 double) avec 29^m50 de chute; à Moissac, 1 écluse double de 4^m80. Les écluses mesurent 30^m65 de longueur, 6 mètres de largeur et ont un tirant d'eau de 2 mètres sur le busc. La calaison des bateaux, limités à 30 mètres de longueur et 5 mètres de largeur, est fixée à 1^m85 et le tirant d'air maximum, au milieu du chargement, peut atteindre 3^m50, un mètre de plus que sur le Canal du Midi. La traction se fait au moyen de chevaux, ânes ou mulets; il circule, en outre, quelques bateaux à vapeur fonctionnant comme porteurs ou remorqueurs.

Il y a dans le département : 2 ponts canaux, celui du Tarn, de 355 mètres de longeur avec 8^m40 de voie d'eau et celui de la Barguelonne, de 40^m80 de longueur, avec 8 mètres de largeur utile; 2 passerelles métalliques; 13 ponts en maçonnerie; 28 ponts suspendus; 1 pont métallique de chemin de fer; 16 ponts en maçonnerie accolés aux écluses et 5 ponts tournants. De nombreux lavoirs et abreuvoirs sont disposés le long des berges et mis à la disposition des populations riveraines. Des ports ont été aménagés à Grisolles, Dieupentale, Montech, Montauban, Castelsarrasin, Moissac, Valence-d'Agen et La Magistère. Il existe à Montauban une gare d'eau facile à relier aux voies de la Compagnie du Midi et dont l'aménagement rendrait au commerce et à l'industrie de Montauban de très grands services.

Pour l'ensemble du Canal latéral, le tonnage pendant l'année 1900 a été de 317,715 tonnes effectives, 33,341,715 tonnes kilométriques et 156,534 tonnes moyennes en augmentation de 12 et 25 % sur les chiffres correspondants de 1900. Dans ce tonnage, les transports intérieurs entrent pour 3,86 %, les expéditions pour 18,80, les arrivages pour 28,25 et le transit pour 49,10. Par rapport au tonnage de 1897, année qui a précédé celle de la reprise et de la libération du Canal, le tonnage de 1900 présente des augmentations respectives de 85 (tonnage effectif) et de 116 % (tonnage kilométrique).

Pour que le Canal latéral puisse rendre à notre région les services que l'on est en droit d'en attendre, il est indispensable que l'entrée en Garonne à Castets et les conditions de navigabilité du fleuve entre Castets et Bordeaux soient améliorées; il faut aussi que le Canal du Midi, dans la traversée de Toulouse et sur tout son parcours offre aux bateaux, pour la calaison, le tirant d'air, les dimensions des ouvrages et des écluses, le rayon des courbes et les garages, les mêmes avantages que le Canal latéral. Un projet de loi est actuellement soumis aux délibérations du Parlement qui réalise une partie de ces améliorations. Il conviendra que l'autre partie des revendications des Chambres de commerce et des Assemblées délibérantes du Sud-Ouest reçoive satisfaction dans un avenir très prochain si l'on ne veut pas compromettre les sacrifices déjà consentis et les résultats déjà obtenus.

La Garonne. — Le développement de la Garonne[1], dans le département, est de 72^{k}205^m. Le cours du fleuve est excessivement sinueux, le lit normal est peu profond et les travaux de défense des berges sont plus difficiles à exécuter que dans le Lot-et-Garonne et la Gironde, où les eaux sont plus encaissées et suivent une direction plus nette. Les rives ne sont guère fixées que sur 48^{k}218^m, et

[1] Conseil général de Tarn-et-Garonne, session d'août 1901. Rapport de M. l'Ingénieur en chef Barre.

là où elles n'ont reçu aucune protection, elles sont très menacées par les crues.

Le débit de la Garonne, à Toulouse, est évalué à 60 mètres cubes environ à l'étiage ; au-dessous d'Agen on l'estime à 100 mètres cubes. Le fleuve charrie beaucoup, ce qui facilite les changements de lit et la corrosion des berges. Les crues sont fréquentes ; il y en a eu 10 en 1900, dont 6 un peu importantes, surtout en aval du Lot ; la période des basses eaux a duré 40 jours environ. On a calculé, récemment, que la grande inondation de 1875 qui a causé plus de 70,000,000 de francs de dégats et fait plus de 500 victimes, avait donné à Toulouse un débit de 9,500 mètres cubes à la seconde.

La pente du fleuve, dans les limites du département, est de 40 mètres environ, soit 0^{m}555 par kilomètre en moyenne ; mais, sur bien des points, à cause des divagations du fleuve, elle est bien moindre, à tel point que de Toulouse à Agen certains maigres n'offrent qu'un tirant d'eau de 0^{m}10 à l'étiage.

On comprend que, dans ces conditions, la Garonne qui était autrefois une voie navigable importante ne soit plus utilisée par la batellerie que lorsque ses eaux sont relativement hautes. Mais cet abandon ne doit pas être définitif et la Garonne, malgré le chemin de fer et le Canal latéral, est appelée à reprendre sa place parmi les grandes voies de communication de la région. Il suffit, pour obtenir ce résultat, que l'État, reconnaissant que, s'il n'y a plus de navigation sur la Garonne, c'est parce qu'il a cessé d'en entretenir et fixer les berges et d'exécuter les travaux indispensables à la régularisation et au maintien du lit normal, consacre à l'amélioration du fleuve des crédits suffisants et exécute les travaux de consolidation de berges et de dragage que les Conseils généraux des départements intéressés, fidèles interprètes des vœux des populations riveraines, ont réclamés depuis si longtemps. Un fleuve comme la Garonne est un des éléments de la fortune du pays ; l'État ne peut pas en favoriser la destruction et son devoir est de maintenir et de conserver cette richesse naturelle, de façon à ce que, dès que son concours deviendra indispensable, le pays puisse s'en servir immédiatement.

Dans le projet de loi sur l'amélioration des voies navigables et des ports maritimes, une somme de 3,000,000 de francs est consacrée à l'approfondissement du lit de la Garonne entre Castets et Bordeaux. Il y a, en effet, dans cette section des points où le fond se réduit 0^{m}75 et où il dépasse rarement 1^{m}80. Un approfondissement à 2 mètres en basses eaux fluviales et à marée basse est indispensable pour assurer en tout temps l'entrée ou la sortie du Canal latéral. Mais il ne suffit pas d'améliorer la Garonne de Castets à Bordeaux, il faut penser aussi au contingent que peuvent apporter à la navigation du fleuve le Canal du Midi à Toulouse, le Canal latéral à Montauban et à Moissac, le Tarn, la Baïse, le Lot, et il serait peu rationnel de priver ces diverses voies navigables de leur débouché naturel ; ce serait les condamner elles-mêmes à une prompte décadence.

Les statistiques relevées par le service compétent indiquent que depuis trois ans la navigation de la Garonne progresse d'une façon indiscutable et que le tonnage total de 1900 est notablement supérieur à celui de 1852, année qui a précédé l'ouverture du Canal latéral et qui est antérieure à la construction du chemin de fer du Midi.

N'est-ce pas là un indice certain que la Garonne est appelée à jouer un rôle notable dans le mouvement commercial de la région et un précieux encouragement pour ceux auxquels il appartient de prendre des mesures propres à la mettre en état de remplir la fonction qui lui est dévolue ?

Le Tarn. — Le Tarn présente dans le département de Tarn-et-Garonne [1] un développement de 56^{k}669^m avec une différence de niveau de 20^{m}21 entre ses points extrêmes, rachetée pour 17^{m}52 par 9 barrages, 1^{m}11 par deux rapides et 1^{m}58 par la pente des biefs. La pente moyenne est de 0^{m}572 par kilomètre. La largeur moyenne du lit est de 120 mètres.

La rivière est assez profondément encaissée entre ses berges, et ses crues ne causent que rarement des dommages aux propriétés riveraines. Son débit à l'étiage est de 19 mètres cubes par seconde avant le confluent de l'Aveyron et de 23^{mc}84 en aval de ce point. Ses eaux charrient des sables et des graviers de petite dimension; elle sont limoneuses et troubles pendant un bon tiers de l'année. Les crues sont fréquentes du 1er octobre au 31 mai, et il y a trois mois de basses eaux, de juillet à septembre. En 1900, il y a eu 27 jours de crues susceptibles d'interrompre la navigation et 2 crues seulement qui aient atteint une hauteur notable.

A Montauban, le Tarn s'est élevé, au cours de quelques grandes crues, à plus de 10 mètres au-dessus de l'étiage.

Les 9 barrages du Tarn-et-Garonne produisent une force motrice brute de 4,650 chevaux se réduisant à 3,880 chevaux, dont 2,485 sont utilisés par 11 usines et 1,395 restent disponibles. Ces barrages sont généralement aménagés de façon à alimenter 2 usines, une sur chaque rive et la plupart de ces usines sont de création excessivement ancienne. Parmi elles, il convient de citer les minoteries de Moissac, antérieures à 1566; l'usine de Lagarde et les 4 moulins de Montauban, dont les concessions datent de 1467 et de 1764.

---

[1] Conseil général de Tarn-et-Garonne, session d'août 1901. Rapport de M. l'Ingénieur en chef Le Secq Destournelles.

Les écluses du département ont une largeur utile de
6 mètres, de Moissac à Montauban inclus et de 5^{m}20 en
amont, et une longueur qui varie de 32 à 39 mètres ; le
tirant d'eau se tient entre 1^{m}20 et 1^{m}89, excessivement
variable d'une écluse à l'autre. Elles sont toutes à portes,
mais celles de l'écluse de Sainte-Livrade sont en ruine
et ont été remplacées par des poutrelles métalliques en
acier doux avec fourrures en bois.

Les différents biefs du département se classent comme
suit pour leur tirant d'eau maximum :

Bief d'embouchure	0^{m}05
— de Moissac.	1 15
— de Sainte-Livrade.	0 40
— de Rivière-Basse.	0 60
- de la Pointe d'Aveyron. . . .	0 70
— de Lagarde.	0 40
—. de Palisse.	1 21
— de Sapiacou.	1 05
— de Corbarieu.	0 60
— de Lamothe-Saliens.	0 85

Si l'on ajoute à cela l'ensablement fréquent des passes
à la sortie des écluses, quelques courants de retour et
l'insuffisance de retenues de certains barrages, on voit que
la navigation sur le Tarn rencontre des obstacles. Mais
ils ne sont pas tels qu'il ne soit facile de les vaincre et
c'est à cela que s'applique, depuis quelques années, le
service de la navigation du Tarn qui a à faire emploi
d'une somme de 900,000 francs votée par le Parlement en
1900 et qui doit être répartie sur plusieurs exercices. Il
y a sans doute beaucoup à faire : relever le barrage de
Rabastens, munir de portes les 17 écluses qui se manœu-
vrent avec des poutrelles, élargir et allonger la plupart
de ces écluses de façon à en uniformiser les dimensions,

draguer et protéger les passes; mais il convient de remarquer que les riverains du Tarn ne demandent que le rétablissement de la navigabilité telle qu'elle existait avant la création des chemins de fer, à l'époque où Albi et Gaillac étaient en relations journalières avec Bordeaux par le Tarn et Montauban. La rivière ne transportât-elle annuellement que 50,000 tonnes, comme elle le faisait avant 1863, et ne servît-elle qu'à permettre aux houilles du Tarn de refouler les houilles étrangères, le rétablissement de sa navigabilité serait déjà une œuvre excellente et méritoire. Mais le Tarn peut assurer une circulation tant à la montée qu'à la descente de 250,000 tonnes et il doit devenir l'un des principaux affluents, au point de vue commercial, du Canal latéral et de la Garonne.

Sans doute, de nouvelles dispositions seront à prendre pour la forme et la dimension des bateaux ainsi que pour leur traction et la manutention de leurs chargements, mais la tâche n'est au-dessus ni de la science des ingénieurs, ni de l'intelligence et de l'activité de nos commerçants, ni des sacrifices que le Gouvernement est tenu de faire pour maintenir et améliorer cette grande voie navigable. Le Tarn ouvert aux transports par eau du Saut-du-Sabo jusqu'à son confluent avec la Garonne, c'est pour le commerce et l'industrie des départements du Tarn-et-Garonne, de la Haute-Garonne et du Tarn une question vitale qui s'est posée avec netteté, devant l'opinion, depuis quelques années et dont la solution ne peut pas être plus longtemps ajournée.

L'Aveyron. — Bien que l'Aveyron ne soit pas classé parmi les voies navigables, cette rivière mérite, cependant, une mention en raison de la longueur de son cours dans le département, 104 kilomètres environ, en y comprenant les 10 kilomètres du département du Tarn entre

Cazals et Bruniquel. Son débit est de 4 à 5 mètres cubes par seconde à l'étiage ; la pente de son lit est de 60 mètres environ entre son confluent avec le Tarn et l'embouchure du Viaur au-dessous de Laguépie. Ses eaux transportent d'assez grandes quantités de graviers et de sables et sont assez profondément encaissées à partir de Montricoux. De la Pointe d'Aveyron à Laguépie on compte sur l'Aveyron une quinzaine de barrages qui procurent de la force motrice à un grand nombre d'usines, notamment aux minoteries de Loubéjac, Ardus, Albias et Montricoux. Quelques-uns de ces barrages peuvent donner 200 chevaux de force ; les jours de chômage, pour basses eaux, sont peu nombreux ; les eaux sont souvent, au contraire, trop hautes.

L'Aveyron était autrefois considéré comme navigable jusqu'à Nègrepelisse. Au milieu du XVIIIe siècle, un projet fut préparé pour canaliser la rivière, de Villefranche au Tarn, mais le Lot fut préféré à l'Aveyron et cette étude, reprise toutefois en 1840, a été depuis abandonnée.

JEAN DOUMERC,

Ingénieur civil des Mines,
Président de la Chambre de commerce
de Tarn-et-Garonne.

SIMPLES NOTES

AGRICOLES ET VITICOLES

SUR

LE TARN-ET-GARONNE

Le département de Tarn-et-Garonne ne date que de 1808.

Napoléon Ier, allant en Espagne, fut si bien reçu, si choyé, si dorloté même à Montauban, qu'il la surnomma sa bonne ville et en fit un chef-lieu.

Qu'en ferait-il aujourd'hui qu'elle est devenue *tant poulido?*

On trancha sur les départements circonvoisins : la Haute-Garonne, le Tarn, l'Aveyron, le Lot, le Lot-et-Garonne et le Gers, et le Tarn-et-Garonne fut créé avec une superficie de 372,016 hectares.

Eu égard aux anciennes divisions de la France, ce chiffre de 372,016 hectares était formé de 55,000 hectares pris au Languedoc, 231,000 à la Guyenne et 85,000 à la Gascogne. Une telle étendue le place au 83e rang des départements français.

Sa population, de 228,300 habitants en 1808, n'est plus aujourd'hui que de 195,669, décroissance due plus particulièrement à l'excédant des décès sur les naissances, celles-ci diminuant de nombre chaque année.

Le climat est généralement doux, mais sujet à des variations sensibles. La moyenne thermométrique de l'hiver est de 2 à 3 degrés au-dessus de zéro ; celle de l'été de 22 à 24, et celle de l'automne, la plus belle saison, de 12 à 14.

Les mois de juin et de juillet sont fréquemment très chauds.

La moyenne de la chute des pluies est d'environ 0^m70. Elles sont plus abondantes au printemps, en avril et en mai.

Les orages sont fréquents et souvent impétueux ; les sécheresses persistantes.

Les vents de l'ouest qui amènent ordinairement la pluie et celui de sud-sud-est, appelé *autan*, dominent. Ce dernier, chargé d'humidité chaude est tres fatiguant et souvent dévastateur ; il est, en outre, la cause de brouillards, préjudiciables aux récoltes.

L'état sanitaire est bon. La moyenne de la vie est entre 44 et 45 ans.

* * *

Le Tarn-et-Garonne présente, sous la forme d'un vaste triangle, deux zones topographiques principales, inégales d'étendue et différentes d'altitude et d'aspect : la plus vaste, sur la rive droite du Tarn (Guyenne et Quercy) jusqu'à sa jonction avec la Garonne ; la moins vaste, sur la rive gauche de la même rivière (Languedoc, Gascogne). La Garonne l'arrose.

La première de ces zones appartient, au point de vue agricole, au *centre-sud* ; la seconde au *sud-ouest*.

D'autre part, l'Aveyron, coulant de l'est à l'ouest, laisse à sa droite la région la plus élevée et la plus rocheuse du département aux formations primaires, secondaires et tertiaires et aux altitudes descendant de 476 mètres vers Puech-Mignon, non loin de Laguépie, à 200 mètres aux confins avec l'Agenais.

Ces trois grands cours d'eau sillonnent de vastes plaines, formant comme une grande patte d'oie et séparées entre elles par les hauteurs qui les dominent, jusqu'à la réunion du Tarn avec la Garonne, au-dessous de Moissac.

A droite et à gauche viennent se joindre obliquement à eux de nombreuses petites rivières ou importants ruisseaux qui contribuent à faire, au point de vue hydrographique, du Tarn-et-Garonne, l'un des départements les plus favorisés. Malheureusement, la plupart de ces cours d'eau secondaires, alimentés plutôt par les eaux pluviales que par des sources souterraines, et profondément encaissés, ne peuvent être que d'un faible secours pour l'irrigation des vallées où ils coulent, à pleins bords au moment des grandes pluies et des orages, et restant presque à sec en été et en automne.

****

La nature des sols dépend des formations géologiques et des conditions topographiques auxquelles ils appartiennent.

Sols granitiques sur quelques points où émergent les terrains primitifs; — sols calcaires et argilo-calcaires, peu consistants sur les terrains secondaires; — sols également calcaires, marneux, schisteux, crayeux et plus ou moins argileux *(Terre-forts)*; — sur les terrains tertiaires; — enfin, sols plus ou moins argileux et siliceux *(Boulbènes)*; — caillouteux, graveleux, ferrugineux, dans les alluvions anciennes ou récentes existant sur les plateaux et les terrasses hautes ou basses des plaines de la Garonne, du Tarn et de l'Aveyron.

Ces derniers sols manquent en général de calcaire et seraient transformés avantageusement, si des apports de chaux et de marne y étaient pratiqués sur une plus vaste échelle qu'ils ne l'ont été jusqu'à présent.

Ils sont aussi pour la plupart imperméables, ce qui en rend la culture difficile et s'oppose à la pratique des irrigations. Grâce à des efforts persistants, le cultivateur peut néanmoins espérer d'en retirer des produits rémunérateurs.

Aussi, les terres absolument incultes ont-elles peu d'importance dans le département : quelques milliers d'hectares seulement.

Tout le reste de la superficie — à part les bois de diverses essences, prenant 45 à 50,000 hectares — est occupé par des champs cultivés en céréales, en prairies naturelles ou artificielles, en pâturages (Causses), en plantes sarclées, en vignes, en arbres fruitiers, etc.

On compte que les terres arables occupent 65 à 66 % de la contenance totale, soit environ 242,000 hectares; et, eu égard à la division du sol, qui est très morcelé, entre ses possesseurs :

La petite culture, au-dessous de 10 hectares, comportant 88,000 côtes, occupe à elle seule 160,000 hectares, soit, en moyenne, 1ʰ80 par côte ;

La moyenne culture, au-dessus de 10 hectares, comportant 7,850 côtes, occupe 128,000 hectares, soit, en moyenne, 17ʰ30 par côte ;

La grande culture, au-dessus de 40 hectares, comportant 1,093 côtes, occupe 70,000 hectares, soit, 64 hectares par côte.

Quant au nombre des exploïtations :

La grande culture en présente..   1,093
La moyenne   —   ..   7,495
La petite   —   ...   47,491

Au point de vue des produits obtenus, proportionnellement aux étendues cultivées, la petite culture donne, en
général, *deux* fois plus que la moyenne et *trois* fois plus
que la grande.

Ce résultat — plutôt au-dessous qu'au-dessus de la
réalité, dépend de ce que le petit cultivateur consacre à
sa terre tout le *capital* — force, activité, soins — que comporte son propre travail ; tandis que les moyens et grands
propriétaires — vivant le plus souvent loin de leurs exploitations, sans initiative ou sans avances suffisantes —
sont à la merci de la main-d'œuvre étrangère qu'ils ne
savent, ni ne peuvent diriger et dominer. Dans ces conditions leur ruine arrive fatalement.

* *

Dans le Tarn-et-Garonne, le sol est exploité *directement :*

1° Par le petit propriétaire qui cultive lui-même avec
le secours de sa famille et loue fréquemment ses services,
soit comme journalier, soit comme colon à gages, dans
des propriétés du voisinage ;

2° Par les moyens et grands propriétaires, à l'aide de
domestiques à gages, à l'année, nourris dans la maison
de l'exploitant ; — ou de *maître-valets* recevant des gages
en nature et en argent, vivant à part, en famille ; —
et de journaliers, rarement nourris, travaillant un certain
nombre d'heures par jour.

Indirectement : 1° Par *colons partiaires*, dits *bordiers*
ou *métayers*, dont les conditions de louage varient fréquemment d'une localité à l'autre, mais impliquant toujours les clauses de partage des droits, des charges et des
produits : système certainement excellent, si les parties

voulaient bien observer l'entente et la solidarité qui ne devraient cesser d'exister entre elles.

On trouve encore dans le département de nombreuses familles de métayers qui vivent de temps immémorial, de père en fils, sur le même domaine. Il en est même qui croient avoir ainsi acquis le droit de s'en croire les propriétaires.

2° Par *fermiers*, à prix d'argent ou à redevances fixes; mais ce genre d'exploitation, qui serait le meilleur, est encore peu appliqué, par le motif que ceux qui pourraient en user n'ont pas, en général, les avances et les ressources nécessaires qu'exigent les entreprises agricoles à long terme, ou qu'ils n'offrent pas les garanties que les propriétaires ont le droit de demander.

Quel que soit, au surplus, le système d'exploitation, les difficultés de la culture grandissent chaque jour malgré l'emploi croissant des machines et la simplification des travaux du sol. L'homme manque de plus en plus à la terre.

***

Le roulement des cultures, plutôt *l'assolement,* varie dans le Tarn-et-Garonne suivant les usages, encore existants, des parties d'anciennes provinces dont il a été formé.

On peut dire, au préalable, que la petite culture, indépendante dans ses allures culturales, n'en a point. Elle cherche avant tout à produire ce dont elle pourra tirer le meilleur parti. On ne saurait l'en blâmer.

En réalité, ce sont l'assolement *biennal* et l'assolement *triennal* qui dominent le plus : le premier, sur la rive droite du Tarn ; le second, sur les deux rives de la Garonne.

Ils sont défectueux l'un et l'autre, en ce sens qu'ils ramènent trop fréquemment les mêmes plantes sur la même sole ; qu'ils ne donnent pas assez large place aux plantes sarclées et facilitent, par suite, la propagation des mauvaises herbes, principale cause du peu d'abondance des récoltes.

L'assolement *quadriennal* les remplacerait avantageusement. Quelques applications en ont été faites, qui ont donné de bons résultats.

Au surplus, la réduction successive des superficies laissées annuellement en *jachère* — elles n'occupent plus que 20,000 hectares environ — démontre qu'un progrès très sensible a été réalisé, dans ces derniers temps, eu égard à l'exploitation du sol.

* *

Les labours, en général, à planches dans des sols calcaires et argilo-calcaires assez perméables, et à sillons dans les sols argileux et argilo-siliceux, qui retiennent les eaux à la surface, sont exécutés dans d'assez bonnes conditions au moyen d'araires en fer, à timon demi-brisé et bien construits ; mais ils ne sont pas creusés assez profondément pour permettre, dans les terres argileuses et argilo-siliceuses, dites boulbènes ou bouvées, d'échapper à l'excès d'humidité, en hiver et au printemps, et à l'excès de sécheresse, en été.

Il faut reconnaître cependant que les cultivateurs commencent à s'adonner aux labours profonds à la charrue traînée par plusieurs paires de bœufs, bien qu'ils redoutent beaucoup la fatigue pour ces belles bêtes dont ils sont fiers.

Les défoncements à la bêche *droite* ou *coudée* sont également pratiqués encore sur certains points, mais beaucoup moins que par ce passé, par suite de la rareté de la main-d'œuvre.

De nombreux défoncements à la vapeur, plutôt en vue de la plantation de la vigne, ont été exécutés avec succès.

En somme, il importe que, dans le Tarn-et-Garonne, les modes d'assolement soient modifiés et améliorés et les travaux du sol exécutés avec plus de soins et d'énergie.

L'emploi des instruments perfectionnés, abréviateurs du travail, déjà général en ce qui concerne les faucheuses, les moissonneuses, les batteuses, reste encore en grand retard, eu égard aux charrues, aux semoirs, aux herses, houes, extirpateurs, etc.; car la bonne appropriation du sol et la distribution régulière des semences sont les premières conditions des récoltes abondantes.

** **

Les productions agricoles de Tarn-et-Garonne sont les mêmes que celles des deux régions auxquelles il appartient, le *Centre-Sud* et le *Sud-Ouest* : les céréales, en particulier le froment, l'avoine, le maïs; les légumes : pois, haricots, fèves, lentilles; les plantes fourragères des prairies artificielles et naturelles; les plantes racines et tuberculeuses; quelques plantes industrielles, telles que le sorgho à balai, les osiers qui alimentent des fabriques de balais et d'objets de vannerie; les plantes maraîchères : asperges, artichauts, fraises, melons, cornichons, exportés sur une vaste échelle; les fruits de tout genre, également objets d'une exportation considérable, ainsi que les produits du jardinage, depuis les radis jusqu'aux choux, et les fleurs : jonquilles, lilas, roses, etc...

Toutes ces cultures sont en sensible progrès, notamment celles des primeurs, parmi lesquelles il convient de noter plus spécialement les asperges et les petits pois, qui prennent, d'une année à l'autre, plus d'extension.

C'est par un mouvement toujours croissant de wagons, qu'un grand nombre d'expéditeurs adressent chaque jour ces divers produits vers les marchés de Paris et autres villes du Nord.

Il y a lieu aussi de signaler les cultures de betteraves fourragères, de topinambours, et surtout de pommes de terre, en très bonne voie d'amélioration.

* * *

Voici, d'après la statistique agricole de 1901, qu'elle a été la moyenne décennale de la production des céréales cultivés dans ce département :

FROMENT	MÉTEIL	SEIGLE	ORGE	AVOINE
hectol.	hectol.	hectol.	hectol.	hectol.
1.169.250	8.436	25.556	21.616	343.974

pour une superficie d'environ 100,000 hectares ensemencée en froment; 600 en méteil; 1,700 en seigle; 1,000 en orge et 18,500 en avoine.

D'où il résulte que le rendement moyen ne serait que de 11ʰ 69 pour le froment ; 13ʰ 89 pour le méteil ; 15ʰ 02 pour le seigle ; 21ʰ 61 pour l'orge et 18ʰ 58 pour l'avoine.

Dans des conditions analogues, le rendement du maïs cultivé, sur une étendue de 30,000 hectares annuellement, ne serait que de 15 hectolitres.

Ces chiffres sont bien au-dessous de la réalité.

Les statistiques établies par les maires des communes, aussi remaniées qu'elles puissent être par les Commissions cantonales et par les professeurs d'agriculture, restent erronées, à de rares exceptions, soit en ce qui concerne les contenances attribuées à chaque culture, soit en ce qui concerne les rendements.

Il n'est pas rare, en effet, qu'entre deux communes limitrophes, placées dans les mêmes conditions de natures de sol et de culture, des écarts du *simple* au *double* et au *triple* ne se présentent dans les rendements ; il n'est pas rare aussi que dans telle commune, la superficie des diverses cultures ne dépasse de beaucoup la superficie totale ; et que, dans telle autre, le produit *pour un* de l'hectolitre n'ait été donné pour le produit de l'hectare ; de telle sorte qu'en admettant que la semence se soit reproduite en moyenne huit fois ; et que l'hectare en ait reçu deux hectolitres, le rendement devrait être de seize hectolitres, au lieu de huit inscrits par M. le dresseur de la statistique, c'est-à-dire tout simplement la moitié.

Sans entrer dans plus de détails à cet égard, nous estimons donc que le produit des céréales est beaucoup plus élevé, dans le département, qu'on ne le pense ordinairement, et que les chiffres donnés par les statistiques, doivent être majorés au moins de 20 %.

Des rendements de 20, 25, 30 hectolitres et même au-dessus, obtenus fréquemment par de bons cultivateurs, suffisent pour démontrer une telle assertion.

Il en est de même pour les avoines et les maïs dont les cultures tendent à augmenter d'étendue par suite des bénéfices qu'elles laissent ; tandis que celle du froment, pour une cause inverse, décroît peu à peu, de même que celles du méteil et du seigle, qui semblent devoir disparaître. L'orge semble aussi n'être plus en faveur, les besoins de la brasserie ne se faisant plus autant sentir ; elle mériterait, au contraire, d'être maintenue dans la production, à cause des avantages qu'elle offre avec l'avoine, pour l'alimentation des animaux.

Quelques cultivateurs ont jugé avantageux — alors que le méteil avec le seigle était avec raison délaissé, de le reconstituer avec l'avoine, — en semence : 3/4 froment, 1/4 avoine. — C'est un procédé qui ne se recommande à aucun point de vue. Des essais sérieux, faits avec beaucoup de soin, ont démontré qu'on n'en pouvait retirer aucun bénéfice.

*
* *

Les productions fourragères occupent une place de plus en plus grande dans les cultures du département. Dans ce mouvement, les prairies artificielles tiennent l'avance, la luzerne en tête. Depuis 50 ans, cette plante a décuplé d'importance. Actuellement, elle est confiée à la plupart des terrains, pourvu qu'ils soient assez profondément remués, sains et bien fumés. L'apport d'une forte dose de phosphate, au début, lui est très favorable. Dans certains sols, elle ne persiste pas longtemps — 5 à 6 ans seulement, — mais son passage est fort avantageux.

Il en est fait une exportation très importante vers les contrées viticoles du Midi. D'un bout de l'année à l'autre, les gares, depuis Valence-d'Agen jusqu'à Grisolles, en sont encombrées.

Les prairies naturelles ne sont pas moins en faveur. Beaucoup de terres, réservées naguère aux céréales, leur sont actuellement consacrées ; comme aussi les vignes en coteaux argilo-calcaires, détruites par le phylloxera, ont cédé la place au trèfle et au sainfoin, auxquels succède le froment ou l'avoine.

Les cultivateurs, pour remplacer les foins et luzernes vendus, ont recours aux fourrages annuels, aux plantes-racines et tuberculeuses, aux maïs fourrages, aux menus grains de toute sorte, pour la nourriture de leurs bestiaux, dont l'alimentation générale est bien améliorée. Il résulte de l'ensemble de ces opérations d'incontestables avantages.

L'emploi, aujourd'hui général et forcé par les circonstances, des engrais chimiques, est une des principales causes de ces heureuses transformations. L'azote, sous ses diverses formes, l'acide phosphorique, les sels potassiques sont devenus indispensables. On n'en conteste plus l'utilité, car nul n'ignore qu'appliqués avec discernement et en temps utile, ils surélèvent, après s'être payés, le montant des récoltes obtenues de 15 à 20 % au moins.

**

Les animaux de la ferme de toutes les espèces jouent un rôle presque prépondérant dans toutes les exploitations agricoles du département de Tarn-et-Garonne, où ils prennent un développement sans cesse croissant, tant en ce qui concerne l'augmentation du nombre, qu'en ce qui concerne les améliorations qu'ils présentent. Non seulement la visite des étables, mais aussi l'aspect des foires et des marchés, en offrent la preuve éclatante.

L'espèce *ovine* est cependant quelque peu en diminution, par suite du manque de parcours et aussi peut être du manque de bergers ; mais quels changements n'ont pas subis les sujets qui la composent ! Bien que la laine soit à vil prix, quels bénéfices ne donnent-ils pas aujourd'hui par leur chair et par leur excellent fumier ? Le produit annuel d'une bonne brebis peut s'élever à 100 % de sa valeur, et celui d'un mouton à l'engrais, à 30 ou 40 %.

L'espèce *chevaline* est en grande voie de progrès. Les efforts de l'État, les aptitudes et l'entrain des éleveurs ne se sont pas exercés sans succès. A cet égard, l'arrondissement de Castelsarrasin est à même d'atteindre le premier rang. Il nous resterait cependant à poursuivre l'élevage du *cheval agricole* dans les autres parties du département. Nous en avons besoin.

Quant à la production *mulassière,* source de bénéfices importants et sûrs, elle prend aussi de l'extension ; mais en raison des avantages qu'elle offre, on est en droit de s'étonner que cette extension ne soit pas plus accélérée.

L'espèce *bovine* compte de 95 à 100,000 têtes et comprend quatre races :

1º *Race garonnaise pure des plaines,* — bords de la Garonne et vallées adjacentes — dont la densité va en diminuant à mesure qu'elle s'en éloigne ;

2º *Race garonnaise des coteaux*, croisement de la race limousine avec la race garonnaise proprement dite, qu'elle tend à absorber. Cette sous-race, qui a des caractères très accusés, existe dans presque tout le département ;

3º *Race gasconne,* qui s'étend dans la Gascogne et la Lomagne, dans les cantons de Lavit, de Beaumont, de Verdun ;

4º *Race de salers,* au nord-est, à Saint-Antonin, Caylus,

parties de Caussade et de Montpezat. Les animaux de cette race ne sont élevés qu'en très petit nombre dans ces cantons. Ils sont achetés dans le Cantal, à l'âge de 12 à 15 mois, importés, dressés au travail et engraissés pour être vendus pour la boucherie à 4 ou 5 ans.

On peut évaluer à 20 ou 25,000 les sujets de la race garonnaise pure ; à 50,000 les garonnais-limousins, sous-race de coteau ; à 12,000 les gascons, et à 14 ou 15,000 les salers.

Inutile d'ajouter que ces différentes races s'entremêlent et se fondent, pour ainsi dire, sur les limites de leurs aires d'existence et de développement, et qu'elles s'étendent par pénétration ou par importation, successivement, sur tous les points du département.

Au cours des améliorations qu'elles ont reçues dans ces derniers temps, soit par sélection, soit par suite d'une alimentation plus soignée et plus régulière, il eût été avantageux d'éviter entre'elles les fâcheux croisements qui se sont produits et se produisent encore ; et de les conserver dans leur pureté, gage certain d'un perfectionnement assuré et fructueux. C'est dans ce but qu'il avait été question de créer *des vacheries de perfectionnement* ; mais cette idée, fort appréciée et approuvée par des *maîtres* en zootechnie, n'a pu être comprise dans le Tarn-et-Garonne. Il a fallu y renoncer.

Les animaux de *l'espèce porcine*, appartenant presque tous aux *croisements* de la race indigène blanche avec la grande race anglaise *yorkshire* ont atteint, dans le Tarn-et-Garonne, un degré à peu près complet de perfectionnement.

Leur précocité est certainement égale à celle des meilleures races anglaises. Il n'est pas rare, en effet, d'en trouver, sur les marchés, des spécimens atteignant, à l'âge de 12 à 15 mois, avec un état parfait d'engraissement, un poids de 250 à 300 kilos.

Au point de vue de la qualité, est-ce un bien ? Question à discuter ; mais, au point de vue du profit, aucun doute n'est possible.

Une bonne femelle peut donner par an, en moyenne, pour 5 à 600 francs de porcelets, lesquels vendus, à 2 ou 3 mois, de 30 à 40 francs, laissent un bénéfice net de 15 à 20 francs par tête.

Malgré les variations qui se produisent fréquemment, — mais ne sont pas durables — dans leurs ventes, les produits des porcheries sont donc fort rémunérateurs ; surtout lorsque les propriétaires, pour les obtenir, n'emploient d'autres objets d'alimentation que ceux qu'ils ont eux-mêmes récoltés.

Dans nos campagnes, la *basse-cour* n'a pas moins d'importance que la porcherie. Elle forme la principale ressource des ménages des cultivateurs et alimente largement les *bas de laine* de l'épargne des bonnes mères de famille.

Tout va autour d'elles, lorsque les cochons et les volailles se vendent bien.

On pourrait actuellement citer bon nombre de petites et moyennes exploitations où les produits de la porcherie et de la basse-cour donnent plus, à eux seuls, que naguère ceux de toutes les autres cultures.

Aussi, l'élevage des volailles ne cesse-t-il d'être en faveur croissante, quelles que soient les races élevées : les poules — *Caussade* et *Gasconnes*, si estimées ; — les oies et les canards, depuis leur naissance jusqu'à leur engraissement si complet et si délicat ; les dindons, les pintades, les pigeons, les lapins. Tous les marchés, chaque semaine, en surabondent ; l'exportation est considérable et les prix, comme la qualité, vont en s'améliorant.

***

Les vignobles de Moissac, Auvillar, Lavilledieu, Campsas, Fronton, Montauban, Montpezat, en Guyenne et Gascogne, ont joui de temps immémorial d'une juste renommée. La Garonne a fait descendre flottes sur flottes de leurs bons vins vers Bordeaux.

Avant l'invasion phylloxérique, la vigne occupait environ 38,000 hectares dans le Tarn-et-Garonne, étendue considérable en raison de la modeste surface de ce département.

D'après le Dʳ Guyot — véritable apôtre viticole, dont la visite remonte à 1863 et 1864, — elle y formait, à cette date, le 1/4 à elle seule de la production totale agricole, alors que cependant ses rendements n'excédaient pas 15 hectolitres à l'hectare, soit, à 20 francs l'hectolitre, la somme de 300 francs; mais il ajoutait qu'elle n'avait pas donné, jusqu'à ce moment, le 1/3 de ce qu'elle pouvaitdonner et qu'elle donnerait avant 10 années, grâce aux efforts tentés pour en augmenter et en améliorer le rendement.

C'était, en effet, l'époque où MM. Laforgue, à Bressols; Léonce Bergis et Gustave Garrisson, à Montauban; Carrère Dupin, à Castelsarrasin; Lamothe-Mouchet, à Lavilledieu; d'Ayral, à Labastide-du-Temple; Larramet, à Montech; Émile Hébrard, à Grisolles; Rolland, à Montpezat; Bastide, à Puylaroque, et tant d'autres, dans toutes les parties du département où prospérait la vigne, rivalisaient de zèle et d'ardeur pour atteindre ce but.

C'est à cette même époque que la Société *d'horticulture* et *d'acclimatation* créait d'importantes collections viticoles, dans le jardin appartenant aujourd'hui à la ville de Montauban; et que la *Société d'agriculture* — alors Société d'agriculture, sciences, belles-lettres et arts — fondait la Vigne-École [1], qui existe encore et dont il sera question plus loin.

---

[1] La Société civile de la Vigne-École fut constituée le 6 mars 1863, par acte passé devant Mᵉ Nazon, alors notaire à Montauban, au capital

On ne saurait dénier que les prévisions du Dr Guyot ne se soient en grande partie réalisées.

De 1864 à 1878, en effet, 16 ans après son passage, une amélioration des plus sensibles s'était déjà produite dans les vignobles du département, eu égard aux cépages, aux modes de plantation, d'installation, de taille, de culture, aux soins spéciaux, à la vinification, etc... Les rendements avaient plus que doublé ; les vins s'étaient améliorés. Cette période, malgré les graves attaques de l'oïdium, contre lesquelles les vignerons devaient se prémunir, fut un véritable âge *d'argent* pour notre viticulture !

Mais le *Phylloxera vastatrix* était survenu. Après la destruction des vignobles du Midi et de l'Est, vint le tour de ceux de Tarn-et-Garonne.

Il fallut les défendre. Comme partout ailleurs, la lutte fut acharnée ; mais vainement. Il faut cependant reconnaître que si les moyens de défense avaient été, dès le début, plutôt dirigés dans le sens d'une meilleure alimentation et de la réconfortation de la plante, que dans celui de la destruction par les insecticides de l'insecte dévastateur — qui ne pouvait être complète — ou même dans les deux sens réunis, beaucoup de vignes qui ont succombé, existeraient encore. La présence de celles qui ont survécu — quelque soit leur état précaire, — en offre la preuve manifeste.

A ce sujet, il est juste de signaler le vignoble de M. Étienne Salers, à Campsas, d'une étendue de 45 hectares, lequel soumis à de très énergiques fumures est resté presque intact et continue à produire à l'hectare de 35 à 40 hectolitres d'un très bon vin.

de 15,000 francs, divisé en 150 actions de 100 francs l'une. Elle a été renouvelée le 28 décembre 1891, sous l'administration de MM. G. Garrisson, Jean de Scorbiac, Foissac-Jullia, docteur Guiraud, Dubreuilh, G. Cambon, Paul de Fontenilles, Lavau, Émilien Montet, de Capella.

Si le plus grand nombre des viticulteurs avaient procédé comme M. Salers, la France possèderait encore 6 à 7 milliards que le phylloxera lui a enlevés.

Finalement, après 15 ans d'efforts, d'applications d'insecticides, d'études de vignes américaines, d'essais de tout genre, d'établissements de pépinières, de vulgarisation du greffage, de reconstitutions en plaines ou en coteaux, en terrains siliceux, argileux, marneux ou calcaires ; le Tarn-et-Garonne ne possède plus approximativement que 30,000 hectares de vignes, dont : 7 à 8,000 d'anciennes plantations françaises au déclin — et 22 à 23,000 reconstituées sur racines américaines : le clinton, le vialla, le york, le solonis, le jacquez, le riparia, au début ; — et plus tard, le riparia gloire, le rupestris phénomène, les riparias-rupestris, etc...

Quelques plantations de producteurs directs, faites au premier moment, sont aujourd'hui de plus en plus délaissées ; à part cependant l'*othello*, que l'on conserve et qui se maintient lorsqu'il est bien adapté.

Malgré ses défauts, cet admirable cépage est encore bien supérieur à chacun de ces hybrides producteurs directs, qui sont tant vantés, chaque année, et dont le passage est aussi fugitif que les qualités.

Sauf de très rares exceptions, les reconstitutions les plus anciennes, remontant à une vingtaine d'années, se trouvent dans un très satisfaisant état d'existence et de production.

Malheureusement, il en a été trop fait dans les sols riches, et les vignerons se sont, en outre, laissés aller à adopter les cépages à grande production du Midi. Ces conditions aggravées par des cultures intensives n'ont pu que nuire à la qualité des vins ; mais cette qualité pourra être recouvrée en réduisant, dans de certaines limites, l'intensité de la production elle-même.

Il n'y a donc pas lieu de désespérer. Les sols siliceux,

silico-argileux, graveleux, argilo-calcaires, calcaires don-
neront encore de bons vins de consommation courante.
Avec des rendements de 35 à 40 hectolitres à l'hectare et
des prix de vente de 15 à 20 francs l'hectolitre, les vignerons pourront compter sur des produits *nets* de 250 à
300 francs. Ce serait être trop exigeant que de vouloir
davantage.

Quant aux maladies cryptogamiques, plus ou moins
graves, selon les expositions et la nature des sols, le
Tarn-et-Garonne a été moins frappé que les départements
voisins. A part les circonstances générales, on doit attribuer cet heureux résultat à l'ensemble et à l'efficacité des
traitements préconisés et appliqués. Peu de viticulteurs,
il faut leur rendre cette justice, s'y sont montrés réfractai-
res ; aussi, est-ce à peine entre 5 et 10 % de la valeur
moyenne des récoltes, depuis l'invasion de ces maladies,
que s'est élevée l'importance des dégâts qu'elles ont
occasionnés.

* *

Le *chasselas* dit de Montauban — inutile d'en rechercher les origines — est bien, sans contredit, le joyau de
la viticulture de Tarn-et-Garonne.

Ses précieuses et délicates cultures, en voie constante
d'accroissement et d'amélioration, couronnent les coteaux
de Montauban, de Moissac, des bords de l'Aveyron et
surtout de Cazes-Mondenard, occupant, dans l'ensemble,
une superficie de plus de 2,000 hectares.

Nous avons le souvenir lointain que de braves vieilles
dames envoyaient, dans de petites boîtes, par les dili-
gences de l'époque, quelques centaines de kilos de cet
excellent raisin, à Paris où il rivalisait avec son frère ou

cousin-germain le chasselas de Thomery, près Fontaine-
bleau. Il valait alors 30 ou 40 centimes le kilo.

Aujourd'hui, en pleine saison, les gares de Montauban,
de Moissac et autres moins importantes, en enlèvent, chaque jour, 35 à 40 wagons, du poids de 3,000 à 5,000 kilos,
soit, en chiffre rond, 160,000 kilos, au prix très variable
mais à peu près moyen, de 50 centimes le kilo, formant
ainsi une somme quotidienne d'environ 80,000 francs.

En admettant que de telles expéditions se prolongent
pendant plusieurs mois, c'est par un nombre assez gros
de millions de francs qu'elles se chiffrent en fin de compte.

Ce calcul approximatif n'a rien d'exagéré. Il se trouve
corroboré par celui du produit d'un hectare.

L'hectare contenant en moyenne 4,000 souches et chaque souche portant au moins 2 kilos de raisin vendable,
le poids total sera de 8,000 kilos.

Dans les conditions actuelles de production, un tel
chiffre est certainement en dessous de la réalité, mais
supposons qu'il soit forcé, réduisons-le à 6,000 : — à
50 centimes le kilo, le produit brut sera de 3,000 francs ;
— à 30 centimes, il sera de 1,800 francs ; à 20 centimes,
il sera de 1,200 francs. Que les frais généraux de culture,
de cueillette, d'emballage, etc., absorbent une moitié de
ces sommes, le produit net restera toujours, en décrois-
sant, de 1,500, 900, 600 francs ; or, lorsque le prix de
vente diminue, c'est que la qualité baisse en raison, le
plus souvent, de l'abondance du produit ; ce n'est plus
2 kilos que donne alors chaque cep, mais bien 4, 6, 8 et
plus. Il y a donc compensation ; et quelquefois, déduc-
tion faite des frais de préparation et d'expédition, qui
sont relativement plus élevés, ce sont les mauvaises qualités qui donnent en somme le plus d'argent.

En général, bon an mal an, le produit net est au
moins de 1,000 francs ; mais il peut être du double et
même du triple.

Les grandes difficultés de cette précieuse culture résultent du manque de main-d'œuvre, au moment des expéditions. Dix fois plus de mains délicates et habituées aux ciselages et aux emballages ne suffiraient pas. Comment y pourvoir?

De plus, les débouchés font défaut; les tarifs en grande vitesse des chemins de fer sont exorbitants; les commissionnaires aux Halles tendent de plus en plus à se faire la part belle.

Une Société, dite des *Chasselas*, s'est créée à Montauban, dans le but d'aplanir autant que possible ces diverses entraves. Il y a tout lieu d'espérer, qu'avec de l'entente et de la persévérance, elle y parviendra.

La production des fruits se lie avec celle des chasselas et autres raisins de table.

Elle a pris également un très grand développement sur tous les penchants des bords de l'Aveyron et du Tarn, ainsi que sur les plateaux qui les dominent. Montauban et Moissac en sont encore les principaux centres d'exportation. Cette exportation s'accomplit, d'ailleurs, comme celle des raisins, directement ou par expéditeurs qui achètent sur place. Fraises, cerises, abricots, amandes, prunes, pêches prennent ainsi, par pleins wagons, les routes de Paris et des villes du Nord. Lorsque les années sont favorables, ces expéditions se chiffrent par de sommes considérables. Certains propriétaires vendent pour 1,000, 1,500, 2,000 francs de cerises, de prunes vertes ou de pêches. Au moment des ventes, la place du marché et les rues adjacentes, à Montauban, en sont encombrées.

Les prunes, dites *d'Ente* ou *robe sergent*, sont aussi dans les cantons de Tarn-et-Garonne limitrophes du Lot-et-Garonne et du Lot : Montaigu-de-Quercy, Bourg-de-

Visa, Valence, Lauzerte, Montpezat, la source de très importants produits. Ces produits sont malheureusement très casuels par suite des intempéries ou des dégâts causés par les *insectes* et particulièrement les *chenilles*.

**

Comme terme à cette trop longue énumération, quelques mots sur la Vigne-École, dont il a été déjà question.

Voici comment le Dr Guyot jugeait cet intéressant établissement il y a près de 40 ans. On ne saurait prendre un meilleur parrain.

« La viticulture et la vinification de Tarn-et-Garonne offrent les plus grandes similitudes avec celles de la Haute-Garonne, du Lot et des autres départements voisins, c'est-à-dire qu'elles n'ont pas de cachet original ; mais elles ont cela d'intéressant que, comme celles de la Dordogne, elles peuvent réaliser les plus grands progrès et passer rapidement d'une production faible en quantité et ordinaire en qualité à une production supérieure dans les deux cas. C'est le but que s'est proposé d'atteindre la Société d'agriculture, en créant la Vigne-École : aussi ai-je visité cette création avec le plus vif intérêt, recueillant avec soin ce que m'en disaient MM. Cartault, Gustave Garrisson, Debia, de Gironde, Brun, Deymié, Lacroix, Sénilh, Dubreuilh, membres du Conseil d'administration, qui ont bien voulu m'en faire les honneurs.

« Déjà une bonne partie du terrain est plantée : tout le reste est défoncé, drainé, nivelé et entouré de fossés et de haies. La maison de vigneron est construite ; les allées sont tracées, les carrés formés et leur destination arrêtée.

« La Vigne-École compte environ trois hectares de

superficie, et cette étendue suffira parfaitement à résoudre toutes les questions importantes touchant à la viticulture du pays. Une synonymie générale, une synonymie
départementale, des carreaux de raisins de table du pays
et des contrées méridionales; un carreau de pineau et de
gamay de Bourgogne ; un carreau du Languedoc, un
carreau du Bordelais, un de l'Hermitage, un de la Savoie,
un du Beaujolais, deux du pays; des carreaux à tailles
longues et à tailles courtes : tels sont les sujets d'étude
de la Vigne-École. Chaque carreau contient 10 à 12 ares
de superficie, étendue suffisante pour y obtenir plusieurs
barriques de vin ; chaque vin sera fait à part, conservé et
étudié. C'est le sujet d'étude le plus important ; il devra
démontrer nettement si le cépage domine le sol et le climat au point de reproduire, à peu près, les caractères
distinctifs, sinon les qualités du Médoc, du Beaujolais,
de la Bourgogne, de l'Hermitage, etc... Le sol et le climat
restant les mêmes, les ceps seuls différant, la question
sera nettement tranchée. La solution d'un tel problème
est vraiment digne des plus grands encouragements. »

**

Ce programme a été rempli, presque de points en
points, à l'avantage du pays.

Des centaines de mille de plants, de bon choix, ont été
répandus ; des milliers de visiteurs sont venus s'éclairer et
s'instruire, emportant de bons exemples et des germes
d'améliorations et de progrès à répandre chez eux et
autour d'eux.

Bien des années se sont écoulées, des fortunes diverses
sont survenues : la Vigne-École est restée la Vigne-
École. Ses carrés, ses divisions, ses cultures, ses cépages

d'autrefois — ceux-ci, pour le plus grand nombre, préservés de la destruction, par l'application des insecticides, d'énergiques fumures, de soins spéciaux ; ceux-là reconstitués sur essences américaines, — sa production, enfin, *doublée* et *triplée* et empreinte d'une qualité qui ne s'est pas démentie, peuvent encore le démontrer.

Mais la génération a changé : les vieux ne sont plus là ; les caractères, comme les mœurs, les énergies et les aptitudes ne sont pas les mêmes : la Vigne-École n'est plus un instrument dont on puisse retirer honneur et profit faciles ; les bons ouvriers de la première heure n'ont pas été remplacés ; les pouvoirs publics ont de plus hautes spéculations à favoriser ; certains *lymphatiques buveurs d'eau* ont même prétendu que la France produisant déjà trop de vin, il fallait plutôt restreindre la culture de la vigne que chercher à l'étendre davantage !...

C'est pourquoi l'*Enclos de la Vigne-École* a été mis en vente !

LES
ANCIENS MONUMENTS
DU TARN-ET-GARONNE

A défaut d'une autonomie que son origine ne comporte pas, le Tarn-et-Garonne, de dimensions restreintes, présente des aspects multiples. Formé de fragments de plusieurs provinces il donne encore, dit-on, cinq formes à son idiome local ; son territoire dès longtemps habité, est tour à tour plantureux ou pittoresque en son bassin de la Garonne large et vert, en ses falaises rocheuses du Rouergue, en ses coteaux du Quercy plantés de vieux chênes, ou ceux de la Gascogne aux blonds épis.

Le sous-sol cache des secrets ignorés de l'histoire ; des édifices, par leurs ruines plus souvent que par leur splendeur, disent ce que fut le souffle artistique méridional et comment, sous l'influence d'écoles diverses construisaient nos pères, avec la brique chauffée aux rayons d'un clair soleil ou avec la pierre jurassique.

De ces monuments debout ou disparus, quelques pages vont rappeler, tout au moins, le souvenir.

Pour beaucoup ce serait la réalité s'il n'était le vandalisme des invasions, des guerres, de l'émeute et des restaurations.

Avant la conquête romaine

Sous ce titre, il convient de grouper d'abord les monuments sans histoire, les traces de peuplades primitives qui habitèrent les abris-sous-roche des bords de l'Aveyron, les cavernes de Bruniquel, de la Madeleine ou bien les habitations creusées de main d'homme dans la terre argileuse ou les grès friables de nos coteaux.

Les plus anciennes œuvres de l'homme recueillies en notre région sont les quartzites taillés, qui rappellent absolument les types classiques des alluvions anciennes de la Somme, de la Marne et de la Seine, le type de Saint-Acheul.

Instruments ou armes, ces quartzites ont appartenu à une population primitive qui eut des habitations en plein air, sur les points culminants au-dessus des plaines, alors marécageuses, dans lesquelles la Garonne, le Tarn, l'Aveyron, toutes nos rivières ont depuis creusé leur lit. Ainsi au Bourguet, à Génebrières, à Saint-Martial...

Les stations des rives de l'Aveyron appartiennent à l'âge du renne ; la race est plus avancée ; elle s'adonne à la pêche, à la chasse ; chez elle, la couture, la broderie peut-être, la parure, sont en honneur, et à coup sûr la gravure et la sculpture des os ou des cornes. Un godet de pierre conservant sous une meule minuscule de l'ocre rouge nous a révélé des peintres.

La faune est représentée par les ossements du renne, du cerf, de l'aurochs, du cheval, du mammouth, du loup ; l'industrie, par les aiguilles, les harpons, les hameçons, les outils de toutes sortes en os ou en silex, couteaux, grattoirs, pointes de flèches, et parmi ces derniers, des scies à fines dentelures[1].

Au-dessus des falaises qui bordent l'Aveyron, sur les *causses*, tout comme dans les bois du Quercy, au Bretou,

---

[1] M. Brun s'est fait le chercheur infatigable des stations de Bruniquel ; devenu le collaborateur de M. le curé Nonorgues, une brochure a fait connaître le résultat de ses recherches. Depuis, MM. de Lastic et Peccadeau de Lisle ont continué les fouilles.

à Septfonds, à Saint-Cirq, à Carcès, à Saint-Projet s'élevaient des dolmens ; près de Lauzerte, un menhir ; à la
Verrouille, une sorte de cromlech.

Les tumuli d'*Angayrines*, près de Beaumont, de Ginals,
de Montricoux, de la forêt de Montech, méritent d'être
signalés entre beaucoup d'autres.

Sur les bords du Tarn, au Verdier, nous avons constaté
un centre de fabrication de haches en pierre polie ; des
grès usés par le polissage gisaient à côté de haches en
grand nombre et d'ossements travaillés, de couteaux de
silex très fins, de quelques outils de bronze. Là, des creux
circulaires, avec foyer central, destinés à l'habitation,
avaient dû recevoir une couverture conique dans le genre
des huttes de la Nouvelle-Zélande, vestiges d'un village
néolithique.

Le regretté U. Devals, archiviste du département et
secrétaire général de la Société archéologique, a fait connaître, l'un des premiers, des souterrains, demeures ou
refuges[1]. Son érudition, sa patience dans les recherches
lui en fit découvrir et décrire plus de cent sous la dénomination d'habitations troglodytiques. Je puis ajouter que
l'illustre savant J.-B. de Rossi, très frappé de la ressem-
blance qui existait entre ces habitations et les catacom-
bes, m'écrivit afin d'avoir des renseignements précis à
leur sujet.

Le souterrain du Cros, à Léojac, peut suffire à donner
l'idée de tous les autres. Des galeries, ayant de 60 à 70
centimètres de largeur, conduisent à des salles de forme
carrée ou barlongues à voûtes angulaires, dont les dimensions varient tout comme le nombre (celle de Villeneuve
à Montfermier compte 14 chambres). Des traces de barrages sont apparentes à l'entrée de ces salles et se retrou-

---

[1] En 1863, au Congrès archéologique de Rodez où j'eus l'occasion de
signaler les cavernes de Bruniquel et leur mobilier.

vent aux coudes des passages ; des niches creusées dans les parois pouvaient recevoir des lampes, et d'autres, en forme de placards, renfermer les provisions.

Les objets recueillis dans ces demeures appartienuent à des civilisations trop diverses pour qu'il soit possible de bien déterminer une époque. A Léojac toutefois, les poteries étaient antérieures à celles de la domination romaine. Les haches de pierre polie y ont été rarement rencontrées.

Dans un temps où seuls les mouvements de terrain offraient des fortifications naturelles, sur notre territoire, coupé par des cours d'eaux, hérissé de coteaux, ces derniers devinrent facilement des lieux de refuge, des centres d'habitation. Palissadé et isolé du plateau voisin par un vallonnement, le coteau, qui formait promontoire, commandait plusieurs points à la fois et gardait les passages ; la terre enlevée pour creuser les fossés servait à former une motte, sorte de forteresse. Ainsi purent lutter, de tribu à tribu, les Tascons et les Ruthènes, les Lactorates et les Nitiobriges, les Tolosates et les Cadurques ; plus tard, enfin, résister à l'invasion romaine [1].

Les chemins Gaulois suivaient la ligne des coteaux généralement à moitié hauteur, ils sont étroits et, lorsqu'il se peut, encaissés.

Les *oppida* ne furent pas toujours établis sur les sommets comme à Corbarieu, à Bourret ou à Castelmayran ; Gandalou, Montbartier sont presque en plaine. Gandalou, *Castrum Vandalorum*, fut utilisé au Ve siècle par les Vandales. Établi sur le relèvement de terrain qui sépare les deux vallées du Tarn et de la Garonne, cet *oppidum* se compose d'une terrasse artificielle dont les talus ont de 4 à 8 mètres d'élévation, sur une longueur de 300 à 320

---

[1] Il est bon de signaler un important trésor de monnaies gauloises, trouvé il y a peu de temps au Causé, dans l'ancien pays des Garites.

mètres et une largeur de 186 mètres. Un fossé court au
pied du talus et entoure une butte factice qui se dresse à
l'une des extrémités; dans une échancrure, à une hauteur
de 12 mètres, trois passages réservés dans l'enceinte donnent accès à l'intérieur, dont la superficie dépasse 6 hectares[1].

Le camp de Gandalou affecte la forme de la lettre D,
bien différente de celle présentée par les camps romains;
celui de Saint-Porquier, par exemple, est, suivant la tradition, de plan rectangulaire; également, ceux de Bali-
gnac, du Castéra-Bouzet...

Époque gallo-romaine

Le territoire du département de Tarn-et-Garonne appar-
tint, en majeure partie, à la *Gaule Narbonnaise*; il a
gardé, à défaut de murailles conservées, de nombreuses
empreintes de la domination romaine. Dès l'an CXXI
avant Jésus-Christ les conquérants avaient soumis les
tribus établies entre le Rhône, la Garonne et les Pyrénées.
Nos plaines, nos vallées fertiles furent sillonnées par des
voies, désignées encore sous le nom de *cami romio, strata
publica, cami-peyrat* (chemin pavé), *iter vetus*; Jules
César put les suivre lorsqu'il vint affirmer la conquête.
L'une de ces voies, la plus connue, figure dans la *Table
théodosienne* ou de Peutinger, ainsi tracée :

TOLOSA.
FINES,   XXVIII (milles romains).
COSA,   VII.
BIBONE pour Divona (Cahors), XX.

[1] Voir le rapport d'une excursion de la Société archéologique dans
le baron de Rivières. *Bulletin archéologique*, t. XXVIII, p. 65. — *Gandalou,* par M. de MÉZAMAT DE LISLE, 1899.

De Toulouse à Cahors, cette route, voie prétorienne ou consulaire, venant par Lalande et Fronton, entrait dans le Tarn-et-Garonne auprès de Lalandelle, retrouvait à Labastide-Saint-Pierre l'ancienne voie Castraise, traversait le Rieutort, passait au Claux et, après Bressols, rencontrait *Fines* (frontière qui séparait les *Tolosates* des *Tasconi*). C'est au port d'Escorsac, qu'au moyen d'un bac, elle devait franchir le Tarn; puis, au travers du Montauban actuel, sur le tracé de la rue Saint-Louis, gagnait Cosa (Cos), pour de là arriver à Cahors[1].

Il n'est pas question dans la carte de Peutinger de Montauriol, *Mons Aureolus*, situé dans le haut de la ville actuelle de Montauban, au-delà des faubourgs Lacapelle et du Moustier. Fut-ce l'antique *Pagus tasconensis?* M. Devals le croyait; M. Moulenq était d'une opinion contraire. Les fouilles opérées sur son emplacement n'indiquent pas une cité antique importante; son nom est surtout connu parce qu'il fut donné à l'abbaye, dénommée Montauriol d'abord, puis Saint-Théodard.

De nombreuses villas bordèrent les voies romaines qui, chemins stratégiques, reliaient des camps tels que ceux de Saint-Porquier, de Saint-Vincent-Lespinasse, de Castéra-Bouzet, tous trois encore très apparents. Ces mêmes voies étaient protégées par le *præsidia* établi sur les hauteurs, succédant souvent à un *oppidum* Gaulois. On peut citer les Mottes de Toulvieu, sur la voie antique de Montauriol à Moissac; de Corbarieu, sur celle de Montauriol à Villemur; de Cordes-Tolosanes et Saint-Loup, sur celle de Toulouse à Auvillar; de Labarthe, sur la voie de Moissac à Cahors; de Notre-Dame-des-Misères, sur la voie de Moissac à Caussade...

---

1 Voir *Études sur les limites des anciens peuples qui habitaient le département de Tarn-et-Garonne et Les voies antiques*, par DEVALS aîné.

Les briques à rebords, les monnaies romaines, les mosaïques sont nombreuses encore dans le sous-sol, trace d'opulentes demeures rurales. Il convient de citer la mosaïque de Saint-Romain (canton de Bourg-de-Visa), dont nous avons pu constater l'existence dans une série de salles mises à découvert sur une longueur de 56 mètres [1].

Plusieurs cimetières ont marqué des centres de populations en même temps qu'indiqué les divers modes de sépulture : l'incinération à Montauriol, au Saula, à Cos, à Puylaroque ; l'inhumation à Léojac, à Saint-Hilaire, à Saint-Paul-d'Espis, à Malause, au quartier de Paris, près de Verdun et bien ailleurs.

Toutefois, les inscriptions funéraires, gravées sur pierre ou marbre, sont rarissimes dans le département ; nous en comptons à peine quatre ou cinq.

Nous avons vu Cosa indiqué comme station, *mansio*, de l'itinéraire antique ; ce fut une ville importante que détruisirent les Barbares au Ve siècle. Lorsque, l'été, des hauteurs du coteau voisin, au-delà de l'Aveyron, le regard plonge sur l'emplacement de la cité disparue, la maigreur de la récolte indique le tracé des rues dont le pavage est resté en place. Non loin, à Tenans, des fondations, des mosaïques, des colonnes cannelées [2], des chapiteaux, ont révélé l'existence d'un temple pseudo-périptère.

Une vitrine du Musée archéologique contient de nombreux objets, bijoux, monnaies, ustensiles recueillis par M. Devals, à Cos.

---

[1] Il n'est pour ainsi dire pas un point du département qui n'offre des vestiges de la civilisation romaine. Nous avons constaté l'existence de villas en plus de cent cinquante endroits.

[2] L'une d'elle est conservée au musée lapidaire de Montauban.

Époque chrétienne

ARCHITECTURE RELIGIEUSE

Période latine et mérovingienne. — Au début du christianisme, les demeures particulières servirent aux premiers fidèles pour l'exercice du culte [1].

Quand, s'affirmant au dehors, la religion nouvelle put élever des sanctuaires, après Constantin surtout, ceux-ci n'eurent point, chez nos pères, l'importance des basiliques latines ; ce furent de simples oratoires de forme rectangulaire, aux dimensions restreintes, couverts de charpentes, avec ou sans chevet absidal. Rares partout, dans le diocèse de Montauban ils le sont non moins qu'ailleurs. De ces époques, je puis citer l'église Saint-Martin de Moissac, érigée vers le Ve siècle ; certaines parties de l'abbaye de Saint-Pierre, où le blocage, le petit appareil, les fenêtres cintrées avec claveaux alternés de brique et de pierre offrent, dans la chapelle Saint-Julien, tout comme dans l'église de Saint-Martin, des témoins irrécusables. Le petit appareil se retrouve également à la base du chevet de l'église de Léojac. Dans l'ancienne forêt du Bretou, un pan de mur en appareil allongé vers le sol, en feuille de fougère dans le haut, est le seul reste de la petite église de Bourbon ; non loin, Saint-Benoît de Castres, mieux conservé, se compose d'une nef voûtée, depuis un siècle seulement, et d'une abside en cul-de-four, à fenêtres étroites et cintrées ; les murs sont couronnés par une frise formée de pierres posées en biais *(opus spicatum)*.

---

[1] A Bapteste (Lot-et-Garonne), oratoire et baptistère furent élevés au milieu d'une villa gallo-romaine.

Le tombeau de marbre, dit de Saint-Raymond, placé dans l'église de Saint-Pierre de Moissac, est un intéressant spécimen de la sculpture à l'époque mérovingienne.

Des tombes groupées sur la pente de maints coteaux des bords de la Garonne indiquent la sépulture de guerriers francs tombés après des combats, et conservent, avec les ossements, des boucles de ceinturon dites mérovingiennes, des armes, des bijoux ; par exemple, à Grézas, à Golfech, à Verdun.

Période carolingienne. — A Moissac encore nous retrouvons les restes les plus importants de la période carolingienne. A défaut de l'église abbatiale, élevée sous Louis le Débonnaire, des chapiteaux et une partie des sculptures (linteau et pied-droit) de marbre blanc employées dans le portail, attestent le luxe apporté dans la construction de l'édifice qui s'écroula en 1030.

Dans les cantons de Montaigu et du Bourg-de-Visa plusieurs églises de village peuvent être regardées comme antérieures à l'an mil, je citerai seulement la plus complète, celle de Sainte-Cécile de Pistoule : une nef rectangulaire étroite (4ᵐ80 de largeur sur 14 mètres de longueur) précède une travée qui sert de base à une tour carrée et se termine par un abside semi-circulaire, la voûte de la nef et celle du clocher sont en berceau ; cette dernière, surélevée comme celles des tours lanternes, couvre le *chancel* ou chœur au devant du sanctuaire. Celui-ci, un peu plus étroit que la nef, est de la même élévation. Les fenêtres rappellent les meurtrières, par leur peu de largeur ; les portes sont en plein cintre.

Style aquitanique. — Cette dénomination, proposée par M. Paul Fontenilles, comprend les églises à coupole, sur pendentif, élevées sous une influence byzantine dans l'ancienne province d'Aquitaine, dans le Périgord en particulier, à partir du XIe siècle. L'église abbatiale de Moissac, construite par Durand de Bredon, en 1063, en était un exemple remarquable, offrant, comme la cathédrale de Cahors et l'église de la cité de Périgueux, des coupoles en file [1] On le sait, le plan de Saint-Front est tout autre et procède plus directement de Sainte-Sophie de Constantinople ou de Saint-Marc de Venise.

Aux environs de Montpezat, dans un bois, existe encore une petite église à coupoles, appareillées avec soin sur pendentif, dont le chevet est carré, son vocable est Notre-Dame-de-Saux, la tour et la première travée sont du XVe siècle seulement, des peintures murales historiées ont laissé des traces sur les murs.

Période romane. — La plus remarquable de nos églises romanes est, sans contredit, celle de l'ancien doyenné de Varen, dont il sera parlé sous la rubrique : *architecture monastique*.

Notre-Dame de Lacour possède un transept, une abside aux larges proportions, accompagnées de deux absidioles ouvertes dans les croisillons; il en est de même des églises de Bouloc et de Saint-Maffre, où les nefs ont été remaniées. A Auvillar, une chapelle en abside dans l'axe du collatéral de droite est le seul reste de l'église romane. A Dieupentale, l'abside unique, ornées d'arcatures à l'intérieur, est ornementée avec soin, les fenêtres sont accompagnées de colonnettes à chapiteaux sculptés supportant

---

[1] Des fouilles ont été décidées, sur notre demande, par le M. le Ministre de l'Instruction publique; elles sont destinées à retrouver le tracé de l'ancien sanctuaire et, aussi, le plan de l'église de Louis le Débonnaire. M. de Lasteyrie veut bien venir ouvrir ces fouilles.

un tore. On retrouve des parties romanes à Montbéqui et surtout dans les paroisses de notre département qui appartiennent au Quercy, les exemples sont plus nombreux, l'église de Sainte-Thècle mérite d'être citée. Nos édifices romans se rattachent aux écoles d'Auvergne, du Languedoc et du Périgord.

Période gothique. — Nos pères ont longtemps résisté avant d'accepter le style gothique, né dans l'Ile de France. Aussi, depuis un siècle, cet art nouveau avait atteint son épanouissement dans le Nord et notre Midi demeurait fidèle aux traditions romanes. A vrai dire, il en a toujours gardé quelque chose : par exemple, dans les ouvertures cintrées, aussi bien au XIVe siècle à Saint-Martin de Montpezat qu'au XVIe siècle dans le clocher de pierre de Notre-Dame-des-Misères ou dans ceux de briques du XIIIe au XVIIIe siècle. Le gothique, à son tour, devait résister aux innovations de la Renaissance ou du Néo-grec; des voûtes d'ogive furent élevées après le XVIIe siècle avec autant d'habileté que cinq siècles auparavant; témoin, les voûtes de Saint-Jacques refaites après le siège de 1621, les couverts de la place royale de Montauban, datés de 1616-1617, et les cloîtres des couvents des Jacobins et des Carmes, reconstruits au cours du même siècle.

Comme l'a habilement démontré M. Camille Enlart, les moines de Cluny avaient apporté en Espagne et en Italie l'art roman du Languedoc; ceux de Cîteaux remplirent le même rôle pour le style Bourguignon à la fin du XIIe siècle, dans le Midi et le Nord de l'Europe. C'est par eux que le gothique nous est venu dans les abbayes cisterciennes de Beaulieu, de Belleperche, de Lagarde-Dieu, de Grandselve. La même action s'exerça, un peu plus tard, par les quatre grands ordres établis dans nos villes :

Jacobins, Carmes, Augustins, Cordeliers ; toutefois, leurs églises bâties avec les matériaux du pays, en adoptèrent les traditions tout en s'inspirant des constitutions de leur ordre et de l'architecture nouvelle. Les ravages commis par les Réformés, à la fin du XVIe siècle, ne permettrait point de faire la preuve pour Montauban, où aucun de nos édifices religieux ne fut respecté, si l'on excepte Saint-Jacques en partie.

Cette église, bien gothique comme plan, ne peut être portée à l'actif du XIIIe siècle. Après la fondation de la ville nouvelle de Montauban (1144) une simple chapelle fut construite vers 1174 « à l'usage des malades et des vieilles gens ; » les valides allaient au *Moustier* pour les offices. Rien ne subsiste de cet oratoire qui dut être roman. A la fin du XIIIe siècle et durant les premières années du XIVe, il fut remplacé par une église plus vaste, devenue paroissiale vers 1359, dont il reste aujourd'hui le clocher et la moitié de la première travée. La nef a été reprise et agrandie en 1481 ; le chevet rectangulaire devint pentagonal, terminant une nef unique composée de quatre travées dans lesquelles s'ouvrent des chapelles ; les piliers, engagés, sont prismatiques, et également les nervures de brique ; les chapiteaux, étroits, se composent d'une guirlande de feuillages mouvementée avec des écus au centre. Ceux du sanctuaire ont été refaits de nos jours sans aucun rapport avec les anciens. Les remplages des fenêtres à meneaux sont mauvais, tels que pouvaient les faire les ouvriers qui réparèrent l'église au XVIIe siècle.

Le clocher de Saint-Jacques est intéressant et nous amène à parler d'un genre de construction, adopté pour les tours, très particulier à l'école méridionale et, pour spécialiser, on peut dire à l'école toulousaine ; le type s'en retrouve à Saint-Sernin ; il s'est étendu dans le bassin de la Garonne, de Rieux ou de Muret à Saint-Nicolas-de-la-Grave ou Agen. Montauban est compris dans

ÉGLISE SAINT-JACQUES DE MONTAUBAN
(FIN DU XIVᵉ SIÈCLE)

cet espace et son diocèse peut fournir la preuve évidente de l'adoption et de la persistance d'un système fort heureusement combiné, amené par le désir d'utiliser la brique avec le moins de frais possible.

Ainsi naquirent nos élégantes et sveltes tours polygonales que surmontent le plus souvent des flèches aiguës. Décrire l'un d'eux, les énumérer et les classer par époques, me paraît répondre à l'étendue de ces pages.

Le plus important de ceux que nous possédons est celui de Beaumont-de-Lomagne, bastide fondée au XIIIe siècle par les religieux de Grandselve. Ils la dotèrent, avec le concours des habitants, d'une belle église à nef unique terminée par un mur plat qu'ajoure une rosace et deux fenêtres à meneaux. Les moines fondateurs avaient, à la croisée de leur église abbatiale, une tour à deux étages assez semblable à celle de Saint-Sernin ; nous en pouvöns juger par celles qui surmontent les châsses, en forme d'églises, qu'ils firent faire pour leur trésor, au commencement du XIIIe siècle, vraisemblablement par des orfèvres toulousains. A Grenade et à Beaumont, leurs deux bastides, ils voulurent des clochers de ce genre, non plus à l'entrée du sanctuaire, ainsi qu'il appartient aux églises monastiques, mais en dehors de la façade occidentale.

A Beaumont, une base octogonale, qu'épaulent des contreforts reliés par des arcatures et surmontés d'une galerie crénelée, porte la tour à quatre étages. Un escalier à vis, logé dans une tourelle latérale de la façade, conduit au départ de cette tour. Le premier de ces étages n'a point de colonnettes. Un seul arc en plein cintre s'ouvre sur chaque pan, avec remplissage de briques, ajouré de deux étroites ouvertures et d'un oculus ; au second étage, des baies jumelles en mître sont surmontées d'un oculus losangé ; le troisième étage présente la même disposition, avec deux arcs en tiers-point et un quatre-feuilles au tympan ; enfin, dans l'étage supérieur l'on retrouve l'arc angulaire encadré de gables à crochet. Des colonnettes, coupées par des bagues, garnissent les angles des trois derniers étages; d'autres portent les arcs des baies. Elles ont toutes des chapiteaux sculptés à crochets; la pierre entre dans l'ornementation. Ce clocher est classé comme monument historique ; semblable honneur a été accordé à celui de Caussade.

La photogravure jointe à cette notice ne peut rendre l'effet que produit cette belle tour, lorsque de sa base on la voit dans toute sa hauteur, deux étages y sont cachés par la façade de l'église. En revanche celle-ci paraît dans sa noble ordonnance, dominant majestueusement la *bastide,* dont elle semble abriter les demeures ; au besoin elle pourrait les défendre ; des arcs bandés d'un contrefort à l'autre, rappellent les larges machicoulis du palais des papes d'Avignon (il est vrai que du côté du nord ils ne sont pas ouverts). Un crénelage entoure la base du clocher, un chemin de ronde court au-dessus des murs et se continue devant la façade sur une galerie extérieure, portée à sa naissance par de faux machicoulis. Les quatre angles de l'édifice ont reçu des échauguettes, dont une surmonte la tourelle de l'escalier à vis, et les trois autres sont en encorbellement sur les contreforts d'angles. Des baies cintrées s'ouvrent sur le chemin de ronde en guise de créneaux.

On le voit, l'église de Beaumont était, comme cela se pratiquait si souvent au Moyen-Age, en même temps que la maison de la prière, une sorte de forteresse dominant la vallée de la Gimone et un refuge suprême capable d'abriter toute la population. Il le fallait au XIVe siècle, quand les Anglais occupaient ou menaçaient le pays.

La façade, que l'on aperçoit un peu dans l'ombre, est sobre et d'un bel aspect : pignon encadré par les deux échauguettes, galerie en saillie sur des consoles, deux fenêtres à meneaux, clocher à droite, et, dans le bas, un

ÉGLISE DE BEAUMONT (XIVᵉ SIÈCLE)

portail de pierre se détachant en clair sur le fond sombre de la brique. Latéralement, les sept travées sont éclairées par de longues et étroites fenêtres à tympan et meneaux [1].

En date, la tour, à deux étages seulement [2], de Saint-Sauveur-de-Castelsarrasin passe avant le clocher de Beaumont. Un crénelage la couronne, moyen de défense qui se reliait aux fortifications de la ville. L'église, qui fut celle d'un prieuré régulier dépendant de Moissac, est à trois nefs avec transept. A son origine, XIIIᵉ siècle, le chevet était carré ; deux chapelles, ouvertes dans les transepts, étaient orientées comme l'autel majeur.

A Donzac (canton d'Auvillar), le clocher, d'allure romane, est carré, il y a deux étages à doubles baies et oculus sur chaque face, les arcs dans le bas sont en mître, dans le haut en plein cintre, ainsi que ceux d'une galerie supérieure qui entoure la base d'une flèche obtuse.

Montauban, au temps de sa prospérité médiévale, pouvait montrer, groupés autour du clocher de la *paroisse*, ceux de même filiation, de la collégiale de Saint-Étienne-du-Tescou, des Jacobins, des Cordeliers et des Augustins.

Le XIVᵉ siècle vit s'élever des clochers qui n'eurent qu'une seule *baie* par pan coupé ; ceux de Saint-Sernin-de-Rouzet, de Villemade, des Carmes de Castelsarrasin, ce dernier singulièrement établi sur plan hexagonal irrégulier.

Viennent maintenant trois clochers du XVᵉ siècle, bâtis selon les mêmes principes, avec de semblables éléments, et ne différant guère que par leur base : celui de Mon-

---

1 L'église a 54ᵐ50 de longueur sur une largeur de 17ᵐ78. La voûte s'élève à 21 mètres.

2 Elle est à l'entrée de l'église portée sur des piliers d'un côté, sur le mur occidental de l'autre et appuyée sur trompes.

tech (1426), à la flèche refaite très habilement par M. Th. Olivier, architecte diocésain, et celui de Nègrepelisse, élevé vers 1460 par Pierre de Carmaing ou Caraman, abbé de Moissac, de la famille des seigneurs de Nègrepelisse [1].

A Montech, la base massive, agrémentée de hautes arcatures, affecte, comme la tour, la forme polygonale ; les angles sont munis de contreforts à redents, que terminent des balcons en guérites, reliés à un chemin de ronde. Élevée du côté gauche de l'église, cette importante tour, sorte de donjon, dominait les fossés d'une ville fortifiée, dont elle défendait l'entrée.

Notre planche dispense de décrire les trois étages de la lanterne.

Il en sera de même pour l'élégant clocher de Nègrepelisse, situé, celui-là, au-dessus d'un porche voûté ouvert de trois côtés, dans l'axe, en même temps, et de la nef et de l'une des rues de la bastide à plan régulier. La base est carrée et au-dessus des contreforts un glacis amène le pan-coupé. Des crochets de pierre ornent la flèche ; l'ancien fleuron a été remplacé, de nos jours, d'une façon pitoyable. Huit gargouilles, encore en place, rendaient étanche la galerie supérieure [2]. Une porte, avec arc en accolade crossé et fleuronné, donne accès dans l'église moderne, à colonnes de fonte ! qui a remplacé celle des Caraman, à une seule nef avec chapelles latérales. Elle avait été incendiée dans les guerres de la Réforme.

Nous voici au XVIe siècle.

Les voyageurs nombreux de la ligne d'Orléans (Paris-Toulouse par Cahors et Montauban) peuvent saluer au

---

[1] La Société archéologique possède un fragment de la galerie supérieure du clocher portant les armes de cet abbé. On peut les voir dans la salle du Prince-Noir, à Montauban.

[2] Une tourelle accolée à la base part du sol et accède à la naissance de la partie ajourée.

Cliché Anglade.

ÉGLISE DE MONTECH (XV SIÈCLE)

passage, à peu près intact, le gracieux clocher de Caussade. Les proportions en sont particulièrement heureuses dans la tour proprement dite, toute de brique, sans retrait d'étage en étage, les baies accouplées sont en tiers-point; la base est de pierre à contreforts arrondis, terminés en poivrières et surmontés de pinacles gothiques. Cette base, couronnée d'un crénelage par Viollet-le-Duc, semble lourde et résistante à l'excès, au-dessous de la tour ajourée et de la flèche aiguë; elle dut, sans doute, à sa solidité de n'être point détruite en même que l'église, lors de l'incendie allumé par les protestants[1].

Église et clocher, comme plan, datent du milieu du XVe siècle. (Voir le bail à charpente publié dans le *Bulletin archéologique*, t. XXVIII, p. 778.) Toutefois la construction se poursuivait encore en 1501 et en 1530; un acte dressé pour la levée des tailles dit ceci : *Item losdits Molas et Roch levaran los deniès que se empanuseran per la fabrica del cloquiè.* » En 1520, il était également question de la *gleysa et del cloquiè* en construction[2].

Au-dessus de l'enceinte murale de Montricoux, séparé du donjon des Templiers par l'église gothique, se dessine le clocher de brique, élevé en 1549 par Inard de Mont-

---

[1] Cette base offre la coupe d'un donjon de forteresse ; deux étages sont contenus dans des murs de 2 mètres d'épaisseur sur deux faces, 3 mètres du côté de l'église et 5 dans la partie qui contient l'escalier tournant. Les contreforts ont 2m50 de saillie. Lorsque Duras, le 8 septembre 1562, s'empara de la ville et en massacra les habitants, les ecclésiastiques avaient cru trouver un asile derrière ces murs épais ; ils furent traqués, saisis et précipités du haut du clocher. (Cathala-Coture, *Hist. du Quercy*, t. I, p. 419.)

[2] Ces documents nous ont été communiqués par M. Louis Boscus; ils mettent fin à l'opinion, accréditée à Caussade, qui attribuait le clocher au XIIIe siècle. Une inscription en lettres gothiques de la *dernière époque*, qui se trouve incrustée au bas du clocher, du côté de l'église, lue d'une façon peu exacte, a été reportée trop en arrière de trois siècles.

rosier, prieur maltais de la commanderie. Les travaux furent confiés à un *maçon* de Montauban, Arnaud Gournou, qui servit son art, sans doute, mais aussi l'émulation des paroissiens de Montricoux, en imitant, d'une façon uu peu sèche, il est vrai, le clocher de Nègrepelisse, la ville voisine et rivale [1].

A cette même époque paraît appartenir le clocher de Saint-Amans-le-Noir (canton de Molières). La base carrée, est en pierre; la tour, ajourée, octogonale, a deux étages; les *ouyes*, en plein cintre, sont établies deux par deux; la flèche et la galerie supérieure sont relativement récentes.

Au siècle suivant, la donnée générale reste la même toutefois, la lanterne est moins ajourée, une seule baie s'ouvre sur chaque pan. Le meilleur exemple que nous puissions offrir est celui du clocher de Finhan, reconstruit en 1685 sur la base de celui que les guerres religieuses avaient renversé; il a si belle mine, si chaude patine, que longtemps dans le pays on l'a attribué aux Anglais; des balustres surmontant la base et d'autres détails d'architecture auraient pu, au besoin, convaincre du contraire. Au surplus, la date est gravée sur une pierre de la tour.

Il ne faudrait pourtant pas juger de tous les clochers du XVIe siècle par celui de Finhan; les restes de la tour antérieure avaient, là, imposé la continuité d'une forme archaïque.

A Saint-Nicolas-de-la-Grave, construit avant 1685, — des détails d'ornementation trahissent la Renaissance, — l'ensemble est plus lourd, deux étages suffisent.

L'église actuelle a remplacé celle du XIIIe siècle; élé-

---

1 Base carrée, galerie sur corbeaux, trois étages de baies accouplées sans retrait, point de chapiteaux, mur plein formant balustrade à la naissance de la flèche, le tout en brique.

vée au centre de la ville nouvelle, non loin du château
des abbés de Moissac ; on en retrouve des murs notamment au chevet.

Le porche, détaché de la nef, est largement ouvert sur
trois faces, chacune d'elles ajourée par un oculus ; des
contreforts d'angle soutiennent la tour, à laquelle donne
accès un escalier intérieur. La flèche est élancée, la galerie qui régnait à sa naissance a disparu : la rétablir serait
la plus urgente des réparations.

Le clocher de Saint-Porquier offre de semblables dispositions ; il paraît avoir été remanié après 1613, compris
dans des travaux commencés à cette époque.

Cette longue énumération montre la ténacité d'un mode
de construction qui, avec des attaches romanes, se conti-
nuait encore sous Louis XIV et se retrouve en pierre
comme à Mirabel ou à Notre-Dame-des-Misères.

Cependant, tous les clochers de brique n'eurent pas
cette forme ; beaucoup, en pignon ajouré de baies pour les
cloches, s'élevaient sur le mur occidental des églises, en
redan parfois, accostés de tourelles et desservis par des
galeries. Les églises du Taur, à Toulouse, de Saint-Sulpice (Tarn) offrent des exemples que nous retrouvons à
Saint-Aignan, à Dieupentale, à Castelmayran, à Nohic, à
Gandalou et ailleurs ; ces clochers-arcades se prêtèrent
aux plus humbles dimensions.

Les tours carrées, souvenir des défenses militaires,
règnent dans la région pierreuse du Quercy ; à Larrazet,
le clocher ajouré affecte cette forme en style du XVe siècle.

Revenons aux églises à nef unique :

Celle d'Aucamville, réparée en 1413, a conservé un
beau portail du XIIIe siècle avec voussures de brique à
boudin, colonnettes de marbre et chapiteaux de pierre.

L'église de Saint-Martin-de-Montpezat a surgi, d'un seul
jet, vers 1335, en tête des bâtiments de la collégiale
fondée par le cardinal Pierre des Prés ; en pierre du pays,

elle offre une grande unité : des chapelles-régulières, avec
crédences et placards s'ouvrant dans les travées. Le clocher carré, placé à l'angle nord de la façade, est en
partie détruit. Les tapisseries célèbres du XVIe siècle,
représentant la vie de Saint-Martin, garnissent le chœur
au-dessus des stalles du XIVe siècle. Deux beaux tom-
beaux, avec statues funèbres du cardinal et de son neveu,
évêque de Montauban, sont placés aujourd'hui à l'entrée
du chœur.

Le plan de l'église d'Auvillar diffère, il est à trois-nefs,
avec sanctuaire-et chapelles dans l'axe des collatéraux : des
piliers, quelques murs, la chapelle de droite, appartiennent à la période romane ; la façade et les nefs sont du
XIIIe et XIVe siècles ; le chevet, de la fin du XVe. Le clocher ruiné par les calvinistes n'a jamais été relevé, il
était placé à l'angle sud-ouest. Les fenêtres des collatéraux éclairent seul l'intérieur ; à l'extérieur l'on voit
encore quelques enfeux et des inscriptions tumulaires.

« Exagération et décadence de l'art gothique », écrit
M. C. Enlart, dans son excellent *Manuel d'archéologie
française* (p. 586). Le style flamboyant est représenté
par les nefs de Saint-Pierre de Moissac et de Saint-Jacques
de Montauban ; à Larrazet, on le retrouve également dans
des parties d'édifices et nous allons le voir confinant à la
Renaissance. En 1480, il a créé, entre autres chapelles,
celle de Notre-Dame-de-Grâce, sanctuaire de dévotion
voisin de Lacapelle-Livron.

Renaissance. — Retour aux formes de l'art antique,
la Renaissance, art plus civil que religieux, non dépourvu
de grâce, a exercé en notre diocèse une moins grande
influence sur les églises que sur les châteaux ou les
demeures privées.

Venue d'Italie, souvent en passant par les Flandres,

elle fut d'abord mêlée aux traditions de l'art français, et, certes, le vêtement dont elle a recouvert l'ossature d'une église, gothique de plan et d'élévation, tel qu'il se montre à Saint-Eustache, par exemple, est une beauté encore.

Vers 1440, dans le Nord, la structure est modifiée ; le remplage des fenêtres n'a plus rien des contorsions du flamboyant à son déclin ; les pilastres finement sculptés ont remplacé colonnettes ou torsades surmontées par des entablements et des frontons. Tout est au renouveau des ordres antiques, grecs et romains codifiés par Vignole.

Cette seconde manière de la Renaissance a été lente à s'imposer dans le diocèse de Montauban. Nos pères étaient tenaces, le clergé moins épris de cet art placide et élégant que ne le furent les princes et seigneurs de la Cour au retour d'Italie.

Aucun édifice religieux n'en offre, dans son ensemble, les caractères. Il faut se contenter de décorations partielles : la clôture de chœur de Saint-Pierre-de-Moissac, le porche de Saint-Nicolas-de-la-Grave, quelques portes d'églises à Maubec, à Larrazet (église de 1500).

Au contraire, les traditions gothiques ont été tenaces, tout comme l'avait été la persistance du roman ; les arcs en accolades surmontent les portes et souvent les bâtons écôtés du Quercy les encadrent (à l'église de Bouloc) ; dans les nefs reconstruites, les voûtes gardent les arcs ogives, les formerets, les doubleaux avec ou sans addition de liernes et de tiercerons ; ainsi une chapelle à Saint-Martin-de-Moissac, un autre à Pommevic, à Caylus, à Montricoux, etc. ; Valeilles, Saint-Amans-de-Montaigu conservent les sanctuaires romans, les nefs refaites sont voûtées en étoile. De tels exemples seraient nombreux à citer. Mais voici une petite église bâtie encore selon les données gothiques sur les coteaux du Quercy : c'est Saint-Vincent-d'Auriac ; elle porte, sur un chapiteau faisant vis-à-

vis au Saint-Nom-de-Jésus entrelacé, sa date exacte :
L'An M Vᶜ XXXV he lo V de mars ; le chevet est à
cinq pans ; la nef a 12ᵐ50 de long ; un porche ouvert à
l'intérieur, voûté, en ogives, la précède ; les arcs sont en
tiers point.

Bien que de 1541, l'église de Verdun ne saurait figurer
à l'actif de la Renaissance, elle est gothique, à chevet
rectangulaire et à deux nefs égales, ce plan tout jacobin
a été imposé par la reprise des murs de l'ancienne église
de 1216 ruinée durant la guerre de Cent Ans.

La seconde moitié du XVIᵉ siècle fut trop troublée en
notre région pour que bon nombre d'églises fussent élevées ; il convient cependant de citer, sans pouvoir préciser
de date, et en arrivant parfois aux premières années du
XVIIᵉ siècle, les églises de Castelmayran, de Saint-Cirice
(construction très soignée), de Castéra-Bouzet, de Saint-
Nicolas-de-la-Grave, de Saint-Porquier.

Période moderne. — Lors du rétablissement du culte
catholique à Montauban, les ressources manquèrent pour
la reconstruction des églises ; il fallait d'ailleurs se hâter
de rétablir les paroisses, aussi Saint-Jean-Villenou-
velle [1], Saint-Orens [2], Saint-Étienne-de-Sapiac [3] n'offrirent

[1] L'église de Saint-Jean-de-Villenouvelle fut construite en 1684 comme
succursale de Saint-Jacques.

[2] Située près de l'entrée du pont ; les anciens évêques de Montauban,
lorsqu'ils prenaient possession de leur siège, y recevaient l'hommage
des consuls. Réédifiée pauvrement en 1650, après sa destruction dans les
premières guerres de religion, elle fut emportée par une inondation deux
ans après et transférée sur l'emplacement de l'église actuelle. Une
tour polygonale surmontait l'entrée, mais avec un seul étage et sans
analogie avec les clochers toulousains.

[3] L'église de Saint-Étienne-de-Sapiac fut bénite le 27 août 1687. La
construction avait été commencée en 1680 par ordre de Mᵍʳ de Colbert ;
elle remplaçait l'église collégiale de Saint-Étienne-du-Tescou, détruite
en 1561 par les Calvinistes.

ni luxe dans les matériaux, ni art dans la structure. Les
voûtes de Saint-Jacques, cathédrale alors, furent réta-
blies avec soin, selon les traditions du style gothique.

Reprise à pied-d'œuvre, vers 1639, l'église des Carmes,
aujourd'hui temple protestant, offrit le plan languedo-
cien : nef unique avec six chapelles latérales, une par
travée ; chevet à cinq pans, voûtes d'ogives dont les arcs
naissent gauchement d'un entablement à pilastres doriques qui règne tout autour de l'édifice, les ouvertures et
les arceaux des chapelles sont en plein cintre ; le tout en
brique.

Il en fut à peu près de même, avec plus de sécheresse,
sans entablement, pour l'église, à chevet droit, bâtie par
les jésuites à l'usage de leur collège en 1677 et aujour-
d'hui paroisse de Saint-Joseph.

La construction d'une église cathédrale définitive, éclatante affirmation de la foi catholique, devait entrer dans
la pensée du roi et de l'évêque de Montauban. Michel de
Colbert, dès le début de son épiscopat (1674), d'accord
avec M. de la Berchère, intendant de la généralité, fit
dresser des plans et des devis. Le projet fut longuement
étudié ; un modèle en bois fut envoyé de Paris, discuté
et modifié ; il rappelait l'église paroissiale de Versailles
et comportait un dôme central au-dessus de la coupole de
la croisée. Ce dôme ou clocher fut remplacé par deux
tours. Simon, architecte du roi, fut le premier chargé
« de la conduite du bâtiment ». Après lui vinrent Cotte
et de la Roque qui eut, dit Cathala-Coture, « la gloire de
terminer ce beau monument ». Une note inscrite sur l'un
des registres des délibérations du chapitre indique que la
première pierre fut solennellement posée en novembre
1692. La consécration fut faite par Mgr Michel de Verthamon le 1er novembre 1739, sous le vocable de Notre-Dame.

Avec la cathédrale de Montauban nous sommes en
plein style néo-grec, dans un édifice, lourd et peu orné,

mais spacieux et de bonne ordonnance, l'ordre dorique domine, mélangé de toscan, ainsi qu'en était l'usage sous Louis XIV. Sur la façade, seulement, des pilastres ioniques, en étage supérieur, supportent l'entablement du fronton central et les corniches des deux tours ; celles-ci avaient une toiture en forme de bulbe recouverte de plomb, fâcheusement remplacée en 1831 par de lourdes murailles et des balustres vulgaires qui écrasent le fronton.

Le plan, à trois nefs, se développe sur une longueur de plus de 100 mètres et 40 mètres de large ; les nefs, interrompues par des transepts, divisent l'édifice en deux parties égales : le chœur réservé au Chapitre [1], la nef destinée aux fidèles. La voûte, en berceau avec pénétration aux fenêtres, a 25 mètres d'élévation, 35 sous la coupole, qui domine la croisée. Les pendentifs de celle-ci sont ornés des quatre vertus cardinales en demi-relief : la Justice, la Tempérance, la Prudence et la Force. Des chapelles latérales s'ouvrent entre les contreforts au nombre de seize. Au chevet, rectangulaire, est réservée la place d'une chapelle terminale à coupole appareillée.

A l'extérieur, les statues des quatre évangélistes, dues au ciseau de de Marc Arcis [2], reposent sur la corniche à l'aplomb des pilastres doriques qui la supportent. Des statues, couchées sur les rampants du fronton, accompagnent la croix et représentent la Religion et l'Espérance.

Des arcs-boutants retiennent la poussée de la voûte centrale ; les charpentes sont dignes de remarque.

[1] Le maître-autel, en marbre de Montricoux, a malheureusement disparu ; il était placé à l'entrée du chœur sous la coupole ; reculé aujourd'hui, il est surmonté par un beau ciborium dessiné par M. Olivier, architecte diocésain.

[2] Fondateur de l'Académie des beaux-arts de Toulouse, il devint en 1739 doyen de l'Académie de sculpture de Paris, âgé de 89 ans. (Voir les *Ephémérides Montalbanaises*, de Em. FORESTIÉ NEVEU, p. 207.)

Nous ne saurions insister ici sur la description de la cathédrale, ni parler de son mobilier. Signalons simplement d'anciens rétables qui garnissent les chapelles et les stalles en belle menuiserie; celles de la chapelle terminale proviennent de la cathédrale de Nevers, et remontent au règne de Louis XVI.

Le *Vœu de Louis XIII,* l'un des plus célèbres tableaux d'Ingres, est conservé à la sacristie par la volonté même de l'illustre peintre. Les conditions d'éclairage y sont excellentes.

Le *Classique* du grand Roi ne peut revendiquer aucune autre église du diocèse ayant quelque importance; il n'en serait pas de même si nous avions à étudier les beaux rétables élevés au cours du XVIIᵉ et XVIIIᵉ siècle au-dessus des autels; il en a péri beaucoup dans ces derniers temps, sous le barbare prétexte de ramener les édifices à l'unité de style. Cette épidémie, si néfaste à l'art, est un peu calmée à l'heure présente, et nous pouvons espérer que le riche *baldaquin* de Beaumont (1710), le rétable de Larrazet (même époque) et quelques autres, non remplacés encore par les tristes fantaisies modernes, seront respectés. Ils témoignent de ce que surent faire nos pères sous l'inspiration d'un art qui ne manqua ni de richesse ni de majesté.

ARCHITECTURE MONASTIQUE

« La grande puissance morale qui, selon l'expression de Viollet-le-Duc [1], exerça en pleine barbarie une féconde et civilisatrice influence, vint des monastères. » Notre

[1] *Dictionnaire de l'Architecture française,* t. I.

région devait, de bonne heure, ressentir ces salutaires effets.

Les moines de Saint-Benoît descendent du Mont-Cassin jusqu'à nos pères. « Prenant pour base la charité, » ils défrichent les forêts, cultivent les sciences et les lettres, fortifient et relèvent les âmes et les cœurs, « ouvrent des asiles de prière inviolables et sacrés », et cela à Moissac, à Noble-Val, à Saint-Théodard, à Bonneval, au Mas-Grenier, à Varen, à Cayrac...

Plus tard, lorsque la sève fut rajeunie dans la vieille tige bénédictine, par saint Odon, saint Robert, saint Bernard, saint Étienne de Muret, il y avait pour les sociétés de nouveaux périls. Cluny et Cîteaux, à leur tour, aident ces sociétés dans leur réorganisation, fondent des villes, donnent des franchises, arrêtent la féodalité guerroyante dans les excès de sa force, pèsent dans le conseil des rois de toute la puissance d'une haute sagesse.

Ainsi firent les abbés et les moines de Grandselve, de Belleperche, de Saint-Marcel, de Lagarde-Dieu, de Beaulieu, ceux de Francou ou de Boismenou.

N'écrivant pas ici des pages d'histoire, je nomme les monastères sans pouvoir m'arrêter à chacun d'eux, mais à ceux-là seulement dont les constructions ont résisté au choc du temps et des hommes.

MOISSAC est le plus célèbre. La tradition locale se plaît à dire que Clovis fut le fondateur de l'abbaye de Saint-Pierre ; la plus sévère critique admet saint Amans, fils de Sérénus, duc d'Aquitaine [1] (594-679).

Les archéologues constatent dans ses murs des traces de tous les styles : du mérovingien au classique de Louis XIV.

[1] MABILLON, *Annal. Ord. S. Benedicti*, I, p. 97.

Autour du cloître rayonnent : au côté occidental, la chapelle Saint-Julien, *devotissima capella*, aux étroites fenêtres en plein cintre et non voûtée ; au levant, à la suite de la sacristie, refaite au XVᵉ siècle, l'ancienne salle capitulaire du XIIIᵉ siècle, divisée postérieurement en chapelles de Saint-Cyprien ou de Sainte-Marthe et de Notre-Dame-de-Pitié ; puis vient la chapelle de Saint-Ferréol, très en dévotion au Moyen-Age. Les voûtes sont d'ogive, sans arcs formerets ; le profil de ces arcs est en forme de trèfle. Le réfectoire était au nord ; il s'ouvrait du côté opposé à l'église par une porte de la fin du XIᵉ siècle ; le *lavatorium* était situé tout auprès, formé, en angle, par une série d'arcs semblables à ceux du cloître. Le réfectoire roman fut repris sous la période gothique ; il a aujourd'hui disparu.

Le Cloître est un vrai musée iconographique par ses chapiteaux aux admirables tailloirs. Endommagé lors d'un incendie en 1188, il fut réédifié au XIIIᵉ siècle, sous Bernard de Montaigu ; des arcades de brique en tiers-point surmontent les chapiteaux et les piliers sculptés en 1100. Les galeries n'ont jamais eu de voûte ; un lambrissage en berceau avait, au XVIIᵉ siècle, remplacé la charpente apparente rétablie de nos jours. Huit piliers monolithes de marbre des Pyrénées soutiennent les angles et occupent le centre : un seul est lisse ; un second porte une inscription dédicatoire ; les autres sont sculptés ; six représentent les apôtres (sauf saint Jude et saint Thomas) ; sur un des piliers centraux figure l'abbé Durand de Bredon, qui devint évêque de Toulouse. Les colonnettes sont de marbre, tour à tour simples ou accouplées. Au nombre de soixante-treize, les chapiteaux empruntent leur décoration non moins à la flore locale qu'à celle d'Orient ; la faune a une large place ; les scènes historiques dominent. Des inscriptions expliquent les légendes.

L'Église, dédiée à saint Pierre, occupe tout le côté sud du cloître; à Durand de Bredon revient l'honneur d'une reconstruction achevée par ses successeurs; elle dura de 1050 à 1130 environ. Il consacra le nouvel édifice le 6 novembre 1063 [1].

Cet édifice remonte à l'époque où une révolution féconde s'opérait en Aquitaine dans l'art de bâtir. Il dura, avec ses coupoles, plus de trois siècles, fut repris sous Pierre de Carmaing, mais garda une partie de ses murs de pierre; ceux-ci montrent encore des fenêtres romanes et des pendentifs du côté occidental. Dans la nef, divisée en quatre travées, une voûte d'ogive à nervures prismatiques remplaça les coupoles. Des autels furent placés latéralement, sous de profondes arcatures en tiers-point supportant une galerie comme à Sainte-Cécile d'Albi. Le chœur prit de vastes proportions, composé de deux travées avec chapelles latérales et terminé par un chevet à sept pans. Au nombre de dix-neuf, les fenêtres, pourvues d'un meneau central et d'un tympan flamboyant, éclairent le vaisseau, qui a $63^m 40$ de longueur sur $12^m 60$ de large dans la nef et $14^m 70$ dans le chœur. Sa hauteur sous clef dépasse 30 mètres. Ses murs ont reçu, dès leur élévation, une peinture décorative à teintes plates rajeunie de nos jours sur plusieurs points.

Dans la nef, les arcs de la voûte s'appuient sur des tailloirs à feuilles de chêne ou de chardon mêlés à des figues d'homme ou d'animaux. Les piliers du chœur n'ont pas de chapiteaux; aux deux premières travées, l'arête mousse des doubleaux et des formerets est accusée jusqu'à la base et, au contraire, les arcs s'amortissent à leur départ dans des piliers monocylindriques. Les clefs de voûte sont aux armes de France et de l'abbé de Carmaing.

---

[1] Une inscription en vers léonins rappelle ce fait mémorable.

Porche et Tour. — A l'édifice de la fin du XI⁰ siècle se relie un porche à double étage, bâti avec un appareil régulier de pierre portant des marques de tâcheron. Il contient deux salles superposées, « d'un grand intérêt pour l'histoire de l'art » et d'un effet saisissant. La tour dont elles font partie précède la nef comme à Saint-Benoît-sur-Loire, et devait servir de donjon autant et plus que de clocher, dont l'abbaye était pourvue sur d'autres points.

Là voûte du porche inférieur, élevée par Durand de Bredon ou ses successeurs immédiats, est composée de formerets et d'arcs diagonaux à large profil rectangulaire, appuyés sur huit colonnes engagées dont les chapiteaux, d'un grand caractère, sont ornés d'animaux ou de feuillages. C'est un des premiers essais de voûtes d'ogive dans le Midi.

La voûte de la salle haute est soutenue par douze arcs en quart de cercle, de coupe carrée, aboutissant à un oculus central, passage offert aux cloches et aux munitions. Les colonnes ont des chapiteaux feuillagés, à tailloirs lisses. Douze baies s'ouvrent dans le bas; au-dessus d'elles, d'étroites fenêtres motivent une pénétration dans cette sorte de coupole nervée. Extérieurement, un chemin de ronde crénelé a formé ceinture lors du traité de Meaux, qui avait amené la disparition des fortifications de la ville, obligeant les moines à se défendre chez eux.

Le Portail est, en France, l'un des plus complets et l'un des plus beaux monuments de l'art roman; un large berceau le précède, richement sculpté, muni de colonnettes et de voussures; les pieds-droits, évidés aux angles, sont garnis par des crochets à animaux ou à feuillages.

Au dehors, de chaque côté de l'arc légèrement brisé, deux colonnes, s'élevant à 9 mètres au-dessus du sol, portent des statues de pierre, couvertes chacune par un dais; à droite est un bénédictin, saint Benoît sans doute;

à gauche, un abbé désigné par son nom gravé : *BEATUS ROGERIUS ABBAS*. Roger, successeur d'Ansquilin (de 1115 à 1131), reprit le travail inachevé de ses prédécesseurs ; toutefois, la place d'honneur donnée à son image et le titre de bienheureux indique une troisième main mêlée à la construction du portail. Bertrand de Montaigu dut, en fortifiant la tour, remanier et changer de place la porte, située d'abord dans l'axe de l'église.

De chaque côté de l'ouverture font saillie, en bas-reliefs, saint Pierre à droite, le prophète Isaïe à gauche.

Le tympan est l'œuvre principale. Dans le ciel de l'Apocalypse siège le Christ *en majesté,* accompagné des quatre évangélistes ; les vingt-quatre vieillards de la vision de saint Jean sont à ses pieds où l'entourent sur trois rangs, tenant en main des coupes et des instruments.

Le linteau qui supporte cette curieuse composition est de marbre blanc des Pyrénées, portant huit rosaces à feuilles d'acanthe [1]. Trois couples de lions et lionnes décorent d'une façon étrange le trumeau, sur les côtés duquel sont sculptés deux prophètes.

Les côtés de l'avant-porche sont couverts d'arcatures surmontées d'une large frise, le tout historié. A gauche, on voit l'Annonciation, la Visitation ; au-dessus, l'Adoration des Mages, la Présentation, la Fuite en Égypte. Le côté opposé, l'occident, est destiné à inspirer l'horreur des vices : luxure, avarice, hideusement représentées, puis la mort de l'avare et un coin de l'enfer. Le spectacle est moins sinistre dans la frise supérieure, où la vertu triomphante est opposée au vice dans la parabole de Lazare et du mauvais riche.

L'ancien **Palais abbatial** subsiste en partie, propriété du général Belbèze, qui y conserve d'importantes collections

---

1 C'est ce linteau qui doit remonter à l'une des premières églises.

d'un haut intérêt local. Un donjon de brique renferme, au rez-de-chaussée, une chapelle romane dont la voûte en berceau est décorée de peintures du commencement du XIIIᵉ siècle : du côté du chevet, le Christ, les Évangélistes et les Apôtres ; de l'autre, dans des enroulements, le roi David, les prophètes, la Vierge Marie. Au-dessus est une seconde chapelle de la fin du XIVᵉ siècle ; elle était autrefois destinée à l'usage de l'abbé ; divisée en deux travées voûtées avec nervures et arcs-doubleaux prismatiques, trois fenêtres à meneaux l'éclairent. Le petit séminaire diocésain a été construit sur l'emplacement des bâtiments qui servaient de logement aux moines. Un petit cloître avait là sa place, ainsi que l'hôtellerie.

VAREN fut un doyenné bénédictin dont la fondation est attribuée à saint Géraud, seigneur d'Aurillac, vers la fin du IXᵉ siècle. Le plan de l'église romane rappelle la disposition des basiliques latines, à trois nefs sans transept, avec une particularité très remarquable : deux absides jumelles encadrant un chevet plat que couronne une tour rectangulaire. Des cryptes existent sous les deux absides. Seize piliers carrés de la nef sont d'une extrême simplicité ; seuls, ceux du sanctuaire qui supportent la tour, ont des colonnes engagées avec chapiteaux. Le jour vient des collatéraux par des fenêtres cintrées. La porte est latérale pour les fidèles, la façade occidentale se trouvant sur la ligne des remparts. Non loin de la porte du côté de la *ville* se trouvait une chapelle romane moins sévère que celle des religieux ; on en voit les amorces.

Les bâtiments réguliers sont en partie conservés, sauf le cloître ; le dortoir surmonte encore l'ancienne salle capitulaire. L'habitation du doyen, avec ses hautes lucarnes et ses tourelles, rappelle les logis seigneuriaux du XVᵉ siècle ; elle se rattache aux fortifications de la petite cité vers une porte précédée encore par une barbacane et munie de meurtrières et d'un moucharabi.

Assis sur les bords gracieux de l'Aveyron, Varen offre un aspect charmant, non moins qu'un puissant intérêt archéologique.

BEAULIEU. — Les moines de Cîteaux s'établirent en 1141 dans une vallée dont le nom indique la beauté. Saint Bernard vint en prendre possession ; une grande salle qui porte son nom paraît se rattacher aux premières constructions. Quatre piliers monocylindriques divisent cette chapelle en neuf travées égales dont les voûtes sont appuyées sur des arcs ogives à profil rectangulaires. La salle capitulaire offre le même caractère sévère.

La grande église (59 de long sur 10 mètres) a réalisé avec une simplicité cistercienne l'élégance et l'harmonie de la belle époque gothique ; elle remonte à la seconde moitié du XIIIe siècle. Le plan est celui d'une croix latine sans collatéraux ; la nef a cinq travées, le chevet est à sept pans éclairé par d'étroites fenêtres de 8 mètres de haut sur 60 centimètres de large. Les nervures à tores sont finement profilées, reposant sur des colonnes engagées à chapiteaux feuillagés. Deux chapelles carrées orientées comme le sanctuaire s'ouvrent dans les transepts.

D'une hauteur de 16 mètres dans la nef, la voûte s'élève à 20 mètres sous la tour de la croisée ; là elle est à huit pans avec nervures appuyée sur quatre trompes ; la lumière en descend par quatre roses, délicatement découpées sous les formerets ; les extrémités des transepts et le mur de la façade ont reçu des rosaces tracées avec art.

Le cloître gothique qui n'eut point de voûte a disparu. Deux galeries seulement voûtées d'arête furent refaites au XVIIe siècle pour desservir la salle capitulaire et le réfectoire; à cette époque l'ancien dortoir commun d'où l'on descend dans l'église par un escalier du transept de gauche, fut divisé en cellules.

A regret, je ne m'arrête pas davantage à nos grands édifices monastiques « que l'effort d'une main ennemie, comme a parlé Bossuet, ou le poids des ans, ont portés par terre; quoique tout y soit désolé, les ruines et les masures respirent quelque chose de grand, et, au milieu des débris, un je ne sais quoi conserve la beauté du plan, la hardiesse et l'ordre admirable de l'architecture. »

Noble-Val, Saint-Pierre de la Cour, Notre-Dame de Lagarde-Dieu, Grandselve *(grande forêt)*, tant aimés de saint Bernard, Belleperche, si imposante encore, je ne dirai rien de vous et laissarai clamer vos pierres *lapides clamant*, que ce soit plaintes ou chants !

ARCHITECTURE CIVILE ET MILITAIRE

LES BASTIDES. — La partie du Midi à laquelle nous appartenons semble avoir eu le privilège de la fondation des bastides.

En 1888, la Société archéologique publiait le « livre juratoire[1] » de l'une d'elles, Beaumont-de-Lomagne ; en parcourant ce volume, on peut se rendre compte du plan, des constitutions, des franchises accordées à ces petites villes, tracées avec une régularité géométrique et souvent bâties d'un seul jet.

[1] *Le Livre juratoire de Beaumont-de-Lomagne, cartulaire d'une Bastide.* — Imprimerie Forestié, 1888.

Alors que l'éveil de la vie municipale se faisait sentir — surtout dans le Nord de la France, au sein des villes populeuses, — dans le Midi, rempli encore des traditions des municipes romains et d'ailleurs si souvent la proie des guerres, un sentiment analogue portait les habitants des campagnes ravagées et appauvries à chercher un refuge derrière des murailles.

Pour les populations rurales, c'était acquérir les libertés communales, en attendant le droit de bourgeoisie, et trouver dans des métiers utiles une amélioration à leur sort.

Les corps d'état s'implantèrent, l'effort industriel fut localisé et le recours aux corporations nomades diminué d'autant. Les transactions, rendues plus faciles, apportèrent un accroissement dans la consommation, et l'agriculture devint non moins florissante.

Les anciens colons recevaient des terres *cultes* ou *incultes*, partagées entre chaque famille, avec l'obligation de défricher leur part du sol, et de planter des jardins. A Beaumont, aux mille divisions de terrain pour les maisons à construire correspondaient mille arpents pour les vignes et mille emplacements pour les jardins. Un terrain communal, désigné sous le nom de *Padouenc*, était destiné au pâturage.

A tout cela se joignait le droit de posséder, par l'élection des consuls, un régime municipal représentatif, berceau de la vie des communautés, participation incontestable à l'œuvre royale de l'unité nationale.

Le point de départ de ces villes neuves remonte haut. On en vit surgir des ruines mêmes amoncelées par les Barbares ; et de l'époque mérovingienne, au XIIᵉ siècle, sans vouloir remonter aux Romains [1], entre la naissance

---

[1] Dans le plan de Turin, fondé par Auguste, on retrouve les dispositions de nos bastides.

de Saint-Jean-de-Maurienne (710) et celle de Montauban (1144), plusieurs peuvent prendre rang.

Montauban, création d'Alphonse-Jourdain, comte de Toulouse, offre déjà, à peu près, tous les caractères de la Bastide, et dans le siècle suivant, il y eut peu à faire pour en parachever le type caractéristique.

La royauté se prêta à ce mouvement venu d'en bas [1], et vers le milieu du XIIIᵉ siècle, après son mariage avec la comtesse Jeanne de Toulouse, Alfonse de Poitiers, frère de Saint-Louis, devint dans notre région le principal promoteur de cette organisation féconde en résultats [2]; son exemple fut suivi par Édouard d'Angleterre : Valence-d'Agen lui doit l'existence. Après les princes, ou avec eux, plusieurs seigneurs, possesseurs de grands fiefs, poursuivaient le même but [3].

Les bastides étaient établies sur des terrains libres; les rues, tracées dans des enceintes rectangulaires, divisaient la ville en îlots ou *moulons* réguliers, et le terrain concédé à chaque habitant était d'une dimension égale, étroite et longue, devant comprendre une maison et une cour ou jardin [4].

1 Parmi les bastides royales, il faut citer : Lafrançaise (1278), Nègrepelisse (1273), Albias (1287), plus tard Verfeil (1369).

2 Il donna des coutumes aux bastides du Tarn-et-Garonne dont les noms suivent : Montjoie (1268), Dunes (1269), Labastide-Saint-Pierre, Angéville (1270), Molières (1270), Castelsagrat (1270), Cordes-Tolosanes (1270), Septfonds (1271), Mirabel...

3 Verlhac-Tescou, d'une époque antérieure, était établi par le comte de Toulouse (1144); Escazeaux (1271), Lacapelle-Livron (1275), Labastide-du-Temple (1260). Fajolles (1276), appartenaient aux Templiers; Auterive (1278), Gariès (1265), Villebrumier (1263), Fonneuve (1273), Montalzat (1232), fondées par des seigneurs laïques; Saint-Nicolas-de-la-Grave (1135), Beaumont (1278), Roujos, Puyvidal (1280), Larrazet (1265), Pomaret (1281), par les abbés de Moissac, de Grandselve ou de Belleperche.

4 A Beaumont, chaque ménage avait environ, d'après les calculs de M. Rigot, $4 \times \dfrac{60}{2} = 120$ mètres carrés. (*Le Livre juratoire*, p. 461).

Au centre était la place publique, avec une halle; des piliers de bois en supportaient la toiture.

Autour de la place régnaient des galeries couvertes, en bois à l'origine, bâties plus tard, et voûtées parfois, comme à Montauban, où les *couverts*, reconstruits après un incendie, sont doubles.

Installé souvent dans les charpentes de la halle, l'hôtel de ville n'était jamais situé loin du centre des affaires; l'église, au contraire, s'élevait à une certaine distance, mais toujours dans l'enceinte.

Au Moyen-Age, il n'était pas de cité ou de village qui ne fût entouré de fortifications. Pour les bastides, prévues dans les chartes de fondation, elles consistaient en un mur de terre ou de brique d'une épaisseur variant de 1^m10 à 3 mètres, avec 6 ou 8 mètres d'élévation; des fossés régnaient au pied des remparts, que coupaient des tours ou des guérites de distance en distance, et sur lesquels courait un chemin de ronde. Les portes, généralement une sur chaque face du quadrilatère, étaient elles-mêmes surmontées de tours et précédés de ponts-levis ou de ponts de bois qui pouvaient facilement disparaître au moment d'un siège.

Les fondateurs se réservaient un emplacement destiné à un château ou, du moins, à une demeure dans laquelle étaient rendue la justice par des consuls assistés d'un bayle, homme de loi qui représentait le seigneur.

A Beaumont, où le roi avait été appelé en paréage par les abbés de Grandselve, ces derniers avaient leur maison distincte du château royal.

VILLES MURÉES. — Nous venons de voir les enceintes modestes derrière lesquelles se défendaient les habitants des bastides; dans les villes, les travaux de défense furent plus sérieux.

PORTAIL DE L'ÉGLISE DE MOISSAC

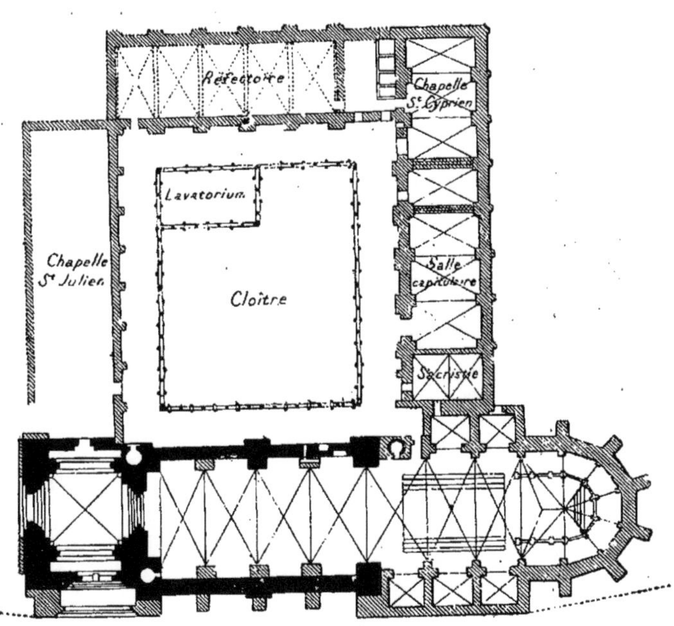

PLAN DE L'ABBAYE DE MOISSAC

A Castelsarrasin, il y a peu d'années encore, les machi-coulis et les merlons des tours élancées se dessinaient admirablement de leur teinte rouge sur les verdoyants massifs des bords de la Garonne.

Moissac avait une ceinture de murailles distincte de celle qui protégeait l'abbaye, dont la ville était séparée par un passage ; la ligne du chemin de fer longe les vieux murs, percés récemment de fenêtres qui éclairent de modestes habitations, laissant voir encore la trace de créneaux et de meurtrières.

L'assiette naturelle de Montauban était excellente au point de vue de la défense : sur un plateau, la ville était entourée d'un côté par le Tarn, de l'autre par le Tescou, du troisième par le ruisseau Lagarrigue ; il n'y eut à creuser des fossés qu'au nord, entre la porte de *Campagnes* et celle du *Moustier*. Dès sa fondation, les murs s'élevèrent et « l'on n'avait jamais vu, dit Guillaume de Tudèle, murailles plus épaisses et fossés plus large. » *(Canso de la Crosada.)*

En 1212 elles opposèrent une barrière infranchissable à Simon de Montfort ; mais de larges brèches y furent faites en vertu du traité de Paris (1230). Ces brèches avaient été réparées depuis longtemps par Alphonse de Poitiers, lorsque, à la suite du traité de Brétigny, les Anglais prirent possession de Montauban (1361). Ils ajoutèrent à ses ouvrages et entreprirent de reconstruire, à la tête du pont, le château qui avait appartenu au comte de Toulouse, ils firent aussi élever quatorze forts à l'entour de la ville.

Montauban devait, lors des guerres de la Réforme, épuiser tout le génie de l'architecture militaire de l'époque. Pour répondre aux nouveaux modes de combat, résister aux armes à feu, aux attaques générales, il fallait renoncer au système de défense trop isolé, lorsqu'il se concentrait dans quelques tours ; aussi, en dehors de la vieille

enceinte, s'établit un formidable développement de *bastions, casemates, tenailles, ravelins, demi-lunes et capon-
nières* dans les fossés (Robert de la Bonne fut l'un des
ingénieurs); comblées de terre, les nefs des églises servaient de cavalier. Depuis 1562, tous les chefs de l'armée
protestante s'appliquèrent à ces travaux ; Duplessis-Mor-
nay, sur les plans du roi de Navarre, transforma le faubourg Saint-Orens, appelé désormais Villebourbon, la
vieille barbacane qui précédait le pont fut remplacée par
des bastions.

Les briques des églises, des couvents et des maisons
des catholiques fournirent les matériaux.

En 1621, le duc de Rohan rendit ces fortifications assez
redoutables pour résister à Louis XIII et à son armée dans
un siège mémorable. Richelieu, irrité, les fit disparaître
après la pacification des révoltés.

Des plaines de la Garonne ou du Tarn en se dirigeant
vers le Quercy ou le Rouergue, les matériaux ne sont
plus les mêmes. Sur un sol où la pierre est commune,
Lauzerte, Montpezat, Mirabel, Puylaroque, Caussade,
Caylus, Saint-Antonin, Varen, l'utilisèrent pour leurs
défenses.

Montricoux est la ville qui en a conservé le plus de
traces. Bâti sur une surélévation de terrain au-dessus de
l'Aveyron, son mur d'enceinte, flanqué de tours rondes,
dont deux sont ouvertes à l'intérieur, produit dans le paysage charmant effet : le donjon carré des Templiers et
le rouge clocher de brique surmontent les courtines
démantelées qui remontent à la fin du XIIIe siècle.

La Gascogne, au XIVe siècle, dut se mettre en état de
défense pour résister aux troupes anglaises et françaises,
qui, vivant de pillage, rançonnaient volontiers; ce fut le
temps des *Grandes Compagnies*. Quelques villages
furent remparés, un plus grand nombre reçut des forts,
des tours, des enceintes nouvelles en brique ou pierre,

ou simplement en terre battue prise en creusant les fossés, comme à Escazeaux. (Voir les *Villages fortifiés durant le XIVe siècle*, de M. GALABERT, *Bull. arch.*, t. XXIX, p. 334.)

Faudoas, Larrazet, Sérignac, Maubec ont encore des restes de barbacanes, de bastions ou de remparts.

Témoins d'un passé turbulent, héroïque parfois, ces murs s'écroulent aujourd'hui, abandonnés et silencieux ; leurs débris servent souvent à paver les routes. N'avons-nous pas vu les restes pleins d'art de la salle capitulaire du XIVe siècle de Belleperche utilisés pour endiguer la Garonne !

LES ANCIENNES MAISONS entrent pour bonne part dans le trésor de nos richesses monumentales et artistiques. Toutes n'ont pourtant pas une valeur égale et ne sauraient se comparer à la demeure qu'à son retour des croisades, Archambaud, de la branche cadette des vicomtes de Saint-Antonin, fit élever dans cette ville alors importante. Connu sous la dénomination *d'Hôtel de ville*, ce beau logis a été restauré avec soin par Viollet-le-Duc et étudié par lui dans son *Dictionnaire d'Architecture* ; la Société archéologique s'en est souvent occupée.

Plus modestement se logèrent la bourgeoisie et les marchands ; leurs habitations, bâties sous l'influence traditionnelle des municipes, témoignent toutefois d'une recherche extrême et du bien-être des habitants, et cela du XIIe à la fin du XVIIIe siècle. Cette même petite ville de Saint-Antonin en fournit bon nombre de preuves ; il suffit, pour s'en convaincre, d'en parcourir les rues étroites et tortueuses.

A Caussade, à Bruniquel, à Lauzerte, à Puylaroque, à Caylus, à Puylagarde, à Parizot, il en est de même ; MM. Verdier et Cattois, dans leur bel ouvrage : *l'Architec-*

ture civile et domestique ; Viollet-le-Duc, dans son *Dictionnaire,* ont fait connaître plusieurs d'entre elles : ainsi la *Taverne* de Caussade, construite en briques avec emploi de pierres pour les bases des piles du rez-de-chaussée, les colonnettes et les chapiteaux des fenêtres, les bandeaux et les sommiers des arcs, inhabitée et intacte encore, sauf deux fenêtres refaites au XVe siècle. Cette maison, qui est du milieu du XIIIe siècle, a, dans le bas, deux arcades qui ouvraient sur des magasins ou boutiques ; le premier et le second étage sont occupés par une grande salle donnant dans la rue, avec un escalier et une petite pièce sur une cour.

A Caylus, une maison dite *des loups*, a, contrairement aux habitudes du pays, pignon sur rue ; des gargouilles et des loups sculptés sur la façade expliquent son nom.

Parmi plusieurs autres, il faut mentionner la maison Payrol, à Bruniquel (1440 environ), avec sa porte à accolades fleuries, ses belles fenêtres à meneaux, sa vaste cheminée de pierre à bandeau sculpté, ses plafonds à poutres saillantes. Les fenêtres de nos maisons du XIIIe siècle, doubles ou triples, rappellent les arcades des galeries de cloître. Les archivoltes reposent sur des colonnettes dont les chapiteaux ont un développement de corbeille et de tailloir plus considérables à l'extérieur qu'à l'intérieur. Beaucoup de ces chapiteaux, sculptés sur le même modèle en marbre ou en pierre, devaient être fournis par des ateliers. Les tailloirs sont à rinceaux méplats, des lions, des griffons à deux corps ont une seule tête formant crochet d'angle.

A la hauteur des naissances d'arcs figurent souvent encore, mobiles sur des tiges de fer, des anneaux ayant dû recevoir des barres de bois ; leur destination a beaucoup intrigué les curieux et ne paraît avoir eu d'autre but que celui de porter des toiles pour arrêter les rayons du soleil.

Il faut pénétrer dans les cours de la bastide du comte de Toulouse pour retrouver à Montauban les anciennes maisons. Autour de la place centrale, elles sont masquées par les façades uniformes, refaites au XVIIe siècle. Plusieurs réservent encore quelques surprises aux visiteurs : tourelles d'escalier, fenêtres à colonnettes et à meneaux, portes à armoiries.

Le plan adopté est le même partout ; chaque habitation comprend deux corps de logis, l'un sur la place ou la rue, l'autre au fond d'une cour relié par une galerie latérale, à poteaux de bois ou arcades de brique.

Dans le voisinage de l'ancien sénéchal et de la maison des *frères Bonis* (rue de la République), la famille de Bar, des seigneurs de Villemade, fit construire à la fin du XVe siècle une maison dite aujourd'hui *du Portail retord* à cause de la torsade de pierre qui encadre la porte d'entrée ; le corridor a reçu une élégante voûte dont les arcs de pierre reposent sur des consoles sculptées. Tout le rez-de-chaussée est voûté et la salle qui donne sur la rue, *obrador* ou *boutique*, offre un réseau de liernes et de tiercerons ; sur la cour, on voit encore un passage à la hauteur des chéneaux, porté sur machicoulis et muni de ses gargouilles.

LES HOPITAUX furent nombreux au Moyen-Age. Montauban en compta jusqu'à douze, qui furent réunis, après la Réforme, en un seul. En suivant le quai à la hauteur de l'ancien couvent de Sainte-Claire, aujourd'hui Faculté de théologie protestante, on voit encore, en briques sombres, des contreforts et des murs : ce sont les restes de la chapelle de l'hôpital de Saint-Barthélemy.

Les maladreries où étaient réunis les *ladres* ou lépreux, se trouvaient dans tous les centres de population un peu important, mais n'y ont guère laissé que leur nom.

De l'un de ces hôpitaux, il nous reste la tour carrée qui sert aujourd'hui de beffroi municipal et vient de voir disparaître la patine de ses vieilles briques du XIVe siècle, sous un indéfinissable badigeon. Les fenêtres à colonnettes avaient été modifiées depuis longtemps; il serait facile de les rétablir, ainsi que les voûtes d'ogive des salles du rez-de-chaussée et du premier étage. Cette tour, il faut le dire, ne fut pas construite pour un hôpital, mais fit partie d'une demeure privée. Voici ce qu'en dit un érudit vivement regretté, M. Forestié neveu[1] : « Navarre de Montaut, fille d'un seigneur de Bressols, avait épousé, en premières noces, Arnaud Lautier, riche bourgeois de Montauban, consul en 1335; et, en secondes noces, Raymond de Folcaud, aussi bourgeois de notre ville; elle était veuve pour la seconde fois, lorsque le 13 septembre 1373, elle donna aux pauvres la plus grande partie de ses biens et notamment sa maison appelée de la Tour de Lautier, pour y établir un hospice, qui serait dirigé par deux dames, et dans lequel seraient reçus les hommes et les femmes, sains, malades ou infirmes, femmes en couches, orphelins, etc. Cet hôpital fut détruit en 1561 par les Calvinistes, qui bâtirent en 1614, sur son emplacement, un temple que l'intendant Pellot fit démolir (1665); mais la tour, dans laquelle mourut Navarre de Montaut, a échappé à toutes les Révolutions. »

LE PONT DE MONTAUBAN ne peut point être traversé par ceux qui franchissent nos murs sans attirer l'attention. Il en est peu de la vieille France qui soit aussi hardi, aussi svelte en même temps. Charles VI l'appelait (en 1405, lettres patentes), *une grant et notable chose*, et chacun voit dans quelle mesure il concourt à l'aspect,

---

[1] *Notes historiques ou Éphémérides Montalbanaises*, p. 97.

attrayant pour le regard, qu'offre Montauban dès l'arrivée.

Comme la plupart de ceux du Moyen-Age, il ne fut pas élevé par les *frères pontifes;* Philippe-le-Bel réalisant le projet inséré dans la charte de fondation, dès 1144, en confia la construction à Étienne de Ferrières, châtelain royal de la ville, et à Mathieu de Verdun.

Les travaux commencés en 1304 ne furent achevés qu'en 1335. Entièrement en brique, sa construction est des plus curieuses, offrant une force de résistance que n'ont pu vaincre jamais, ni les flots grossis du Tarn, ni les projectiles de l'ennemi. Le tablier est parfaitement horizontal et s'élève à 18 mètres au-dessus des eaux moyennes du Tarn, sur une longueur de 250 mètres 50 centimètres; ses sept arches en tiers-point de 22 mètres d'ouverture s'appuient sur des piles éperonnées de becs en amont et en aval et percées de longues baies en arcs-brisés pour faciliter le passage des eaux pendant les fortes crues. Ces baies servent également à pénétrer dans l'intérieur de chaque arche; l'extrados de ces arches est, en effet, resté libre, le tablier s'appuie sur une voûte que soutiennent de robustes arcs-doubleaux partant des piles et se rejoignant au sommet.

Chaque extrémité était défendue par une tour carrée, avec machicoulis et créneaux. Sur l'arrière-bec central de forme triangulaire, s'élevait une chapelle dédiée à sainte Catherine et de laquelle on pouvait, par un escalier tournant, gagner une poterne au niveau de l'eau. Sur le bec opposé manœuvrait la cage de fer dans laquelle on enfermait les blasphémateurs et les mauvaises femmes pour les plonger dans l'eau.

La tour d'entrée, que précédait un châtelet, était comme les autres gardées par les gens du roi; elle fut, en 1701, en mémoire de la paix de Riswick, transformée par l'intendant de la province, Le Gendre, en porte monumentale à fronton, sorte d'arc de triomphe malheureusement démoli de nos jours, dont nous conservons au musée lapidaire la clé d'arc.

Saint-Antonin avait gardé intact son pont du Moyen-Age, dont les becs, angulaires en amont, étaient carrés en aval; il vient d'être modifié.

Quand les eaux de l'Aveyron sont basses, on voit encore auprès de Cos les arrachements du pont de la vieille cité romaine.

LES CHATEAUX. — Les essais de défenses élevées sur les sommets par des peuplades primitives se transformèrent facilement en fortalices et en châteaux au Moyen-Age. A Cazes-Mondenard, par exemple, malgré le démantellement des débuts du XIIIe siècle, sur le vieil oppidum, on distingue l'assise d'une forteresse puissante avec ses murs d'enceinte, ses chemins de ronde et les restes d'une tour rectangulaire.

La disposition la plus ancienne consiste dans un donjon central, carré, ici comme dans le Nord. Le plus célèbre et le premier en date serait celui de Bruniquel si, avec la tradition locale, on pouvait en attribuer la construction à la reine Brunehaut. Quoi qu'il en soit de son origine, il offre les caractères d'une haute ancienneté.

Des chaînes de pierre forment des assises régulières, chacune des faces mesure 7^{m}80 ; les murs ont près de 3 mètres d'épaisseur. Dans le bas est une salle voûtée en berceau, sans ouverture, si ce n'est un trou carré à la voûte. Les autres parties du château appartiennent à diverses époques, groupées sur des rochers qui surplombent l'Aveyron. La chapelle, intérieure, est gothique; dans la cour une salle du XIIIe siècle sans toiture et sans planchers, est ajourée de fenêtres doubles avec banc de pierre à l'intérieur. Sous le lierre des ruines, son aspect est charmant.

Il faut pénétrer dans le plus jeune des châteaux de Bruniquel, car il en est deux côte à côte, et atteindre une belle galerie Renaissance que l'on admirerait davantage si le regard n'était attiré vers le fond de la gracieuse vallée où coulent les eaux limpides de la rivière.

Bioule a possédé un donjon carré, en pierre, tout comme les bâtiments du château qui remontaient au XIIe siècle. Celui-ci a été refait en brique sur plan uniforme par Bertrand de Cardailhac deux siècles plus tard, vers 1325, et, depuis, a subi des remaniements de fenêtre, gardant sa galerie intérieure qui rappelle celle de l'hospice de Beaune ou du collège des chanoines de Montpezat.

La salle non restaurée du premier étage, les peintures gothiques de la chapelle romane, celle des Neuf-Preux, qui leur sont postérieures, sont autant de curiosités à étudier.

Des tours défendent les angles d'un vaste corps de logis baigné par l'Aveyron, et un chemin de ronde, qui a conservé sous la toiture des créneaux et des archères, se continue du côté du village sur un bâtiment plus étroit que surmonte à l'extrémité une tourelle à beffroi en fer forgé. Là s'ouvre une porte basse avec herse et machicoulis. La principale entrée est du côté opposé, elle fut munie d'un pont-levis sur les fossés. M. Éd. Forestié s'est fait l'historien de la maison de Cardaillac, qui agrandit et habita ce château, pour la défense duquel la poudre fut employée dès 1345.

Montricoux, ancienne Commanderie du Temple, a gardé son donjon carré à contreforts peu saillants avec chapelle voûtée en berceau dans le bas; quatre étages subsistent, et les départs d'échauguettes d'angle sont visibles dans la partie supérieure. Un incendie, allumé par les Calvinistes de Nègrepelisse, en 1568, ne put détruire cette tour, mais fit disparaître les autres bâtiments. Le château actuel a été construit par Gabriel de Maurès de Malartic, en 1730.

Par suite des largesses d'Adélaïde de Toulvieu, les Templiers s'établirent à Lavilledieu, au XIIe siècle; il reste, des premières constructions, un donjon de briques transformé en pigeonnier, le préau et quelques murs.

Les mêmes chevaliers surmontèrent leur église de la Capelle-Livron d'une tour carrée; des hauteurs fortifiées de cette Commanderie, une courtine garnie de machicoulis avec chemin de ronde domine la vallée et pouvait la protéger.

Les châteaux de Labro, de Pervinquières, de Puylagarde, de Cornusson, ajoutent encore à l'intérêt offert par une région accidentée. Ce dernier, bâti dans les premières années du XVIe siècle, par François Ier de la Valette, joue la forteresse avec sa triple enceinte, ses cinq tours et son gracieux châtelet défendant le passage des douves après la première cour.

L'apparence est plus féodale que la réalité; il faut croire que la « Cité Valette » avait, à Malte, de plus sérieux moyens de défense; c'était affaire au grand Maître de Malte, fils de François; son père n'en sut pas moins donner une fière mine au château dont la silhouette se profile si heureusement sur le bleu du ciel, au-dessus de la verdoyante et fraîche vallée de la Seye. Dans tous les cas, les portes en sont aimablement ouvertes pour le touriste, par M. et Mme Cambe, dont la famille le possède depuis 1802. Le seuil une fois franchi, on peut admirer de belles cheminées, d'anciennes tapisseries et, ce qui est plus rare, de sages restaurations.

Dans une charte de 1135, il est fait mention du château de Saint-Nicolas-de-la-Grave, l'un des mieux conservés de ceux que garde encore la plaine de la Garonne. Sa forme est celle d'un parallélogramme, composé d'une cour fermée par un corps de logis au nord et deux ailes, l'une à l'est, l'autre à l'ouest. Une grosse tour carrée intérieure a disparu en 1849, quatre autres de même forme défendaient les angles. Une opinion accréditée dans le pays attribue les plus anciennes constructions à Richard Cœur de Lion, de 1188 à 1196; il est, tout au moins, certain que Bertrand de Montaigu, abbé de Moissac, en a refait une partie dans la seconde moitié du XIIIe siècle. La gendarmerie a succédé aux moines et aux abbés dans ce qui fut leur résidence d'été.

Odon, fils puîné du sire Raymond de Terride, bâtit, vers 1320, sur les hauteurs qui dominent la vallée de Gimone, près de Labourgade, un château qui passa pour « un des plus magnifiques de la province. » Cette appréciation de l'abbé de Séguenville *(Généalogie de Faudoas)* peut être justifiée en partie.

Tout de briques, Terride n'a aucune analogie avec certains châteaux gascons de même époque formés d'un grand corps de logis fortifié et terminé par une puissante tour carrée, tels que nous les a fait connaître M. Philippe Lauzun; il ne ressemble pas non plus aux châteaux féodaux élevés sur des sommets escarpés. Assis sur un plateau à croupe arrondie, il offre le plan régulier d'un château de plaine : parallélogramme, entouré de fossés et flanqué de quatre tours d'angle carrées; au centre, des trois côtés, se présentent des demi-tours angulaires; de chacune d'elles des meurtrières permettaient de battre le pied des remparts au niveau de l'eau et de tirer à l'arase de la contrescarpe.

Munie d'un pont-levis, l'unique porte donnant accès dans la vaste cour, par un passage voûté, est surmontée d'une haute tour de guet, sorte de donjon.

L'ensemble des constructions indique d'importantes réfections du XVe siècle, auxquelles des travaux récents ont beaucoup ajouté. Une salle du premier étage possède une belle cheminée de la Renaissance, sur la hotte de laquelle un cerf porte au cou le blason seigneurial. Les archéologues doivent chercher sur les murs non restaurés les états de service du vieux château, ils les liront dans les cicatrices faites par les boulets et dans une brèche de la courtine du midi, trace du siège de 1572; elle fut fermée à la hâte avec des briques maçonnées de terre; un mur provisoire montre, à la hauteur du chemin de ronde, des meurtrières improvisées.

Toujours dans la même vallée, en remontant le cours de la Gimone, la petite ville de Larrazet, assise à mi-côte, semble vivre dans la quiétude des souvenirs, elle relevait de l'abbaye de Belleperche et dut à ses abbés son église, ses remparts et son château. Celui-ci remonte à Guillaume Jauffre, qui donna des coutumes à ses vassaux affranchis en 1265, mais il fut notablement repris par Jean de Cardailhac, autre abbé de Belleperche, en 1500. On le désigne dans des actes anciens sous le nom de *Turris*. Ce n'est, en effet, qu'une vaste tour, sorte de manoir flanqué aux angles, à hauteur du troisième étage, de quatre tourelles en encorbellement. Des machicoulis couronnaient l'édifice : « Machicolis tot a l'entorn, » dit le bail à bâtir; leur parapet ou crénelage était interrompu par des lucarnes en pierre de taille. Le nombre des salles ou chambres dut être considérable, puisque les constructeurs eurent à faire douze cheminées à double sommier et à moulures. Deux d'entre elles occupent encore bonne place dans deux grandes salles, les profils en sont fins et soignés.

Mais la merveille de ce petit château est l'escalier, il est à rampe droite; les volées desservent les divers étages à l'aide de paliers successifs, qui sont munis de bancs de pierre et ornées de niches destinées à l'éclairage la nuit. Le noyau central, évidé, présente une succession de petites pièces superposées; l'une d'elles a servi de prison. Les marches reposent sur l'extrados de voûtes rampantes, aux nervures multipliées par des liernes et des tiercerons; tous les arcs naissent des piliers sans chapiteaux.

Ce bel escalier de pierre, démoli à son sommet seulement, semble avoir fait école; on en retrouve la disposition dans ceux des châteaux des Fours (commune de Gimat), de Gramont et de Marsac (canton de Lavit), et encore à Montauban, dans celui de l'ancien palais épiscopal, construit en briques avec des profils propres aux matériaux les plus résistants.

Le château des Fours, de dimensions restreintes, appartient à la Renaissance; des tourelles d'angle, des cheminées sculptées font regretter son état complet d'abandon.

Gramont, au contraire, est en parfait état, plutôt trop restauré que pas assez. A en croire une tradition que l'histoire ne semble pas justifier, le château aurait succédé à une abbaye. Simon de Montfort le dévasta et en laissa peu de chose; une tour, une porte, sont cependant antérieures au château transformé par les de Voisins à l'époque de la Renaissance. « Alors, de larges brèches furent faites aux sombres murailles, a écrit M. de la Fontan de Goth, son avant-dernier propriétaire, pour recevoir de belles croisées à doubles meneaux, ornées de fines sculptures formant le décor le plus varié; elles remplacèrent les étroites ouvertures médiévales.

« A l'intérieur comme à l'extérieur, l'art gracieux de ce temps s'est manifesté avec une extrême pureté de goût : sur le manteau des vastes cheminées de pierre, sur les arcs-ogives, les liernes et les clés de la magnifique voûte rampante du grand escalier. »

Marsac subit, au XVIe siècle, les mêmes transformations, mais avec moins de luxe.

Loin de la Lomagne nous retrouvons le plan des châteaux gascons à Coyssel, sur les pentes qui avoisinent Roquecor, au canton de Montaigu. Des travaux de défense élevés vers 1570, pendant les guerres de Religion, ont seules altéré ce plan, indemne de toute disposition moderne. Au flanc du grand corps de logis s'ouvre une porte basse conduisant à l'unique escalier; celui-ci débouche directement dans la *salle*, pièce centrale aux vastes proportions, aux extrémités de laquelle se trouvent les passages, l'un d'eux menant à la forte tour carrée dont les étages sont desservis par un étroit escalier à vis.

Dans la même région, vers Lauzerte, les tours de Moissaguel sont restées béantes et démantelées depuis des siècles.

Le château de l'ancienne sénéchaussée de Lauzerte garde une très curieuse salle dont la voûte d'ogive passe du carré à l'octogone.

A Montaigu, de l'ancien château il ne reste que le soubassement de tours rasées et quelques remparts.

Brassac était considérable dès le XIIe siècle; les Anglais s'en emparèrent et en emportèrent, dit-on, des plans et des vues en Angleterre; il serait curieux dans ces dessins de retrouver l'ensemble des tours massives et cylindriques dont subsiste encore l'étage inférieur.

Le château de Piquecos, que l'on aperçoit de Montauban sur les coteaux de l'Aveyron, ne remonte qu'à 1436. Résidence de Hugues des Prés, de la maison de Montpezat, il fut muni de quatre tours de brique massives et rondes qui flanquaient les angles de deux corps de logis et de deux courtines entourant une cour; une sorte de barbacane, démolie aujourd'hui, protégeait l'entrée. En dehors des fossés figurent d'autres ouvrages de défense. Piquecos fut, durant le siège de Montauban, en 1621, le quartier général de Louis XIII.

Malgré la longue nomenclature qui précède, les cent et quelques châteaux de notre département n'ont pu trouver place. Il eût fallu signaler ceux de Blauzac, « l'un des mieux fortifiés de la province; » de Reyniès, assis aux bords du Tarn, en sa forme triangulaire; de Sainte-Livrade, dominant la même rivière de son élégante structure; de Fénayrols, dont les pieds sont baignés par l'Aveyron; bien d'autres encore.

Mais les dernières pages doivent appartenir à Montauban.

Un poète montalbanais, Jean Fournier, écrivait en 1562 (*Affliction de la ville de Montauban*) :

> Tout au bout de ce pont, on voit le Chasteau-Vieux,
> Au lez du fleuve Tar, plein de sousterrains lieux,
> De brique tous bastis et creux dessoubs la terre :
> Ce qu'on estime fait pour retraite en la guerre...

Ces souterrains cachent les soubassements d'une partie du château qu'élevait, en 1145, le comte de Toulouse, sur l'alleu de Cantaloube, au moment de la fondation de Montauban; ils sont compris dans celui que commencèrent les Anglais, sans avoir le temps de l'achever, chassés de nos murs dès 1369.

Du moins, Jean Trivet, gouverneur de la ville, termina une grande salle d'armes à trois travées, qui porte aux clefs de voûte le lion rampant d'Aquitaine et l'écu écartelé de France et d'Angleterre; elle est connue sous le nom de *Salle du Prince-Noir* et contient le musée lapidaire, fondé par la Société archéologique en 1869.

Un cellier d'égale dimension, 24^m 19 sur 9^m 20, occupe le sous-sol, éclairé à peine par des jours plongeants. Des corps-de-garde, un cachot, des passages, deux tourelles avec escaliers tournants, forment un ensemble des plus curieux à étudier. Deux fenêtres par travée sont à meneaux en croix. Une autre, bien au-dessus du sol, devait servir pour le guet; des marches, réservées dans l'épaisseur des murailles, permettaient d'arriver à des bancs de maçonnerie qui garnissent les côtés des ouvertures. Un banc semblable règne tout autour de la salle.

Les voûtes robustes ont des arcs d'ogive à coupe prismatique.

Ouverte dans le même mur, une étroite poterne pouvait permettre de gagner la rive du Tarn.

C'est en utilisant ces restes importants du *Chasteau-Vieux*, qu'en 1658, l'évêque de Montauban, Pierre de Bertier, commença le palais épiscopal, terminé par son successeur, Mgr Michel de Colbert.

Hôtel-de-Ville depuis 1790, les musées ont trouvé une place de choix dans un bâtiment qui passa pour être, dit Le Bret, « le plus grand ornement de la ville, le plus beau bâtiment de Gascogne et de Languedoc. »

Chanoine FERNAND POTTIER.

MONUMENTS HISTORIQUES CLASSÉS

DANS LE TARN-ET-GARONNE

Septfonds. — Un dolmen.
Auvillar. — Église (XIIe et XIIIe siècles).
Beaumont-de-Lomagne. — Église (XIVe siècle).
Bruniquel. — Château, donjon et ruines.
Caussade. — Clocher de l'église (XVe siècle).
Ginals. — Ancienne église de Beaulieu (XIIIe siècle).
Moissac. — Église de Saint-Pierre (XIe au XVe siècle) et Cloître (XIIe et XIIIe).
Montpezat. — Église (XIVe siècle).
Varen. — Église (XIe siècle).
Caylus. — Halle (XVIe siècle).

IDIOME
MOEURS ET COUTUMES

L'idiome populaire du Tarn-et-Garonne, aujourd'hui réduit à l'état de patois, fut jadis une noble langue, la langue d'oc, parlée dans tout le Midi de la France, depuis une ligne allant de Bordeaux à Lyon, dans la Catalogne, la province de Valence et les Baléares, même dans quelques vallées du Piémont, qui eut ses brillants poètes dans les troubadours, à une époque où sa rivale heureuse, la langue d'oui, commençait à peine à sortir des langes du latin. La charte de fondation de notre cité n'était pas seulement écrite en termes latins, que les intéressés n'auraient peut-être pas compris ; un exemplaire, malheureusement disparu, était écrit en langage populaire, et c'est aussi en langue d'oc qu'étaient rédigés les livres où furent transcrits « los priviletges, libertatz et costumas de la ciotat de Montalba. » C'est dans la même langue, qu'à Montauban, « quand blanchit l'aubépine, » un Homère longtemps méconnu, Guillaume de Tudèle, écrivit sa vaste épopée de la croisade contre les Albigeois.

Les langues ont leurs destinées comme les peuples, et comme eux subissent la loi du vainqueur. Celui-ci finit par imposer son idiome par la seule force de son ascendant. Avec la puissance des comtes de Toulouse, les chances d'avenir de la langue méridionale étaient disparues. Sans doute, les populations devaient la parler longtemps encore, et d'évolution en évolution, elle a fini par arriver à l'état où elle se trouve aujourd'hui. Mais quel est l'homme du XIIe siècle qui, dans le parler actuel, reconnaîtrait sa vieille langue. L'édit de Villers-Cotterets (août 1539) lui avait ôté le privilège d'exprimer les décisions de l'autorité et, ce qui était plus important peut-être, les actes de la vie civile. Elle luttait cependant. Au XVIIIe siècle encore, au dire de Taine, les dames de Montauban, admises à faire leur cour à l'Intendant de leur Généralité, s'entretenaient en patois, et il y a cinquante ans à peine, les gros bourgeois ne dédaignaient point d'émailler leur conversation de quelque locution patoise appropriée au sujet, s'imposant par son caractère saisissant ou pittoresque.

Plus tard, à l'origine du félibrige, dans notre département même, des poètes distingués essayèrent de faire vivre, en le fixant, le parler sonore des aïeux. L'on vit paraître les *Lambruscos de la lengo d'Aquitane*, *Mous Farinals*. On entendit Auguste Quercy déclamer ses poèmes gaulois ou ses légendes vibrantes : *la Saoumetto de Barraquet*, *l'Enterromen*, et tant d'autres chefs-d'œuvres que, par insouciance d'artiste, il oublia de rassembler de son vivant.

Mais ni Quercy, ni un autre Gaulois, de la famille littéraire de La Fontaine qu'il a traduit sans le trahir, le meunier Castéla, ni tous ceux, plus nombreux qu'on ne le croit, qui marchaient sur leurs traces, ne pouvaient arrêter une décadence irrémédiable. L'invasion pacifique du Midi par les Français du Nord depuis la création des chemins de fer, la colonie des fonctionnaires, l'école laïque et surtout le service militaire ont peu à peu francisé le langage dans les villes et les bourgs et entamé celui des campagnes, et l'on peut prévoir qu'au milieu du XXe siècle le vieil idiome aura vécu. Déjà il se dépouille des mots qui n'appartenaient qu'à lui. Il n'est plus qu'une déformation du français, et avant peu n'en différera que par l'accent.

Il serait bon qu'avant l'issue finale, quelque érudit s'efforçât d'en recueillir, si nous pouvons parler ainsi, les épaves, nous voulons dire ce qui peut avoir un intérêt au point de vue de l'histoire des vieilles mœurs. Des travaux ont déjà été faits dans ce sens, et nous nous souvenons d'avoir vu, dans le *Bulletin de la Société archéologique de Tarn-et-Garonne,* un curieux travail où M. Louis Buscon, un savant magistrat qui ne s'intéressait pas seulement aux études juridiques, a recueilli comme en une espèce d'anthologie, les proverbes patois relatifs au calendrier, à la météorologie, à la vie rustique, aux costumes, à l'hygiène, aux caractères et spécialement aux mœurs du temps. On y voit que nos aïeux, pour ne plus parler le celtique et pour ne pas encore parler le français, n'en étaient pas moins des Gaulois.

Les coutumes du Tarn-et-Garonne n'ont rien de particulier ni de distinctif. Les usages, auxquels le code civil se réfère dans certains cas déterminés, dérivés généralement du droit romain u'ont à proprement parler d'importance que pour les habitants et ont fait d'ailleurs l'objet de publications spéciales. Seul, le mode d'exploitation des biens ruraux que le propriétaire ne cultive pas lui-même, pourrait intéresser dans une certaine mesure les étrangers à notre région, car il n'est pas sans action sur les mœurs. Il nous suffira de dire que, comme dans tout le Sud-Ouest, qui est, suivant M. de Lavergne, la terre classique du métayage, la culture se fait généralement par métayers. Il y a encore du vrai, malheureusement, dans l'observation suivante, empruntée au même auteur :
« Au lieu de chercher l'augmentation de sa part dans l'accroissement des revenus communs, le propriétaire

s'applique trop souvent à rogner la portion de son associé et celui-ci le lui rend bien. Ainsi compris et pratiqué, le métayage n'est plus une association, c'est un combat. » Tel qu'il est, le *bordier* (la ferme s'appelle ici une *borde*) est, dans le pays, préférable au fermier. Celui-ci, généralement pauvre, n'apporte qu'un capital insuffisant, et, c'est toujours M. de Lavergne qui parle, ne songe qu'à épuiser le sol pour augmenter ses profits. Pour les travaux de l'été, moisson ou dépiquage, on avait recours à des *estivandiers*, journaliers payés en nature, proportionnellement au produit. La dépopulation croissante ne permet que rarement d'en trouver aujourd'hui.

Le mouvement d'unification qui emporte chaque jour quelque débris de notre vieille langue, a encore plus agi sur les mœurs, les manières d'être, les coutumes des habitants du Tarn-et-Garonne. Qu'on se promène sur les marchés, sur les promenades, dans les lieux publics, il serait difficile à quelqu'un qui serait venu chez nous, les yeux bandés ou après une nuit passée à dormir en wagon, de situer la localité où il se trouve. Les coutumes d'autrefois ont disparu. Plus de ces coiffures étranges qui défiguraient les femmes d'autrefois, la coiffure en forme de battoir arrondi que portaient les paysannes de la banlieue, la « togne » de Saint-Antonin ou tout simplement le serre-tête des aïeules. Plus de ces compétitions étranges qui s'élevaient entre les grisettes devenues bourgeoises et les dames en plus longue possession de ce titre pour le port du « chapeau; » elles ont disparu avec le bonnet lui-même qu'il fût de dentelle ou de lingerie. Les cultivateurs ne portent plus la haute coiffure de coton avec la mèche dressée vers le ciel, ni le vieux pagès le chapeau noir à larges ailes. La veste de cadis montalbanais devient rare. La serge a vécu. Les femmes s'ha-

billent d'après la plus récente gravure d'un journal de
modes et les hommes prennent leur costume tout fait au
magasin de confection.

Le pittoresque y perd-il quelque chose ? J'en doute.
Que l'on se transporte dans quelqu'une de ces fêtes de
quartier que l'on appelait autrefois la *boto* et dont le nom
s'est francisé en celui de fête votive, que l'on brave la
poussière, le tumulte, l'inévitable confetti, on ne verra
pas, au son du hautbois (l'amboise), remplacé par une
musique quelconque, danser la danse locale *(le branlé)*,
mais les danses de partout, et l'originalité y perdra ; mais
quelle fête pour les yeux que toutes ces étoffes cha-
toyantes créées par l'industrie moderne, de toutes les
couleurs de l'arc-en-ciel en y joignant les nuances intermédiaires, changeant comme le caméléon suivant tous les
jeux de la lumière. Et quelques-unes de ces fêtes ont
leur cachet particulier qu'on ne retrouve pas ailleurs.
Quand, sur la place Nationale, au centre du carré formé
par sa double rangée de couverts, un mât est dressé
duquel partent dans toutes les directions des guirlandes
rayonnant du feu des lanternes vénitiennes, que la place
se remplit d'un peuple en fête, aux accents de la musique
militaire, il y a fête aussi pour le promeneur solitaire qui
se borne à regarder.

L'aspect extérieur que présente notre ville ne serait
pas complet si l'on n'y présentait l'élément militaire.
Ville de garnison, comptant dans ses vastes casernes
édifiées depuis la guerre, deux régiments d'infanterie, un
régiment de dragons, un escadron du train des équipages,
Montauban est, quand les exercices chôment, sillonné
d'uniformes, dont le pittoresque ajoute à sa couleur
locale. Il rend à ces soldats, en affection, ce que ceux-ci
lui apportent d'honneur et aussi, dans quelque mesure,
de profit. Venus de points peu éloignés, quelquefois
même nés dans le département ou dans la ville, il est

rare que quelqu'un d'eux n'ait pas ici quelque parent, quelque ami, ou des relations qui se changent en amitié. Nous n'affirmerions pas que les mœurs y gagnent toujours; mais aujourd'hui que dans toutes les familles il y a eu ou il y a un soldat, il est doux pour elles de penser que l'enfant qui fait son service n'est plus un abandonné, encore moins un paria. Ce sentiment, né d'une fraternité d'armes, fait que les plus belles fêtes de la cité sont encore les fêtes militaires, soit que la veille du 14 juillet, la retraite aux flambeaux entraîne à la suite la population, jusqu'à l'amener au plus haut sommet de l'enthousiasme, lorsque dans le square embrasé de la Préfecture elle passe dans la lueur d'une apothéose, soit que la revue du lendemain lui fasse voir bleuir, sous les rayons du soleil, une forêt de baïonnettes où la cavalerie défiler au pas de charge. Et il faut voir, chaque dimanche ou chaque jeudi, la foule s'entasser pour entendre la musique militaire, sur l'étroit espace de l'allée Mortarieu, alors qu'il serait si simple et si doux de se mettre à l'aise sur la vaste esplanade du Cours Foucault, l'une des plus belles promenades de France.

Ce ne sont pas seulement les aspects des choses que le siècle qui vient de s'écouler a profondément modifiés. Ce sont les conditions même de la vie matérielle, qu'il a transformées, et ce mouvement commencé s'accélère en se continuant.

Il y a cinquante ans, le paysan mangeait souvent le pain de maïs ou le pain de seigle, en hiver surtout. Le pain de froment était le luxe de l'été, la saison des grands travaux où l'homme a besoin d'une nourriture plus substantielle; ce pain, il le pétrissait lui-même, après avoir passé la farine à son propre blutoir, et chaque maison avait son four. Pour ne pas subir de fréquents dérangements on en faisait beaucoup à la fois, et le dernier de la fournée qu'on mangeait était quelque peu zébré de moi-

sissures. Aujourd'hui, il donne son blé au boulanger qui,
lui, remet en échange une quantité déterminée de pain
en prélevant naturellement un honnête bénéfice. Qu'est
devenu le temps où l'on allait à la ville pieds nus et où
l'on ne mettait les souliers qu'à l'entrée du faubourg.
Aujourd'hui chacun a sa jardinière ou son charreton et
fait son entrée triomphale au trot accéléré de son cheval.
Au bruit rhytmé des fléaux battant le grain sur l'aire a
succédé celui de la respiration haletante de la machine
à battre, avec son cortège de mangeries et de beuveries.
Et maintenant on moissonne avec la moissonneuse, on
coupe les foins avec la faucheuse. Là aussi se manifeste
le désir du confort, de vie agréable, le souci de s'épar-
gner la rude fatigue des aïeux. Le résultat laisse quelquefois à désirer. Les travaux des champs même réduits
à leur minimum, paraissent à quelques-uns encore trop
durs. Et les voilà aspirant à être sergent de ville, employé
d'octroi, facteur, garde champêtre, cantonnier (le proverbe
patois dit que la sueur de cantonnier vaut cent francs
l'once), employé de chemin de fer ou même simple domestique dans quelque bonne maison. Tandis que l'aïeul
récemment dégagé de la servitude d'autrefois, aspirait à
la possession de la terre, n'avait d'amour que pour la
terre, geignait et peinait sans murmure pour la conquérir,
plusieurs de ses petits-fils s'en désintéressent jusqu'à la
trouver rebutante. Quand aux autres, à ceux qui lui
restent fidèles, pour ne pas la voir morceler, ils pratiquent
le restreint moral cher à Malthus, et n'ont généralement
qu'un enfant. C'est un phénomène qui n'est point spécial
à notre département.

Si nous passons des champs à la ville, nous voyons se
produire des changements parallèles dans les mœurs et la
vie d'autrefois. La consommation de la viande en particulier a augmenté dans une notable mesure. Autrefois,
quatre bouchers parvenaient à satisfaire à toute la con-

sommation locale, et encore leurs affaires n'étaient pas toujours brillantes. Leur nombre est quintuple aujourd'hui et ils prospèrent. Les Montalbanais d'autrefois se réduisaient durant la semaine au modeste confit d'oie et de dinde, au cochon qu'ils avaient tué chez eux. Aujourd'hui ils achètent à chers deniers, sous forme de conserves, les produits exotiques qui leur viennent de Paris, et quelquefois leurs propres produits, vendus par eux bon marché et rachetés à un prix fort. La saison d'été venue, on se réfugiait sur son modeste domaine, et l'on se contentait d'une cure de grand air. Aujourd'hui, tout bourgeois qui se respecte est tenu de s'en aller vers quelque plage lointaine ou vers quelque bourg de montagne, rendez-vous de véritables malades, qui peuvent apporter la contagion dans sa famille, et de laisser le plus clair de ses revenus dans les casinos ou l'on joue.

Nous disions plus haut aujourd'hui. C'est hier qu'il faut lire. Les bourgeois d'antan menant généralement une vie modeste, plaçant régulièrement leur argent au taux de cinq pour cent, pouvaient faire quelque figure. Leur portefeuille grossissait chaque année, et c'était une occupation pour le public de supputer les centaines de mille francs dont chacun d'eux pouvait être pourvu. Il n'y avait point là d'ailleurs de caste fermée. Tout propriétaire ou tout commerçant qui pouvait se trouver à la tête de trois mille francs de rente ou simplement payait le cens électoral, considérait qu'il était assez riche pour ne rien faire et enseignait pieusement à son héritier que travailler c'est déroger.

Cette existence de nonchaloir et de plaisir, vie de cigale, moins le chant, ne pouvait durer. Le taux de l'intérêt a baissé ; par contre, sur le domaine rural, le prix de la main d'œuvre a augmenté, la grande vie a fait le reste.

Les mauvais jours sont venus. L'expropriation guettait,
et est arrivée quand la dette a été suffisamment grossie.
Mais ce sont là, heureusement, des crises individuelles
dont l'ensemble de la population est en train de retirer la
moralité qu'elles comportent. Si l'esprit d'initiative fait
encore défaut, la nécessité du travail et de l'effort est bien
comprise. On peut en juger par l'ardeur apportée dans la
reconstitution du vignoble perdu, par l'extension donnée
aux cultures rémunératrices des fruits et des primeurs, et
dans un autre ordre d'idées, par l'abandon où on laisse
les professions libérales, dès longtemps dépourvues de
libéralité, par la légitime considération qui s'attache de
plus en plus à ceux qui maintiennent l'industrie locale ou
font prospérer le commerce de la cité, par l'intérêt toujours croissant qui s'attache à la discussion des problêmes
économiques.

Sans doute, il y aurait beaucoup à faire pour améri-
caniser ce pays ou même pour lui communiquer l'activité
anglo-saxonne. Ce serait d'ailleurs faire fausse route que
d'y songer un instant. On ne verra jamais le ciel riant de
Montauban tout obscurci de la fumée des usines. L'industrie qui lui convient c'est la mise en œuvre des produits
agricoles que le riche pays qui l'entoure lui servira à
profusion, la fabrication des conserves par exemple; et ce
qui lui convient le plus peut-être, ce sont les industries
d'art. Ennemi du surmenage, mais intelligent et plein de
goût, l'ouvrier montalbanais porte en lui un artiste incons-
cient. Il n'y a qu'à dégager en lui la conscience de sa
valeur. L'avenir de Montauban est aussi un peu dans la
séduction qu'il peut exercer sur les étrangers. Pourvu d'un
bon climat, jamais extrême, au milieu de campagnes
verdoyantes et fécondes dont les vastes horizons s'ouvrent
de tous les côtés de la ville, de beaux musées, d'une riche
bibliothèque, Montauban est déjà le refuge de bien des
personnes nées ailleurs, qui viennent y chercher le repos,

la tranquillité, une vie facile et une large sociabilité, l'accueil d'une population paisible où la criminalité n'existe pour ainsi dire pas. La ville est vaste pour sa population et peut encore recevoir des hôtes en nombre considérable, sans leur mesurer l'air et la lumière.

A. CAPDEPIC,

Adjoint au Maire de Montauban,
Membre de l'Académie des Sciences, Belles-Lettres
et Arts de Tarn-et-Garonne.

TOUCHES PRÉHISTORIQUES

SUR

LE TARN-ET-GARONNE

———

La présence de l'homme dans ce bizarre périmètre qui enserre le confluent de trois grandes rivières et sa bordure, et qui constitue le département de Tarn-et-Garonne, remonte au commencement de la période, imprécise au double point de vue de la géologie et de la science archéologique, qui s'appelle la quaternaire.

Il fallait peut-être l'apparition de notre ancêtre pour que fût troublée la belle ordonnance des temps crétacés, suivie par les dépôts réguliers marins ou lacustres des terrains tertiaires, émotionnés seulement par la venue au monde des Alpes et des Pyrénées.

Les vallées de nos rivières ont-elles été creusées avant les dépôts diluviens? Ont-elles été modelées depuis, et le manteau de débris roulés et d'argiles superposées, s'est-il abaissé progressivement au fur et à mesure de l'abaissement de niveau des courants et de leur rapidité? Chaque terrasse bordière est-elle venue à son heure, avec tout son appareil, des lointaines contrées où se trituraient ses éléments? Pourquoi les bas-niveaux seraient-ils les plus anciens dans le nord de la France et les plus récents dans le midi?

Toutes ces questions n'ont encore reçu que des solutions provisoires, malgré le véritable acharnement qu'ont mis les géolo-archéologues à les élucider.

Ceci dit, et sans autre prétention que de rehausser notre pauvre précurseur, témoin et victime de la lutte gigantesque des éléments, cherchons ce qu'il a laissé de lui dans notre Tarn-et-Garonne.

Ici nous avons, pour nous guider, un appui que les contingences ne sauraient ébranler; c'est la somme des travaux des archéologues, partis à la suite de Boucher de Perthes; c'est la classification solide de M. de Mortillet, basée sur les différences de forme et de matiére des outils employés par l'homme, classification qui, dans ses lignes maîtresses, a trouvé sa confirmation à la suite des fouilles et des trouvailles innombrables de tous les pays du monde.

Nous reconnaissons ainsi :

1º Une période paléolithique, ou de la pierre simplement taillée.

2º Une période néolithique, ou de la pierre polie.

3º La période du bronze et des métaux.

Chacune de ces périodes peut, selon les régions, être divisée en plusieurs périodes secondaires; une grande division, et générale celle-ci, s'impose dans la paléolithique.

Cette immense période a vu le creusement de nos vallées, et un changement climatérique si intégral, qu'il a fait de nos régions, tempérées et pluvieuses à l'origine, un espèce de Spitzberg où le renne, la zibeline, l'éléphant velu, toute la faune de l'extrême nord, le phoque lui-même, dont on a trouvé la représentation dans les grottes des Pyrénées et une mâchoire en Périgord, vivaient; où le climat humide et les grands cours d'eau avaient fait place aux froidures des défilés de l'Aveyron, si peu arrosés que les stations humaines s'y trouvent quelquefois à des niveaux inférieurs aux crues moyennes de nos cours d'eau actuels.

Lorsque les grandes eaux errantes de l'époque lointaine des premiers temps quaternaires remaniaient les graviers qui bordent, sous forme de terrasses supérieures, le cours de nos rivières, à des altitudes de 200 mètres parfois, l'homme vaguait déjà dans ces saulaies et sous ces peupliers quaternaires que, de nos jours, les moindres tranchées font reverdir. Il y laissait, comme témoignage de sa présence, ces outils que M. Boucher de Perthes trouvait dans les hautes alluvions de la Somme et qui ont pris le nom de coups-de-poing Chelléens ou de Saint-Acheul. Nos archéologues en ont recueilli un grand nombre, pieusement, diligemment, ils les montrent à ceux que la foi empêche de sourire, tellement ils sont quelquefois informes et grossiers. Ils sont de la même matière que les cailloux roulés du diluvium, quelques-uns ont même été repris par les eaux et roulés après la taille ; certains sont de vrais chefs-d'œuvre, par la finesse du travail d'une roche à cassure ingrate. Le silex a fait son apparition, — l'acier de ces ancêtres, — importé certainement de régions éloignées, et si recherché, que la variété meulière, creusée et cariée, a été aussi employée.

Les vallées se creusent toujours ; des outils d'une taille nouvelle se mêlent, à des niveaux inférieurs, aux casse-tête Acheuléens.

Le type du Moustier et celui de Solutré, font leur apparition progressive : en silex le plus souvent, enlevés du bloc par un coup formant le bulbe de percussion, signature véritable de l'ouvrier humain qu'aucun hasard ne saurait contrefaire, avec le conchoïde qui le suit et retouchés plus ou moins finement sur les bords opposés à la surface d'éclat.

Le Moustérien, encore un peu amygdaloïde ; le Solutréen, caractérisé par les pointes de flèche dites à cran, et si souvent à cran gauche, que les flèches à cran droit sont une rareté.

Les vallées se sont définitivement approfondies, après des relais successifs des eaux, témoignés par trois ou quatre terrasses. Le froid sec et rude règne en maître et resserre les familles. Les foyers s'allument dans les vallées de l'Aveyron et les vallées secondaires, partout où un abri de rocher ou une caverne protégent des vents cinglants, et que côtoie une rivière poissonneuse. Là, l'homme porte sa capture, après la chasse aventureuse dans la forêt des causses, et, repu, réchauffé par la flamme, taille ses innombrables silex, aiguise ses pointes d'os, façonne ses sagaies et ses harpons, coud ses vêtements de peau, se tatoue, et s'amuse à graver à la pointe, sur des os plats ou des lames de schiste, sa propre silhouette et celle des animaux dont il fait sa proie, ou de ceux dont il subit les énormes attaques. L'éléphant velu gigantesque, l'ours, le cheval, le bouquetin, le renne, figurent le plus souvent dans ces naïves intailles.

Toutes ces fantaisies de la gravure au trait ou de la sculpture, les célèbres grottes de Bruniquel les ont fournies, avec l'infinie variété des outils de silex et d'os. Le Musée de Montauban en contient d'admirables séries, et aussi, hélas ! les fac-simile de ceux, en plus grand nombre, que le British-Museum nous a ravis.

Cependant, une nouvelle modification se fait dans le climat. Elle coïncide avec l'arrivée de nouveaux venus, ou elle la précède de peu. Ceux-ci ont dû faire, dans nos populations néolithiques, l'effet que les conquistadores européens ont produit sur les populations sauvages du Nouveau-Monde. Ils arrivaient armés d'outils perfectionnés et de haches polies, accompagnés d'animaux domestiques, porteurs de poteries et de graines alimentaires, ils étaient avides et sans pitié. Nos pauvres néolithiques artistes, qui enterraient naïvement les morts sous leur foyer, ne tinrent pas longtemps contre ces conquérants qui, eux, désossaient leurs parents et enfermaient leurs restes dans d'énormes coffres de pierre, où l'on chercherait vainement les fines sculptures de leurs devanciers.

La représentation de la hache emmanchée ou sans manche, les cupules, les ornements zonaires, rappelant les temps de Mycènes, avec, dans d'autres lieux, des cônes symboliques, voilà leurs seules œuvres d'art.

En revanche, leurs instruments de mort nous sont restés en nombre; instruments de guerre, non de chasse. Ces haches polies, appelées pierre du tonnerre, dans notre pays comme dans tous les autres, sont faites des roches les plus diverses et mesurent de 4 à 25 centimètres et plus de longueur. Elles ont été en partie importées, en partie fabriquées dans le pays même. Celles-ci se distinguent aisément des autres, et l'on peut parfois, avec de l'attention, discerner le lieu où elles ont été façonnées.

Les ateliers se trouvent le plus souvent sur le bord des rivières, dont les galets étaient choisis. La station du Verdier, près Montauban, est classique.

Les dolmens sépultures ne sont pas rares dans le département, mais ils ne s'y trouvent que dans les endroits où la roche dure permettait l'enlèvement de larges dalles. Dans les régions à éléments meubles, les puits funéraires remplaçaient les dolmens.

Caussade, Septfonds, Fénayrols, Cazals, Montricoux, possèdent encore quelques dolmens; je dis encore, car les progrès de la culture, ou le plus souvent la commodité des agents-voyers, les réduisent partout en miettes.

Nos dolmens sont toujours sous tumulus. Les beaux types, dont le tumulus a été enlevé dans la suite des âges pour en faire des autels, consacrés par les mystérieuses trouvailles d'ossements ou de pointes de flèche, sont rares. Le dolmen de Vaour, près de la limite de Tarn-et-Garonne, en offre un exemple remarquable.

Le mobilier funéraire des dolmens de notre pays est assez pauvre. Des rondelles de cardium ou de pierre calcaire, formant des perles de collier et des pendeloques, des silex, des pointes de flèches à ailerons, voilà ce que l'on y trouve le plus souvent. Quelques-uns ont fourni des pointes de lance en silex ou en bronze, et l'un d'eux une petite hachette en cuivre pur, figurant exactement une hache de pierre. Quelques dolmens ont leurs ossements en partie brûlés : traces de cannibalisme peut-être.

Quoique les objets de bronze soient exceptionnels dans nos dolmens, ils indiquent qu'ils ne diffèrent pas des autres monuments de même nature trouvés et explorés ailleurs, surtout dans la Lozère. L'âge du bronze paraît en effet à la fin de la période de la pierre polie, et il ne semble pas avoir supplanté brusquement la pierre polie comme celle-ci avait détruit la civilisation des chasseurs de renne. Le bronze a procédé par infiltration, et ce qui s'est passé dans d'autres pays s'est produit dans le nôtre. Les cours des rivières et des fleuves sont jalonnés de trouvailles de bronze et de cachettes de fondeurs. Tarn-et-Garonne a donné des haches de bronze à ailerons peu-à-peu changés en douille, des épées, des fibules et des aiguilles, à Castelsarrasin, Saint-Nicolas sur la Garonne, Bressols sur le Tarn, le Saula sur l'Aveyron; une belle épée, dans le haut pays de Castanet (mais sa forme la fait toucher à la période gauloise historique); une autre épée à Gandalou, près de la Garonne; des fragments dans le Tarn, en amont de Montauban.

Le département n'a pas donné des débris humains de la race de Candstadt ou Néanderthal; en revanche, la race de Cro-Magnon, qui a failli être appelée race de Bruniquel, nous a donné de très beaux spécimens; nombreux sont aussi les restes de la race mêlée des dolmens, surtout brachicéphale, et parfois négroïde.

DOCTEUR ALIBERT,
Médecin en chef de l'Hôpital.

ASSISTANCE PUBLIQUE

Bureau de Bienfaisance et de Médecine gratuite

Les Conseils municipaux de la ville de Montauban se sont toujours préoccupés d'organiser sur des bases sérieuses le service de l'Assistance publique, et la section du budget qui porte ce titre alloue en subventions et secours une somme annuelle de 65,000 francs environ.

Sur ces fonds, une somme de 14,000 francs environ va au Bureau de bienfaisance.

Celui-ci dispose (suivant les chiffres de l'année 1900) d'une somme de 28,793 fr. 03 composée indépendamment de la subvention ci-dessus, de rentes sur l'État et d'intérêts de fonds placés au Trésor, du produit des concessions de terrains dans les cimetières, de celui du droit des pauvres dans les spectacles, concerts et fêtes de charité, de celui des dons, quêtes et souscriptions des sommes payées pour les mariages célébrés en dehors des heures de bureau, du produit des legs et donations et quelquefois de recettes imprévues.

Les secours, soit en pain, soit en argent, comme aussi les secours médicaux sont accordés soit par le Maire, soit par les membres du Bureau de bienfaisance, et sont distribués par les soins du Bureau des finances.

En l'année 1900, le Bureau de Bienfaisance a réparti entre huit cents assistés environ la somme de 24,124 fr. 67. Pendant le même exercice 1900, il a été dépensé une somme de 12,400 francs pour le service de la médecine gratuite, pour un nombre de 3,000 participants environ.

Mais la gloire de l'Assistance publique à Montauban, c'est l'hôpital Saint-Jacques qui exige une notice détaillée.

Hôpital Saint-Jacques

Historique. — L'hôpital de Montauban, appelé Hôpital Saint-Jacques, fut fondé en septembre 1676, en vertu de lettres patentes du roi Louis XVI, en remplacement de 12 hôpitaux particuliers, créés, pour la plupart, à une époque fort reculée.

Ces hôpitaux, remplacés par l'hôpital général Saint-Jacques, étaient :

1° **L'Hôpital de Lautier**. — Fondé en septembre 1373 par noble dame Navarre de Montaut, qui légua aux *Pauvres du Christ*, demeurant à Montauban, l'universalité de ses biens, au nombre desquels figuraient la Tour de Lautier, qui donna son nom à l'hôpital. Cette tour existe encore, elle est plus connue sous le nom de Tour de l'Horloge et est située sur la place de ce nom.

2° **L'Hôpital de Parias**. — Fondé par Arnaud de Parias, bourgeois de Montauban, qui, dans son testament du 13 mai 1290, donnait, après la mort de sa fille, sa maison située dans la ville, pour recevoir les pauvres de Montauban.

3° **L'Hôpital de la Grand-Rue.** — On ignore la date et le nom des fondateurs de cet hôpital, tout ce qu'on sait d'une façon précise c'est que sa création remonte dès avant l'année 1292, puisque, en cette année, les consuls et capitouls de Montauban nommèrent un certain Guillaume Lacombe administrateur perpétuel dudit hôpital.

4° **L'Hôpital de Notre-Dame de Montauriol.** — La même obscurité enveloppe les origines de celui-ci. Cependant sa fondation doit être certainement antérieure à celle de l'hôpital de Lautier, puisque il fut réuni à ce dernier par actes datés de 1380, 1381 et 1387, et qu'il devait, par suite, exister lorsque celui-ci fut créé.

5° **L'Hôpital Saint-Blaise.** — 6° **L'Hôpital du Fossat.** — On ne possède aucun renseignement précis sur l'époque où ces deux hôpitaux furent fondés, ni sur leurs fondateurs ; le premier figure seulement sur un bail en date de 1421, et le second est mentionné sur un acte bien antérieur, daté de 1260.

7° **L'Hôpital Saint-Lazare.** — Cet hôpital, créé en 1526, était spécialement réservé aux ladres et aux lépreux, d'où son nom de Maladrerie et Léproserie. Une ordonnance de M. de Foucault, intendant de la Généralité de Montauban, en date de 1675, donna cet hospice au procureur des ordres monastiques du Mont-Carmel et de Saint-Lazare-de-Jérusalem réunis.

8° **L'Hôpital de Campagnes.** — Fut fondé en 1266 par Guillaume Amiel, bourgeois de Montauban, qui le dota des terres qu'il possédait au-delà du Tarn.

9° **L'Hôpital Saint-Eutrope.** — Était situé hors de la ville près le couvent des Carmes ; la date de sa fondation n'est pas connue.

10⁰ **L'Hôpital de Saint-Étienne-du-Tescou**. — Est dû à Arnaud de Lavelanet et à sa mère, qui lui donnèrent tous leurs biens, à condition qu'ils en seraient administrateurs, sans rendre compte ; mais un an après leur donation, c'est-à-dire en 1270, ils prêtèrent néanmoins serment, entre les mains des Consuls de Montauban, en qualité d'administrateurs.

11⁰ **L'Hôpital de Saint-Barthélémy**. — Fut fondé en 1278, par Esquive de Laporte, on l'appelait aussi l'Hôpital Montmurat à cause de la situation qu'il occupait. Les Consuls de Montauban en avaient seuls l'administration. Comme l'hôpital Notre-Dame de Montauriol, l'hôpital Saint-Barthélémy fut réuni à celui de Lautier, en 1380.

12⁰ **L'Hôpital Saint-Roch ou des Pestiférés**. — Par son testament en date du 3 février 1518, messire Jean d'Auriole, évêque de Montauban, légua 3,000 livres pour construire un hôpital dont il ne fixa pas le nom, mais destiné à recueillir les personnes atteintes de maladies épidémiques, d'où son nom d'Hôpital des Pestiférés.

Ce sont ces douze hôpitaux que les lettres patentes de 1676, adressées à Mᵍʳ Colbert, évêque de Montauban, réunirent en un seul, appelé Hôpital général Saint-Jacques.

Nous regrettons que la place qui nous est attribuée ne nous permette pas de reproduire tout au long les multiples considérations invoquées dans les lettres patentes dont nous parlons, mais, pour prouver la sagesse qui les avaient dictées, il nous suffira de rappeler *in extenso* la première sinon la plus essentielle raison donnée à cette création humanitaire, par celui que l'histoire a appelé le Grand Roi.

Ces lettres patentes, datées du mois de septembre 1676, débutaient ainsi, après la formule bien connue de :

« Louis, XIVᵉ du nom, par la grâce de Dieu, roi de France

et de Navarre, à tous présents et à venir, salut : L'oisiveté, qui est la source des plus graves désordres, ayant
toujours entretenu et même augmenté, depuis quelques
années, le nombre des pauvres mendians, dans notre
royaume; il n'a pas été trouvé de remède plus facile et
plus assuré pour les empêcher de mener une vie libertine
et scandaleuse, et d'importuner dans les églises les personnes attachées à la prière, que de les enfermer dans des
lieux où ils soient non seulement logés, nourris et entre-
tenus, mais même instruits à la piété et à des métiers qui
servent à les faire subsister sans être beaucoup à charge
au public. »

Par ce préambule on peut juger que l'auteur des lettres
patentes de 1676, tout en se préoccupant de recueillir les
mendiants et les malheureux, voulait encore les arracher
à l'oisiveté et les rendre utiles à la société en leur enseignant un métier qui leur permettrait de vivre sans être
une trop lourde charge pour elle, c'est-à-dire que Louis XIV
cherchait dès cette époque à résoudre le lourd problème
dont la société moderne recherche encore la solution :
l'assistance par le travail.

Situation. — L'hôpital Saint-Jacques est situé à l'extrémité Nord-Est de la ville, dans une position excellente au
point de vue de l'hygiène, sur un plateau qui domine la
rivière du Tarn d'une vingtaine de mètres. La proximité
de cette rivière, d'ailleurs très encaissée, qui coule à
150 mètres à peine de l'hôpital, permet d'y évacuer toutes
les eaux ménagères et autres, recueillies par un réseau
d'aqueducs construits en vue de l'application du système
du « tout à l'égoût. »

Bâtiments. — Les bâtiments de l'hospice, y compris
ceux de l'asile d'aliénés et les jardins, occupent une

surface de plus de 5 hectares, formant un immense qua-drilatère irrégulier, borné par le cimetière et les rues de l'Égalité, Léon-Cladel, l'avenue de Bordeaux et le chemin de Saint-Pierre.

Depuis son origine, mais surtout dans la seconde moitié du dernier siècle, l'hôpital n'a cessé de s'agrandir. C'est de 1842 que date la construction de l'hospice proprement dit et celle de la chapelle. L'asile d'aliénés fut commencé quelques années plus tard, c'est-à-dire en 1847, puis vint en 1853 la construction du pavillon des vieillards, dont une partie, consacrée à la crèche, et en façade sur l'avenue de Bordeaux, fut dévorée par les flammes dans la néfaste nuit du 12 au 13 février 1901, et vient à peine d'être reconstruite.

En 1885, le pavillon des malades civils, dit pavillon Aillaud, du nom d'un bienfaiteur de l'hospice, fut à son tour édifié, et, depuis cette époque jusqu'à l'heure actuelle, ce fut, dans l'hôpital, une suite ininterrompue d'améliorations et de constructions nouvelles : hydrothérapie, salles d'autopsie, étuve à désinfection, pavillon des contagieux militaires, etc., etc.

Population. — Outre l'asile d'aliénés, qui peut recevoir 500 ou 600 malades, l'hôpital Saint-Jacques dispose d'environ 600 lits, dont 120 pour les militaires, 150 pour l'hospice proprement dit, et le reste, 330 pour les malades de toute catégorie. 12 salles sont destinées aux vieillards et incurables, et 22 salles aux malades.

Une maternité, avec une quinzaine de lits, reçoit les femmes en couches; le dispensaire, installé dans un pavillon séparé du reste de l'hospice, peut recevoir une vingtaine de filles vénériennes; enfin, un orphelinat, qui compte une trentaine de lits, complète, avec la crèche qui, elle, est disposée pour recevoir 20 enfants, la distribution de l'hôpital.

En résumé, la population de l'établissement oscille, depuis quelques années, entre 950 et 1,000 personnes.

Revenus. — L'hôpital Saint-Jacques possède, comme revenu de sa dotation, 40,000 francs de rente. Il possède en outre deux propriétés rurales, qu'il exploite lui-même ; l'une à Capou, à 4 kilomètres de Montauban, principalement complantée en vignes (10 hectares sur 15), et l'autre à Saint-Étienne-de-Tulmont, de 35 hectares, en prairies, vignes et terre labourables. Il ne reçoit qu'une subvention insignifiante de la commune de Montauban (4,000 francs). Quant à ses autres recettes, elles proviennent, en majeure partie, des journées payées à l'hôpital par les communes, le département, et le service de santé militaire, pour les malades de toute catégorie.

Au total, les recettes de l'hospice de Montauban se maintiennent, depuis quelques années, entre 500,000 et 550,000 francs, d'ailleurs absorbés par des dépenses qui se chiffrent par des sommes équivalentes.

Administration. — L'hospice est administré par une commission instituée par les lois du 16 vendémiaire an V, 16 messidor an VII et 5 août 1870, composée de sept membres : le maire, président de droit ; deux membres nommés par le Conseil municipal, dont les pouvoirs expirent avec lui, et quatre autres, nommés pour quatre ans par l'autorité préfectorale, et renouvelables indéfiniment.

L'administration intérieure est confiée à un secrétaire, un économe et un receveur.

Les soins sont donnés aux malades par six médecins et chirurgiens de la ville, nommés par la commission administrative.

Vingt-cinq Sœurs de l'ordre de Saint-Vincent-de-Paul, sous la direction d'une Supérieure, sont chargées des divers services de l'hôpital, aidées dans leur tâche par un nombreux et dévoué personnel d'infirmiers et d'infirmières.

Quant à l'asile d'aliénés, bien qu'il soit administré directement par la commission de l'hospice, dont il n'est d'ailleurs qu'une annexe, il est dirigé par un médecin préposé responsable, secondé, dans son services de médecin, par deux internes, étudiants en médecine.

Autres Hospices. — Orphelinats

Le cadre de ce travail ne comporte que l'indication des divers hospices du département. Il en existe à Nègrepelisse, Saint-Antonin, Laguépie, Moissac, Lauzerte, Valence, Castelsarrasin, Beaumont, Grisolles, Montech et Verdun.

Les protestants ont, à Montauban, un établissement spécial, **Maison protestante de Santé**, dite *Maison des Vieilles*, fondée en 1843, et reconnu d'utilité publique par décret du 6 août 1868.

Les principaux orphelinats catholiques du département sont :

A *Montauban,* l'orphelinat dirigé par les Sœurs de la Présentation de Tours, comprenant quatre-vingt orphelines.

La Sainte-Famille de Sapiac et celle de Villebourbon.

Les Sœurs de la Miséricorde, sur le Fort.

A *Monbeton,* l'orphelinat fondé par la famille de Bellissen, pouvant recevoir cent orphelines.

A *Moissac,* la Sainte-Famille, et les Sœurs de la Miséricorde.

A *Castelsagrat,* la Sainte-Famille.

Le **Refuge,** à Montauban, dirigé depuis 1836 par les Sœurs de Notre-Dame de Charité, s'adonne à des œuvres multiples, mais plus spécialement sert à préserver de rechutes les filles repenties, auxquelles il donne un asile.

Les protestants ont aussi, à Montauban, un orphelinat pour les filles et un orphelinat pour les garçons. Ce dernier avait été fondé en 1870, pour recueillir les enfants victimes indirectes de la guerre, et a conservé le titre d'Orphelins de la Guerre.

INSTRUCTION PUBLIQUE

Mon intention n'est pas d'entreprendre ici une étude complète des institutions scolaires de Montauban et de Tarn-et-Garonne.

Il serait sans doute très intéressant de faire, à tour de rôle, l'histoire de nos divers établissements d'instruction appartenant aux trois ordres de l'enseignement universitaire ou à l'enseignement libre, de décrire leur organisation, leurs méthodes, de suivre dans de beaux graphiques les variations de leurs effectifs, etc. Mais un tel travail ne saurait entrer dans le cadre de ce livre, qui doit être avant tout un guide offert aux Membres du Congrès.

Notre but, plus modeste, sera donc de fournir aux touristes, que les choses de l'intelligence ne laissent pas indifférents, quelques renseignements sommaires sur les plus importantes de nos écoles qui méritent d'attirer leur attention.

Dans cette revue rapide, je me bornerai souvent à transcrire fidèlement les notes qui m'ont été communiquées par des collaborateurs bénévoles.

Ce concours précieux me permettra, je l'espère, de montrer que Montauban est toujours un centre intellectuel de premier ordre, et que grâce à la sollicitude éclairée de nos administrations municipale et départementale, notre cité reste toujours digne à ce point de vue de ses glorieuses traditions.

I. — Faculté de Théologie

« A l'heure où la lumière harmonieuse du couchant baigne doucement les berges verdoyantes du Tarn, j'ai vu des prêtres sortir du Grand Séminaire et se promener lentement devant la Faculté protestante en lisant leur bréviaire. »

C'est Jaurès qui nous parlait ainsi à la fin d'un banquet où l'Académie de Tarn-et-Garonne fêtait la croix du confrère Pouvillon.

Par une heureuse coïncidence, Jaurès, alors professeur à la Faculté de Toulouse, était venu à Montauban pour surveiller les compositions écrites du baccalauréat; nous nous empressâmes de l'inviter à se joindre à nous, et, à l'heure des toasts, sollicité de prendre la parole, il nous fit entendre une de ces merveilleuses improvisations où il sait si bien allier la force de la pensée et la richesse des images. Il nous disait l'impression d'heureux apaisement qu'il venait d'éprouver en voyant côte à côte le Séminaire catholique et la Faculté protestante; il félicitait ardemment les Montalbanais d'avoir oublié ces heures sombres de notre Histoire, où les arquebusades servaient d'arguments dans les controverses religieuses.

C'est, en effet, à quelques pas du Grand Séminaire que se dresse la façade blanche de la Faculté.

Fondée en 1808, par Napoléon Ier, notre Faculté de théologie protestante fait partie intégrante de l'Université de Toulouse. Elle se rattache historiquement à la célèbre Académie de Montauban établie, en 1598, par les Réformés et qui fut supprimée à la révocation de l'Édit de Nantes, après avoir été transférée à Puylaurens.

Elle vient de consacrer cette continuité spirituelle en fêtant son tricentenaire sous la présidence de M. le Recteur de l'Université de Toulouse, entouré des délégués des Facultés de cette ville, de ceux de l'Université de Paris, de Bordeaux, de Montpellier et de quelques universités étrangères.

La Faculté occupe les bâtiments de l'ancien couvent Sainte-Claire, réparés et appropriés en 1810, puis agrandis en 1846, en vue d'une maison d'étudiants attenante à la Faculté, mais qui fut rattachée alors au Ministère des Cultes et improprement appelée Séminaire.

La Faculté comprend actuellement huit chaires magistrales; elle possède une bibliothèque de 28,000 volumes environ et des collections pour l'enseignement des sciences et de la philosophie naturelle. Ses cours sont suivis par 80 à 90 étudiants.

II. — Grand Séminaire

Le Grand Séminaire de Montauban a été fondé en 1652, sous l'épiscopat de Mgr Pierre de Berthier, par saint Vincent de Paul lui-même, ainsi que l'attestent de nombreuses lettres écrites par lui à cette occasion. Ce fut la dernière fondation de ce genre que fit le grand apôtre de la Charité. Il mourut, en effet, vingt-quatre jours après l'acte d'achat du terrain sur lequel devait être bâti le Séminaire de Montauban (1660).

Durant les huit premières années, et même jusqu'à l'installallation définitive dans la maison de Montauriol (1664), le Séminaire eut une existence très précaire, et passa par des épreuves de toute sorte. Placé tout d'abord « à l'ombre du Chapitre cathédral » avec le Palais épiscopal pour demeure, et l'église de Saint-Jacques pour son usage, il fut contraint par une épidémie de se transporter avec une partie du Chapitre, à Montech, où l'Évêque et le clergé s'étaient plusieurs fois réfugiés pendant les guerres de religion.

Une maison attenant à l'église lui servit d'asile ; celle-ci fut agrandie et aménagée très convenablement en 1654 et 1655. Mais peu après, pour des raisons assez incertaines, l'institution naissante fut transférée à Castelferrus auprès du sanctuaire de Notre-Dame-de-Lorm, confié également aux Lazaristes. Elle commençait à se développer et les élèves s'y multipliaient, malgré de nombreuses et douloureuses difficultés qui causèrent à saint Vincent les plus vives inquiétudes, lorsque l'exiguïté toujours plus grande du local, et l'inconvénient grave de l'éloignement de la ville épiscopale, imposèrent la nécessité d'une nouvelle translation qui devait être la dernière, et qui amena l'établissement définitif du Séminaire à Montauban.

Après la Révolution (1824) Mgr de Cheverus, plus tard cardinal-archevêque de Bordeaux, confia de nouveau son Grand Séminaire aux Lazaristes, que Mgr Dubourg remplaça bientôt après par des prêtres du diocèse, anciens élèves de Saint-Sulpice. Ceux-ci à leur tour cédèrent la place aux Pères Jésuites qui furent appelés par Mgr Doney, et qui commencèrent alors, pour la première fois en France, de s'employer à l'œuvre des Grands Séminaires. Expulsés en 1880, ces religieux ont été remplacés par des prêtres du diocèse.

Le Grand Séminaire compte habituellement, en moyenne, 70 élèves, tous internes.

L'enseignement y est donné pendant six années consécutives, par sept professeurs, entre lesquels sont répartis les cours suivants :

1° Un cours de théologie dogmatique, positive et scolastique, qui dure quatre ans.

2° Un cours de théologie morale, qui comprend également quatre années.

3° Un cours d'Écriture Sainte (Ancien et Nouveau Testament), suivi par tous les élèves pendant les six années
de présence au séminaire.

4° Un cours de philosophie scolastique et contemporaine,
comprenant l'histoire raisonnée de la philosophie et les
notions d'économie politique les plus usuelles. Il dure
deux ans.

5° Un cours d'histoire ecclésiastique, suivi par tous les
élèves, et un cours d'histoire contemporaine, réservé
spécialement aux élèves de philosophie.

6° Un cours de liturgie théorique et pratique.

7° Un cours de théologie pastorale (5e et 6e années).

8° Un cours de droit canon, qui dure quatre ans.

9° Un cours d'éloquence sacrée, avec exercices pratiques
d'élocution et d'improvisation, auxquels tous les élèves
prennent part.

Ceux-ci sont également formés à la pratique des caté-
chismes. Deux fois par semaine ils sont envoyés dans les
divers quartiers de la ville, pour donner tour à tour des
leçons de catéchisme et d'histoire sacrée aux enfants des
écoles.

Au point de vue scientifique, l'enseignement s'étend à
toutes les branches par où les sciences et les arts sont en
rapport avec les matières ecclésiastiques énoncées di-
dessus. Il revêt un caractère essentiellement apologétique,
comme l'exigent les circonstances actuelles.

Il comprend :

1° Un cours d'archéologie et d'art sacré, ancien et
moderne, avec conférences générales sur les sujets plus
importants. Il dure deux années.

2° Un cours de sciences, dont le programme est conçu
dans le sens et dans l'esprit que nous avons fait connaître. Il comprend également deux années.

En outre, des conférences spéciales sont données aux
élèves sur les questions sociales, plus particulièrement

soulevées de nos jours, en prenant pour base les encycliques pontificales sur ces graves sujets.

On y étudie également, au point de vue pratique, les diverses œuvres d'intérêt général et paroissial, qui ont surgi de nos jours un peu partout, apportant au ministère pastoral des moyens féconds qu'il ne saurait méconnaître.

Enfin, des cours de plain-chant et d'harmonium, obligatoires pour tous, initient les élèves à la musique sacrée et aux mélodies grégoriennes, qu'ils apprennent à interpréter, et qu'ils pourront accompagner plus tard dans les offices paroissiaux.

III. — Lycée Ingres

« Bâti dans la partie la plus élevée et la mieux aérée de la ville, situé presque à la campagne, il a un aspect des plus riants. Le parc, le jardin et la prairie qui l'entourent, en font un des lycées les plus vastes, les plus beaux et les plus agréables de la province. »

Ce sont les premières lignes du joli fascicule illustré, qui sert de prospectus à l'établissement. Et vraiment, quiconque pénètre seulement dans le vestibule de notre Lycée, est frappé de l'aspect riant de la maison, qui ne ressemble guère aux prisons scolaires de jadis.

Il serait aisé, pour établir les quartiers de noblesse du Lycée montalbanais, de suivre, à travers l'histoire locale, sa filiation avec les écoles monastiques de l'abbaye de Saint-Théodard, dans l'ancienne cité de Montauriol (985). Mais nous ne pouvons ici que renvoyer le lecteur aux ouvrages spéciaux et notamment au livre de Devals, *Les Écoles publiques de Montauban du Xe au XVIe siècle*.

LYCÉE INGRES DE MONTAUBAN

Contentons-nous de rappeler que l'ancien collège de Montauban fut réorganisé lors de la création du département de Tarn-et-Garonne, et que, pendant la plus grande partie du siècle dernier, tous les fils de la bourgoisie montalbanaise y furent élevés sans distinction d'opinions ou de croyances. Nous n'avions pas encore subi les atteintes de la crise politico-religieuse qui menace de diviser la France en deux camps ennemis.

En 1869, le collège, érigé en Lycée national, fut installé dans les superbes locaux actuels.

Inutile de s'étendre sur l'objet et la nature de son enseignement : c'est le régime scolaire de tous les lycées de France, réglé par décrets ministériels, avec ses divisions habituelles, correspondant aux *classes enfantines,* aux *classes primaires,* à l'*enseignement classique* et à l'*enseignement moderne.*

En ce moment la ruche est en plein bourdonnement ; on y discute avec passion les modifications imminentes d'une si haute importance. D'aucuns versent des larmes, pleines d'une émotion très sincère, sur le sort de la langue « grecque, sans laquelle c'est honte qu'une personne se die sçavant. » D'autres se réjouissent de voir les notions scientifiques sortir enfin du rang secondaire où on les a trop longtemps maintenues.

Quoi qu'il advienne, le personnel enseignant saura maintenir intactes les traditions de travail et d'intelligent libéralisme qui ont assuré jusqu'ici au lycée Ingres son bon renom et sa prospérité.

IV. — Lycée des jeunes filles

Il ne nous est pas permis de passer sous silence le Lycée de jeunes filles, puisque c'est là que le congrès va se réunir dans quelques semaines.

Son histoire est courte, l'enseignement secondaire des jeunes filles n'ayant été institué en France que depuis une vingtaine d'années.

Le Collège de jeunes filles de Montauban, l'un des premiers qui s'ouvrirent en France, fut installé, en 1881, dans les bâtiments de l'Ancien-Collège.

Sa transformation en lycée date de 1886.

Construit par l'architecte Vaudremer, sur les données les plus récentes de l'hygiène scolaire, l'établissement actuel est considéré comme un lycée modèle au point de vue de la disposition et de l'aménagement des études, des classes, réfectoires, etc.

Tout y est merveilleusement disposé pour assurer le bien-être des élèves et faciliter leur labeur quotidien.

L'enseignement est organisé suivant les programmes officiels, en vue de la préparation aux diplômes de fin d'études secondaires, aux écoles de Sèvres et de Fontenay-aux-Roses, et parallèlement aux brevets de l'enseignement primaire.

V. — École normale d'Instituteurs
de Montauban

Le département de Tarn-et-Garonne, devançant la pensée du ministre Guizot, institua, en 1831, au collège de Montauban, pendant les vacances scolaires, des cours spéciaux à l'usage des « maîtres d'école. »

Cette heureuse initiative démontra bientôt la nécessité de la création d'une école normale.

Dans sa séance du 15 juillet 1833, aussitôt après le vote de la loi sur l'enseignement primaire, le Conseil général fit l'acquisition d'une maison située rue de la Fantaisie,

— aujourd'hui rue du Lycée, — et décida qu'elle serait immédiatement appropriée pour recevoir l'École normale d'instituteurs de Tarn-et-Garonne.

L'école fut solennellement inaugurée le 31 mars 1834. Les sympathies qui avaient salué sa naissance, en se renouvelant autour d'elle, la défendirent, au cours de son existence, contre les orages déchaînés par les réactions politiques. C'est ainsi qu'au lendemain de la promulgation de la loi du 15 mars 1860, tandis que deux départements voisins, — le Lot et le Lot-et-Garonne, — cédant aux avances du législateur, se disposaient à supprimer leur école normale, le Conseil général de Tarn-et-Garonne, bien que composé presque exclusivement d'hommes appartenant au parti royaliste, décida à l'unanimité le maintien de celle de Montauban.

Depuis l'année 1843, l'École normale de Tarn-et-Garonne recevait ceux des élèves-maîtres du Tarn, qui appartenaient au culte protestant. Au mois d'octobre 1855, elle ouvrit ses portes aux élèves maîtres du Lot. Enfin, depuis le 15 octobre 1900, par suite d'un accord intervenu entre les départements de Tarn-et-Garonne et de Lot-et-Garonne, elle reçoit les élèves-maîtres de ce dernier département, tandis que les élèves-maîtresses de Tarn-et-Garonne sont admises à l'École normale d'institutrices d'Agen.

* * *

L'École normale d'instituteurs de Montauban a occupé, depuis sa fondation, trois installations successives. Elle vécut fort à l'étroit, pendant 44 ans, dans l'humble maison bourgeoise de la rue de la Fantaisie. Le 28 février 1878, elle fut transférée à l'autre extrémité de la ville, dans un bâtiment neuf, merveilleusement situé au nord de la promenade du cours Foucault. Enfin, en 1900, — quand

survint la fusion des écoles normales de Tarn-et-Garonne
et de Lot-et-Garonne, — elle fut installé dans les bâtiments précédemment occupés par l'École normale d'institutrices (boulevard Montauriol).

**

Le personnel administratif et enseignant ne comprenait
à l'origine que le directeur, deux ou trois professeurs
auxiliaires, appartenant au Collège, et deux aumôniers,
l'un catholique, l'autre protestant.

Il se compose aujourd'hui, essentiellement, du directeur
et de cinq professeurs titulaires, dont deux respective-
ment chargés des fonctions d'économe et de la direction
de l'École annexe. Six professeurs auxiliaires sont chargés
de l'enseignement des matières ci-après énumérées : agriculture, horticulture, langue anglaise, dessin d'ornement,
chant et musique, gymnastique.

L'école a reçu, depuis sa fondation, 712 élèves-maîtres.
Son effectif actuel se décompose comme suit :

	3ᵉ ANNÉE	2ᵉ ANNÉE	Iʳᵉ ANN.	TOTAL
Section de Tarn-et-Garonne.	6	8	7	21
Section de Lot-et-Garonne.	5	5	5	15
Total............	11	13	12	36

**

Au moment de leur admission à l'École, les élèves-
maîtres sont tous pourvus du brevet élémentaire. Ils

consacrent les deux premières années à l'étude des matières comprises au programme de l'examen du brevet
supérieur. La troisième année est spécialement réservée
à leur éducation professionnelle. Cette dernière année est
pour eux, après la fièvre des examens, un temps de salu-
taire réflexion et d'activité pratique raisonnée, où ils pren·
nent nettement conscience d'eux-mêmes, de leurs aptitudes
et de leurs forces, en même temps qu'ils s'initient en toute
liberté d'esprit aux choses du métier.

Cette préparation pédagogique, comprend : 1º Des
exercices d'adaptation effectués sous la direction de chaque
professeur; 2º Des périodes suivies d'enseignement pratique à l'école annexe; 3º Une participation active à
toutes les œuvres complémentaires de l'école (causeries
pour cours d'adultes, institutions de mutualité et de pré-
voyance scolaires, sociétés de bienfaisance, cantine coopé-
rative, ligue anti-alcoolique, etc.)

Entre-temps, les futurs instituteurs prennent contact
avec les réalités de la vie scolaire rurale, grâce à une
série d'exercices pédagogiques récemment inaugurée avec
l'agrément et le concours bienveillant de l'autorité académique.

*_**

Le régime de l'École est toujours l'internat, mais un
internat qui a beaucoup perdu de sa sévérité d'autrefois.
L'administration de l'École laisse aux élèves, dans l'intérieur de l'établissement, toute la liberté compatible avec
la régularité du travail et le bon ordre de la maison. Ce
sont les élèves-maîtres de troisième année qui assurent,
à tour de rôle, sous le contrôle du directeur, la marche
des divers services d'ordre intérieur.

Indépendamment des sorties individuelles autorisées par le directeur, il y a sortie libre pour tous les élèves les dimanches et jours de fêtes.

Ni les sorties plus fréquentes ni les pratiques de plus grande liberté n'ont nui au travail et à la discipline.

Les élèves sont animés d'un très bon esprit. Au contact de leurs maîtres, dont l'action éducatrice est d'autant plus efficace qu'elle est plus spontanée, ils acquièrent jour à jour, avec les fortes habitudes morales, sans lesquelles on ne saurait prétendre à diriger avec fruit l'éducation de l'enfance, un sentiment exact et profond de la responsabilité dont ils seront bientôt investis.

*
* *

En résumé, au cours de ses 68 années d'existence, en dépit de quelques vicissitudes qui ont par moments assombri sa vie intérieure et paralysé son action, la modeste École normale de Montauban, en s'adaptant à tous les besoins nouveaux, n'a pas cessé, croyons-nous, de répondre à la pensée de ses fondateurs et, dans la mesure de ses moyens, de bien servir les intérêts du Pays.

BIBLIOTHÈQUE

« DE LA VILLE »

La Bibliothèque de la Ville date des premières années
du XIXe siècle.

Les livres de Bertrand de La Tour (1700-1780), successivement missionnaire au Canada, curé de Saint-Jacques
de Montauban et doyen du Chapitre cathédral, furent le
premier fonds de notre Bibliothèque.

Bertrand de La Tour a beaucoup écrit. A eux seuls,
ses 20 volumes de *Réflexions morales, politiques, historiques et littéraires sur le Théâtre*, témoignent assez de
l'activité de sa pensée.

IL avait enrichi sa bibliothèque de plusieurs bons ouvrages, dont un archevêque de Narbonne, Charles Le
Goux de la Berchère [1], « plus illustre par sa doctrine et
son mérite, que par sa dignité [2] » avait aimé la lecture
et l'étude.

Ces quelques beaux livres de Charles de la Berchère et
ceux de Bertrand de La Tour, représentent chez nous la
pensée du XVIIe et du XVIIIe siècle.

A peine officiellement fondée, la Bibliothèque s'accrut,
lentement d'abord, — péniblement, — mais elle s'accrut,

1 Mort en 1719.
2 V. Moreri.

grâce à des crédits municipaux, minimes mais annuels, grâce à des dons privés, grâce aussi à des dons d'État.

Depuis 30 ans surtout, les attributions ministérielles ont été nombreuses, et l'on peut évaluer à 25,000 volumes environ le stock de la Bibliothèque.

Elle est riche surtout en livres d'histoire politique, ecclésiastique, littéraire, artistique. L'historien, l'érudit de carrière, y trouvent la collection des *Documents inédits de l'Histoire de France*, cette fondation de M. Guizot, encore vivante, et de quelle vie hautement intellectuelle et brillante. L'admirable *Bibliothèque historique* du père Lelong; le *Catalogue de l'Histoire de France*, de la Bibliothèque nationale; les *Inventaires des Archives nationales*; le *Catalogue général des Manuscrits des bibliothèques de Paris et des départements*, sont, pour le curieux, le chercheur, le savant, de précieux instruments bibliographiques. Ils sont aussi des livres pleins de science pour tous.

Je ne veux indiquer ici que des sources et ne peux indiquer même toutes les principales.

Quand aux ouvrages de seconde main, l'étudiant les trouve dans la Bibliothèque. Je ne dis pas tous, mais nombreux.

Riche aussi, notre Bibliothèque, en documents originaux, spécialement scientifiques : la Collection des *Comptes-rendus de l'Académie des Sciences*, les *Annales scientifiques de l'École Normale supérieure*, la *Revue des Travaux scientifiques*, publiée sous les auspices du ministère de l'Instruction publique, les *Œuvres* de Lavoisier, de Serret, de Cauchy, de Lagrange, de Fermat, les *Œuvres* de Laplace, — œuvre mondiale, — la *Géographie* d'Élisée Reclus, le grand *Atlas de Stieler*, la *Face de la Terre*, de Suess, sont des trésors pour l'intelligence éprise d'abstraction mathématique ou d'observation de la nature.

Aussi séduisantes, et peut-être plus graves encore, les Sciences morales et politiques, avec les *Mémoires* de l'Académie de ce nom, enseignent l'observation des phénomènes sociaux, et suggèrent à chaque page l'idée bienfaisante de justice, de concorde et de paix.

En littérature, les *Mémoires de l'Académie des Inscriptions et Belles-Lettres*, l'*Histoire littéraire de la France*, les *Notices* et *Extraits* de manuscrits de la Nationale, sans parler des ouvrages plus courants d'histoire et de critique littéraires, vrais chefs-d'œuvre, d'ailleurs, ouvrent à la curiosité des esprits, quelle que soit leur préférence, une mine profonde, dont il est permis à tous, je ne dis pas d'exploiter, mais d'apprécier tous les filons.

Les livres d'art, les beaux livres ne sont pas rares non plus. Je citerai seulement un bel exemplaire de Piranesi ; *le Moyen-Age*, de Du Sommerard ; *la Renaissance* de Palustre, de Müntz ; etc.

Enfin, de nombreuses publications périodiques, de nombreuses revues, tiennent les curieux d'esprit au courant de la pensée contemporaine. Ne faut-il pas s'en préoccuper beaucoup, puisque le présent fait l'avenir.

Les *Annales de Géographie*, la *Revue des Deux-Mondes*, le *Correspondant*, la *Revue des Cours et Conférences*, les *Revue bleue* et *rose*, la *Gazette des Beaux-Arts*, le *Tour du Monde*, la *Revue de Métaphysique et de Morale*, sont à la Bibliothèque, et permettent d'y étudier quelques-uns des mouvements si variés, si multiples de l'âme humaine d'aujourd'hui.

Si, comme on l'a dit, une Bibliothèque, si grande soit-elle, n'est qu'un ouvrage en trois volumes, Hier, Aujourd'hui, Demain, nous avons les trois volumes, — pas gros, — mais nous les avons.

F. MONZIÈS,
Bibliothécaire de la Ville.

❖

LES ARCHIVES

DE TARN-ET-GARONNE

Formation du dépôt. — Jusqu'en 1843, la situation des Archives, dans le Tarn-et-Garonne, fut assez précaire. Cela tenait, à la fois, au mauvais recrutement des archivistes et aux circonstances particulières dans lesquelles s'était formé le département. D'une part, en effet, les archivistes, choisis un peu au hasard, n'avaient ni les aptitudes, ni surtout le goût spécial qu'exige le métier d'érudit ; d'autre part, le Tarn-et-Garonne n'ayant été créé qu'en 1808, il avait été impossible de réintégrer les archives dispersées de toutes parts ; c'est ainsi que celles de l'Intendance avaient été partagées entre le Lot et l'Aveyron, et que celles du district de Montauban étaient demeurées à la mairie de cette ville, où elles avaient été confiées à la garde d'un certain sieur Tuffeau, qui fut, plus tard, condamné en Cour d'assises, pour dilapidations.

C'est aux remarquables circulaires, publiées en 1841 et 1843, par le Ministre de l'Intérieur, que notre dépôt, comme bien d'autres, est redevable de l'extension que depuis il n'a cessé de prendre. En réglant la situation des archivistes, en exigeant d'eux des connaissances particulières, enfin, en dirigeant d'une façon continue leurs travaux, le Ministre prépara cette grande œuvre scientifique qui, dans certains départements, est, aujourd'hui, sur le point de s'achever. Dans le nôtre, elle a été commencée par MM. Carénou, Célières, Vignes, Blancard, Roberti, Krœber, Devals, Bourbon, Dumas de Rauly et Maisonobe.

Jusqu'en 1844, notre dépôt ne renfermait que des archives purement administratives. A cette époque, le Préfet de Tarn-et-Garonne écrivit à ses collègues du Lot, du Lot-et-Garonne, de l'Aveyron, du Tarn, de la Haute-Garonne et du Gers, pour demander la remise des documents intéressant le nôtre. Ces démarches ne restèrent pas sans résultat, et quelques documents historiques nous furent envoyés.

En 1851, M. le Procureur près le Tribunal de Montauban, fit restituer 125 cadastres provenant de la Cour des aides, et ce premier don fut heureusement complété, en 1856, par la remise des arrêts de la même Cour, compris entre 1642 et 1790, de 7 registres de lettres de cachet, de 65 registres d'insinuation de donations entre vifs, de la sénéchaussée de Montauban, enfin, d'un registre du consistoire.

Mais les deux réintégrations qui devaient le plus enrichir notre dépôt et en constituer, à elles seules, les deux tiers, furent celles des titres indûment conservés à la mairie de Montauban et à la sous-préfecture de Moissac.

De janvier à septembre 1855, 50,000 documents de toute nature furent transportés de la mairie de Montauban à la préfecture. On ne saurait se figurer la somme de labeur que dut déployer l'archiviste, alors M. Krœber, pour démêler ces pièces les plus diverses et les classer, par dossiers, suivant leur nature. Ces papiers comprenaient le Bureau des finances de Montauban, une partie du fond de la Cour des aides, plusieurs volumes provenant des états du Languedoc, les fonds du comté de Nègrepelisse, des baronnies de Caussade et de Roquecor, les fonds de l'évêché de Montauban, de l'officialité, du chapitre de Montpezat, de l'abbaye de Saint-Théodard, etc... De tous ces fonds, le plus important était celui du Bureau des finances, car il contenait les papiers de la maison d'Armagnac que celle-ci, en vertu de l'arrêt du 19 octobre 1671, prescrivant aux particuliers la remise de tous les titres des domaines compris dans la généralité de Montauban, avait dû envoyer aux trésoriers de France[1].

Les titres de Moissac concernaient surtout l'abbaye de ce nom; leur découverte et leur versement à la préfecture furent, en grande partie, l'œuvre de M. Mila de Cabarieu, alors sous-préfet de Moissac[2].

Nous ne voulons pas insister plus longuement sur les réintégrations et les dons nombreux qui, depuis cette époque, n'ont cessé d'enrichir notre dépôt. Disons seulement, qu'en 1899, l'Administration des domaines et de l'enregistrement nous a remis plus de 2,000 registres qui vont, très heureusement, compléter notre collection notariale.

Pour donner une idée plus complète de nos archives, nous allons maintenant passer en revue leur état de classement.

Classement des Archives. — Une circulaire publiée par le Ministre de l'Intérieur le 6 avril 1841, prescrivait aux archivistes de réunir par fonds distincts tous les documents provenant d'une administration, d'une institution civile ou ecclésiastique, d'une famille, etc... Une fois constitués, ces fonds devaient être répartis par groupes similaires dans un certain nombre de séries auxquelles

[1] Ces détails sont empruntés à la correspondance de nos prédécesseurs et à un rapport de M. Krœber du 8 décembre 1859.

[2] Pour plus de détails, voir LAGRÈZE-FOSSAT, *Études historiques sur Moissac*, t. I (1870). Introduction, p. 7.

on affecta les lettres de l'alphabet depuis A jusqu'à Z, les neuf premières devant s'appliquer aux archives antérieures à la Révolution, les autres aux archives modernes.

SÉRIE A. — La série A, des archives de Tarn-et-Garonne, renferme un seul fonds, lequel comprend tous les papiers de la maison d'Armagnac. C'est un des plus riches que nous possédions et nous ne saurions trop en signaler l'importance aux historiens. On y trouvera, en particulier, des documents de premier ordre, dont beaucoup d'inédits, pour l'étude des guerres anglaises et des institutions seigneuriales dans le midi de la France. La consultation est rendue aujourd'hui d'autant plus facile, que l'inventaire sommaire, œuvre de M. Maisonobe, est complètement terminé. Les faibles crédits dont nous disposons en rendent malheureusement l'impression très lente.

SÉRIE B. — Cette série comprend six fonds : Parlement, Présidial et Sénéchalat de Montauban, Sénéchalat de Lauzerte, Justices royales, Justices seigneuriales, Cour des aides [1]. On trouverait, dans ces documents, beaucoup de renseignements pour l'histoire des lettres, des arts et des mœurs aux XVIIe et XVIIIe siècles; mais il faut reconnaître que, dans l'état actuel, cette série est très difficile à consulter. On s'est borné, en effet, jusqu'ici à établir un classement sommaire, auquel on ne pourra apporter des modifications, avant de longues années, car nos efforts se sont portés sur la série C.

SÉRIE C. — Cette série eût été, avec les séries A et G, une des plus riches de notre dépôt, si les départements

____
[1] Pour plus de détails, voir *Annuaire de Tarn-et-Garonne*, année 1877, p. 24.

du Lot et du Lot-et-Garonne eussent consenti à nous rendre les nombreux documents de l'Intendance, qu'ils possèdent indûment. Cette série doit comprendre six fonds : 1º Intendance ; 2º Élections ; 3º Bureau des finances ; 4º États de Languedoc ; 5º Administration provinciale de la Haute-Guyenne ; 6º Régie et Domaine. C'est dans ce dernier fonds que seront répartis les registres versés en 1899 par l'Enregistrement. Cette série sera fort longue à analyser, car elle ne comprendra pas moins de 4,000 à 5,000 numéros. J'ai rédigé, ces temps-ci, les quatre-vingts premiers articles.

SÉRIE D. — Peu de choses à dire de cette série, elle ne renferme que quelques dossiers du Collège de Montauban, utilisés déjà en grande partie, par M. Bourbon, dans un travail paru dans le *Bulletin de la Société archéologique de Tarn-et-Garonne* (t. IV, 4e trimestre, p. 185), sous le titre de *Notice historique sur le Collège de Montauban, depuis sa fondation jusqu'en 1792.*

SÉRIE E. — La série E se compose des trois fonds des seigneuries, des communautés et des registres notariaux. Ce dernier est une des mines les plus précieuses pour l'histoire de l'agriculture, du commerce et de l'industrie ; on y trouve également beaucoup de documents intéressant les lettres et les arts ; aussi, serait-il vivement à désirer que les notaires, qui conservent encore par devers eux, des minutes antérieures à 1790, consentissent à les remettre aux dépôts d'archives. Nous aimons à croire que ceux de Montauban et de Tarn-et-Garonne répondront tous à l'appel que nous ne tarderons pas à leur adresser à ce sujet ; ils rendront ainsi un grand service à la cause des sciences historiques.

SÉRIE F. — Néant.

Séries G et H. — Ces deux séries renferment les fonds ecclésiastiques de l'ancien diocèse de Montauban. C'est dans la série G que se trouvent les documents les plus anciens que nous possédions et qui remontent, pour quelques-uns d'entre eux, au début du VIIIe siècle. L'inventaire de ces deux séries, œuvre de MM. Bourbon et Dumas de Rauly, a paru en 1894. Aussi, ces archives sont-elles, jusqu'ici, celles qui ont donné naissance au plus grand nombre de travaux relatifs à notre région.

Archives révolutionnaires. — Ces archives rentrent dans la division des archives modernes, où elles occupent les séries L et Q. La série L se rapporte spécialement aux institutions de la Révolution, la série Q à la vente des biens nationaux. Pour la première, nous avons un inventaire, encore manuscrit, œuvre de M. Dumas de Rauly ; pour la seconde, M. Maisonobe a rédigé, l'année dernière, un état sommaire qui permet très suffisamment de se rendre compte de son contenu. Cet état sommaire sera incessamment complété par l'addition de quelques registres, versés, en 1899, par l'Enregistrement.

Archives modernes. — Nous n'avons pas l'intention d'entrer dans le détail de ces archives ; les dossiers qu'elles renferment pourront devenir un jour des documents historiques de premier ordre ; pour le moment, ils ne sauraient présenter qu'un médiocre intérêt aux historiens, qui s'occupent surtout de l'étude du passé. Nous voulons seulement signaler à l'attention du public, de précieuses collections qu'on trouverait difficilement ailleurs. Ce sont le *Moniteur universel* de 1790 à 1870, le *Journal officiel* qui lui fait suite, le *Courrier de Tarn-et-Garonne* depuis 1813, le *Bulletin des Lois* depuis l'an X, les *Rapports des séances du Conseil général de Tarn-et-Garonne* depuis 1870, les *Tables décennales de l'état civil*, pour l'arrondissement de Montauban, depuis 1792. Enfin, nous recevons régulièrement, depuis quelques années, le *Républicain*, le *Ralliement*, la *Croix*, la *Tribune*, la *Feuille Villageoise* et le *Messager de Castelsarrasin*. Toutes ces publications sont à la disposition de ceux qui veulent venir les consulter.

Archives communales. — Les archivistes furent, dès leur institution, chargés de l'inspection des archives communales. Dans le Tarn-et-Garonne, cette inspection fut organisée le 18 janvier 1864. Elle a eu pour résultat d'amener la rédaction de nombreux inventaires qui sont actuellement conservés aux archives départementales. Tous, sauf celui de Verdun, imprimé en 1875, sont encore manuscrits. Voici la liste des communes auxquelles ils s'appliquent :

Auvillar,	L'Honor-de-Cos,	Nègrepelisse,
Labastide-de-Penne,	Laguépie,	Puylagarde,
Bourg-de-Visa,	Lauzerte,	Puylaroque,
Bruniquel,	Loze,	Réalville,
Caussade,	Molières,	Roquecor,
Caylus,	Montaigu,	Septfonds,
Corbarieu,	Montech,	St-Amand-de-Serres.
Escazeaux.	Montpezat,	Saint-Antonin.
Fauroux,	Moissac,	
Genebrières,	Montricoux,	

Dans cette liste ne figure pas Montauban ; c'est que, dans cette ville, le bibliothécaire a été chargé de la rédaction de l'inventaire ; j'ignore totalement ce qu'il a fait, mais j'aime à croire qu'il n'est pas resté les bras croisés et qu'il a analysé une partie des documents qui lui ont été confiés.

Pour être complet, il faudrait donner le nom des particuliers qui possèdent des papiers anciens. Ce travail, nous l'entreprendrons plus tard, car nous sommes persuadé qu'il pourra non seulement rendre service aux chercheurs, mais encore provoquer de nombreux dons. Réunir dans notre dépôt tous les monuments du passé, est le but que nous nous proposons d'atteindre. Malheureusement, aujourd'hui, nous ne pouvons rien tenter, l'exiguïté de notre local nous empêchant de recevoir le plus minime versement. Espérons que le Conseil général de Tarn-et-Garonne mettra bientôt fin à cette situation et que le projet, mis en avant par quelques membres de cette assemblée, de transporter les archives dans l'ancienne école normale de garçons, sera d'ici peu exécuté. Ce jour-là, nous pourrons continuer plus efficacement l'œuvre de nos prédécesseurs et sauver de la destruction quantité de documents qui risquent fort de se perdre.

A. GANDILHON.

MUSÉE ARCHÉOLOGIQUE

Le Musée archéologique comprend plusieurs salles du sous-sol de l'ancien palais épiscopal aujourd'hui, Hôtel de ville ; il a été fondé en 1866.

La belle salle d'arme du château bâti au milieu du XIVe siècle par les Anglais, après avoir longtemps servi de cave a été déblayée sous la direction de la Société en 1876 et a reçu les collections lapidaires rassemblées par les soins de la Société archéologique : chapiteaux, sculptures, pierres tombales des abbayes de Moissac, de Grandselve, de Belleperche, du Mas-Grenier, de Saint-Marcel ; une belle cheminée de pierre du XVe siècle provenant du collège de Saint-Nicolas-de-Pellegry, dépendance de celui de Cahors, meneaux de fenêtres de la Renaissance ; une partie du carrelage en terre vernissée de Belleperche (XIIIe siècle) ; un banc de question [1], deux couleuvrines de 1712. Au-dessus de cette salle, dite du *Prince Noir*, deux salles voûtées en berceau contiennent les moules et des échantillons des faïenceries d'Ardus et Quinquiry de Montauban (XVIIIe siècle) ; une curieuse enseigne de marchand de tabac du XVIIIe siècle, un bas-relief en bois (le martyre de saint Saturnin), des objets

---

[1] Ce banc a été retrouvé dans les greniers de la maison du Sénéchal ; il a servi à la justice civile jusqu'au moment où la question fut abolie par Louis XVI.

de ferronnerie, des armes de diverses époques, des plaques de ceinturon, des boucles mérovingiennes.

L'époque préhistorique est représentée par des haches de pierre éclatée des environs de Montauban et des haches polies du Verdier, de Gasseras et de provenances diverses.

Le musée est ouvert, tous les jours, à la demande des visiteurs.

Conservateur : M. le chanoine Pottier.

MUSÉE INGRES

Situé dans l'Hôtel-de-Ville (ancien évêché, bâti en 1662, sur les ruines du château des comtes de Toulouse) le Musée de peinture fut fondé en 1843 par le baron Joseph Vialètes de Mortarieu, ancien maire de la ville, qui donna 68 tableaux. Plus tard, en 1851, Ingres voulut doter son pays natal; il envoya 54 toiles et 24 vases grecs et étrusques, ainsi qu'un certain nombre de livres d'art, tirés de son cabinet.

Les dons de M. G. de Monbrison, de M.lle Lasserre, de M. Armand Cambon; en 1883, le legs Gatteaux, ami d'Ingres, et de plusieurs autres amateurs, les libéralités de l'État contribuent tous les jours à augmenter notre collection.

Mais à la mort de notre illustre compatriote Ingres, la ville s'est trouvée en possession d'une très grande richesse artistique. Car, par testament, il laissait à sa ville natale une grande partie des œuvres qui étaient chez lui : sa collection inestimable de tableaux, dessins, statues, gravures, terres cuites anciennes, une grande quantité de moulages, enfin le fonds de son atelier.

Toutes les salles du Musée sont situées au premier étage. On y accède par un magnifique escalier ; et dans la décoration des voûtes sont inscrits le nom des évêques et des maires qui se sont succédés dans cette princière demeure.

Dans les sous-sols, il y a trois belles salles renfermant un musée d'arts décoratifs.

Dans la salle dite de *Bertier*, et les deux adjacentes qui servaient d'offices et de cuisine pour l'ancien évêché, un musée des arts décoratifs a été installé, en 1880, par feu Armand Cambon, directeur du Musée.

De nombreuses vitrines renferment des collections d'art décoratif : des objets d'art ancien d'Orient et d'Extrême-Orient ; des tissus, des broderies, des dentelles ; des séries de bronzes, d'ustensiles, d'objets de toilette, d'ivoires et des poteries gallo-romaines occupent un meuble spécial dans lequel M. Devals les avait réunis ; une collection très nombreuse d'objets chinois offerts, en 1863, par M. le D\u02b3 Lapeyre, ancien pharmacien en chef du Corps expéditionnaire de Chine ; et des moulages de l'antique (collection Ingres).

Plus bas, se trouve un magnifique musée archéologique comprenant deux salles, dont une très vaste dite Salle du Prince-Noir.

La première salle de peinture porte le nom de son fondateur « de Mortarieu, » parce qu'elle contient en partie la collection qu'il offrit à la ville.

A la suite est une grande salle qui précède le Musée Ingres, à côté de l'entrée se trouve une grande décoration de temple antique qui sert de frontispice au Musée Ingres ; dans cette décoration est le Jésus au milieu des Docteurs ; au-dessus, un médaillon de Raphaël ; plus haut, trois copies d'après Phidias, Raphaël, et une peinture d'Herculanum indiquent les études spéciales dans lesquelles Ingres s'est toujours inspiré. Les bustes d'Homère et d'Euripide indiquent les auteurs anciens qu'il affectionnait.

Entrons au Musée Ingres : tout ce qui est contenu dans ces quatre salles constitue le legs de notre grand Maître.

La première salle, dite Salon Ingres, représente dans ses dispositions l'arrangement, autant que possible, de ses appartements à Paris.

Au milieu, son chevalet porte un de ses ouvrages auquel Ingres travaillait dans ses derniers jours, la figure de Jésus parmi les Docteurs; sur les murs : des primitifs, un Memling, un dessin de Raphaël, une tête de femme de Vélasquez, des Poussin, des dessins de David, des toiles d'Ingres, un triptyque du XIVe siècle par Giottino.

Sur la cheminée, un portrait d'Ingres à l'âge de 24 ans, copie par Armand Cambon, son élève et son ami. Une grande vitrine renferme, selon ses vœux, ses souvenirs personnels : le portrait de son père, de ses parents, de ses amis, son bureau, sa boîte à couleurs, son fauteuil où repose son violon. Les portraits de Mozart, Gluk, Beethoven.....

La couronne d'or que ses concitoyens offrirent à son glorieux enfant.

La décoration de ce salon a été faite par Ingres père, excepté celle de la cheminée, qui date de la construction de l'édifice par l'évêque Colbert.

Dans la seconde salle commence la série de ses dessins, arrangés chronologiquement, le premier en date est de 1791 (Ingres avait onze ans). Sur la cheminée, un portrait d'Ingres à l'âge de 80 ans, copie par Armand Cambon. Au milieu de la salle, dans une grande vitrine, est placée une très rare collection de terres cuites Etrusques, ainsi que des ouvrages d'art, tirés de sa bibliothèque. Sur les murs, formant frise, des tableaux, des gravures, un portrait de Molière, par Sébastien Bourdon.

La troisième salle est aussi remplie des dessins du Maître. Une grande vitrine contient des ex-voto en terre cuite, des fragments de marbres antiques, des lampes romaines et sa collection d'ouvrages de musique.

La quatrième et dernière salle a pu être arrangée en

1898 par le Conservateur actuel, heureux de mettre en lumière près de trois cents dessins qui se trouvaient dans des cartons. Plusieurs font suite aux dessins déjà exposés ; mais il s'y trouve une belle collection pour la peinture décorative du château de Dampierre : *l'Age d'Or*.

Sur un panneau, des esquisses peintes par Ingres, plusieurs données par Armand Cambon. Un tableau documentaire, représente Ingres dans son atelier à Rome, peint par Allaux, en 1812.

On remarque, dans cette salle, une très belle statue antique, le Cupidon de Praxitèle. Certaines parties ont été ajoutées, mais le torse, la tête et d'autres morceaux sont de la plus belle époque de l'art grec.

Dans une vitrine, soixante-douze pièces romaines, dites des Impériales, toutes très belles.

ACHILLE BOUÏS,
Conservateur du Musée Ingres.

MUSÉE

D'HISTOIRE NATURELLE

Le Musée d'histoire naturelle fut ouvert au public le 7 mai 1854.

Les diverses collections qu'il renferme comprennent environ 15,000 objets divers, non compris ceux qui forment les collections spéciales d'entomologie et de botanique.

Ces objets proviennent, pour la plus grosse part, des libéralités de M. Victor Brun et des acquisitions faites par la ville au moyen d'une subvention annuelle.

La collection la plus importante est la collection de zoologie qui compte plus de 6,000 exemplaires, mammifères, oiseaux, reptiles, etc... La collection d'ornithologie se divise en deux parties, la première se compose de la collection des oiseaux d'Europe, et la deuxième de la collection des oiseaux exotiques.

Une des principales curiosités que renferme le musée, est une série d'aérolithes tombés dans le Tarn-et-Garonne, sur la commune d'Orgueil, le 7 mai 1864. Le plus gros pèse 1ᵏ300. C'est un des rares aérolithes où le fer se trouve en quantité infinitésimale.

La collection de minéralogie, géologie et paléontologie renferme une belle série de fossiles provenant des extractions des phosphates de chaux du Tarn-et-Garonne et du

Lot. La détermination précise des conditions du gisement de ces fossiles est incertaine, pour la plupart, en raison des intermédiaires ouvriers auxquels il faut avoir recours pour se les procurer; mais, d'une manière générale, ils se trouvent dans des dépôts sans stratifications nettes qui remplissent les excavations creusées par les eaux tertiaires dans le calcaire jurassique. On y rencontre des restes d'animaux appartenant aux divers étages compris entre l'éocène supérieur et l'aquitanien.

Les mammifères sont de beaucoup les plus nombreux. Parmi les genres les plus abondants et les plus remarquables que possède le Musée, on peut citer les espèces suivantes : *Necrolemus, Adapis, Rhinolophus, Theridomys, Cynodictis, Amphycion, Pseudelurus, Ælurogale, Macherodus, Drepanodon, Hyænodon, Pterodon, Anoplotherium, Eurytherium, Caïnotherium, Amphimeryx, Xyphodon, Diplobune, Dichobune, Spanotherium, Lophomeryx, Prodremotherium, Palæotherium, Paloplotherium, Pachynolophus, Anchilophus, Cadurcotherium, Aceratherium, Chalicotherium, Anthræcotherium, Entodon, Tapirulus*, etc., etc.

Quelques restes d'oiseaux.

Les reptiles crocodiliens, Chéloniens, varanides, Pythons, sont beaucoup moins bien représentés.

De nombreux insectes, dont quelques coléoptères remarquablement conservés, des larves de diptères et des myriapodes.

Les mollusques sont relativement rares et sont représentés par les *Ischurostoma formosum, Hybocystis, Helix, Strophastoma*.

On y a trouvé aussi des graines et de menus fragments de bois.

A ces restes fossiles sont joints des échantillons qui montrent les aspects variés sous lesquels le phosphate de chaux se présente dans ces gisements fossilifères. La plupart appartiennent au type phosphorite, ce sont des concrétions stalagmitiformes ou travertineuses, des formes mamelonnées à zones concentriques rappelant tout à fait certaines agathes, par la faible épaisseur et la nuance de leurs couches alternantes, des rognons de toutes formes compacts, tuberculeux, géodiques. Les parties les plus dures prennent, le plus souvent, un aspect vitreux, translucide, résinoïde, avec des teintes bleuâtres; d'autres sont mates et semblent du cacholong, d'autres restent terreuses avec cavités irrégulières et cloisonnées.

A signaler un magnifique trophée d'échantillons de graphite des mines découvertes dans la Sibérie orientale par un Montalbanais, M. J.-P. Alibert.

Le département de Tarn-et-Garonne possède un grand nombre de stations qui ont été occupées par l'homme préhistorique. La plupart sont situées sur les bords de l'Aveyron. Plusieurs ont été fouillées avec succès et ont fourni de nombreux échantillons de l'industrie humaine à cette époque.

Le premier de ces abris, situé au lieu de Lafaye, au-dessous du rocher qui porte la ville et le château de Bruniquel, a été exploité par M. Victor Brun. La voie du chemin de fer d'Orléans, qui l'a recouvert en partie, n'a pas permis de l'explorer dans toute son étendue. Les fouilles faites en cet endroit ont mis au jour un certain nombre d'ossements humains, un crâne et les restes d'un squelette, que M. de Quatrefages a rapporté à la race de Cro-Mognon.

Ces ossements furent trouvés au milieu d'une quantité considérable d'ossements d'animaux, brisés, et de nombreux débris de silex taillés. Plusieurs de ces derniers sont remarquables par leur taille en dents de scie. L'abri renfermait de nombreux poinçons et quelques instruments sculptés, sur lesquels on peut reconnaître des figures d'animaux, ainsi qu'un grand nombre d'aiguilles à coudre

remarquables par leur petite taille et le fini de leur exé-
cution. Les plus petites ont une longueur de 19 à 20 millimètres, et la plus grande 105.

Le second abri, qui porte le nom de Plantade, et qui
a été aussi exploité par M. Victor Brun, a fourni de nombreux ossements, au milieu desquels on a trouvé une
série de harpons barbelés d'un seul côté et remarquables
par leur état de conservation, une tête d'aurochs qui a
été malheureusement brisée en partie au moment de
l'extraction, de nombreux poinçons et une valve de
pétoncle remplie de matière rouge qui devait probablement servir pour le tatouage.

La faune des divers abris est à peu près la même.

Le renne fournit la plus grande partie des ossements.
Les autres animaux, que l'on a pu reconnaître, sont : le
cerf, le cheval, le bouquetin, l'aurochs, l'antilope, le
chamois, etc.

Plusieurs autres abris et quelques dolmens ont été aussi
exploités dans le département. On y a recueilli un certain
nombre de haches, pointes de flèches et grains de colliers
de l'époque de la pierre polie, que l'on peut voir dans les
vitrines du Musée.

A remarquer encore un herbier réuni par les soins de
M. Lagrèze-Fossat, auteur d'une *Flore du département
de Tarn-et-Garonne*, et donné par lui à la ville de Montauban.

A. BRUN,

Directeur du Musée.

COLLECTIONS

PARTICULIERES

Il serait délicat de donner ici même un aperçu des collections particulières que possède notre département, et d'autre part il y a sur ce point des annuaires spéciaux, que les brocanteurs connaissent bien. Toutefois, pour permettre aux membres du Congrès de visiter quelques-unes des plus importantes collections locales, nous nous bornerons à quelques sommaires indications.

Le château de Saint-Roch, canton d'Auvillar, appartenant à M. Georges de Monbrison, renferme une remarquable collection de portraits du XVIe siècle, dans un cadre artistique et dans un site merveilleux.

Au château d'Andas, près Castelsagrat, appartenant à M. Arthur de Coste, il y a une belle collection de ferronnerie ancienne.

A Montauban, la collection Cartault, très riche en objets de curiosité, en meubles, en tableaux, est aussi très intéressante.

Mme la Marquise de Pérignon, à Finhan, possède une série unique d'émaux de grande taille, des armes et des souvenirs militaires du maréchal de Pérignon.

Les amateurs de faïences visiteront les collections de M. le chanoine Pottier, de M. Éd. Forestié, imprimeur, de M. Goulard, menuisier.

Ceux qui recueillent les objets de curiosité, les armes, etc., verront avec intérêt le si intéressant cabinet de M. le chanoine Pottier, l'atelier de M. Célarié, peintre, etc.

ÉD. F.

SOCIÉTÉS SAVANTES

L'Académie de Montauban

En 1730, sous l'impulsion de Jean-Jacques Le Franc de Pompignan, le futur académicien, qui était alors avocat général à la Cour des Aides de Montauban, et de plusieurs membres de cette Cour, une Société littéraire se forma et tint ses séances dans l'hôtel de l'auteur des *Poésies Sacrées*. Pendant plusieurs années ces réunions de beaux esprits qui « ne cherchaient que leur satisfaction et leur utilité particulière, » furent très suivies par les quelques littérateurs qui en faisaient partie; les procès-verbaux indiquent qu'on y lisait des petits vers, des épîtres à Chloris, des tragédies et des discours philosophiques. On y applaudissait aux succès du jeune Le Franc qui, avec Cahuzac, partageait la faveur de la Cour, malgré les quolibets de Voltaire.

Vingt-deux membres, en 1740, composaient ce cénacle recruté dans l'élite de la société montalbanaise alors fort brillante. On fit des règlements; des séances très remplies furent tenues et, le 25 août 1742, la Société tint sa première séance dans le palais épiscopal, après avoir assisté, le matin, à la messe solennelle dite par l'évêque Verthamon de Chavagnac qui, le lendemain, reçut à dîner toute la Compagnie.

Pendant deux ans, nos compatriotes sollicitèrent du roi des lettres patentes pour l'érection de la Société en Académie, ce qui leur fut enfin accordé au mois de juillet 1744. Ces lettres approuvaient « le zèle qu'avaient montré les académiciens pour faire régner entre eux cette égalité académique qui ne leur paraissait pas compatible avec des académiciens honoraires. » Aussi, le nombre qui formait les deux catégories fut-il fixé à 30, avec dix associés étrangers.

Un règlement donné par le roi fixe les détails du fonctionnement de l'Académie, qui est chargée de travailler à une histoire générale de la ville de Montauban et de la Province, et qui instituera des concours littéraires annuels.

L'évêque Verthamon fonda un prix de 250 livres, consistant en jetons aux armes de l'Académie.

Plus tard, l'abbé de La Tour, doyen du Chapitre, fonda un prix d'agriculture et des prix de vertu.

L'histoire des travaux de cette Académie a été écrite avec un soin minutieux du détail et une précision historique impeccables par M. Forestié Neveu, qui donne le détail de toutes les séances et la biographie de tous les membres de cette Académie.

Parmi les faits saillants qu'on relève dans ce livre, nous remarquons le règlement que le roi imposa aux Consuls vis-à-vis de l'Académie, l'impression de plusieurs recueils des pièces lues aux séances publiques.

Marmontel fut lauréat de l'Académie en 1745, et il raconte, dans ses mémoires, qu'il se hâta d'en dépenser la valeur après l'avoir vendu à un orfèvre.

Jean-Jacques Le Franc, en 1747, donna à ses confrères une splendide fête dont le compte-rendu est intéressant. D'ailleurs, le *Mercure* rendait compte de toutes les séances publiques et tenait le public au courant des travaux de nos littérateurs.

L'année 1791 marqua le terme de cette existence bien

remplie par des travaux littéraires, un peu frivoles peut-être, mais toujours marqués au coin du bon goût et de l'esprit. La plupart des académiciens qui appartenaient à la Cour des Aides, au Parlement et à l'Église, se dispersèrent par la dissolution de ces corps constitués, qui privait tout d'un coup la ville de Montauban d'un puissant élément de vitalité et la faisait tomber au rang infime de sous-préfecture du Lot.

***

Au commencement de 1800, Duc de La Chapelle, savant mathématicien et astronome, cédant à l'impulsion scientifique qui se manifestait alors, grâce à une protection éclairée, voulut constituer une Société scientifique et littéraire, afin de grouper les hommes de valeur qui, dans notre ville, désiraient avoir un centre de réunion où ils pourraient avoir entre eux un commerce utile et agréable. La Société fut fondée en 1800, et comprit 30 membres, divisés en plusieurs sections qui se réunissaient toutes les semaines.

Cette multiplicité des séances devint bientôt une gêne, et l'ardeur des membres s'étant un peu ralentie, on arriva bientôt à des séances plus espacées et dans lesquelles toutes les sections se trouvaient réunies. Durant tout le XIXᵉ siècle, cette société, sous les titres divers de *Société des Sciences et Arts de Montauban, département du Lot* (1800-1809), plus tard *Société des Sciences, Agriculture et Belles-Lettres de Tarn-et-Garonne* (1809-1867), de *Société des Sciences et Belles-Lettres* (1867), d'*Académie des Sciences, Belles-Lettres et Arts* (1867-1878), de *Société des Sciences, Agriculture et Belles-Lettres* (1878-1880), *Société des Sciences, Belles-Lettres et Arts* (1880-1883), enfin *Académie des Sciences, Belles-Lettres et Arts* (1883-1902), a fait paraître de nombreuses publications, notamment le *Recueil agronomique* qui, de 1820 à 1867, a donné aux agriculteurs du département de très utiles conseils et a tenté de leur faire suivre la route du progrès; puis, en 1852-1867, furent publiées, en fascicules, les lectures faites dans les séances publiques; enfin, en 1867, fut créé le Recueil de la Société (9 volumes 1867-1883), puis de l'Académie des Sciences, Belles Lettres et Arts de Tarn-et-Garonne, qui compte aujourd'hui 17 volumes (1884-1901).

La liste des académiciens de Montauban contient tous les noms marquants de la ville et du département, les fonctionnaires curieux des choses de l'art ou de l'esprit se sont fait un honneur d'y figurer.

Le nombre des académiciens a varié plusieurs fois. Il est aujourd'hui de 40 membres résidants, de 30 membres non résidants et d'un nombre illimité de correspondants. Son président et son vice-président sont éligibles durant deux années consécutives seulement.

L'œuvre de l'Académie de Montauban est considérable parce qu'elle embrasse toutes les sciences; malheureusement il y a eu de nombreuses lacunes dans ses publications, qui ne peuvent ainsi donner une idée du travail accompli par ses membres durant le siècle qui vient de finir.

La Société Archéologique

En 1865, le congrès archéologique, organisé par la Société française d'archéologie, sous la direction de M. Arcisse de Caumont, avait choisi Montauban comme siège des assises d'une science qui renaissait péniblement après avoir, aux siècles précédents, jeté un assez vif éclat.

Le savant illustre qui fut le créateur et le vulgarisateur de la science archéologique, vint diriger cette session, la trente-deuxième depuis la fondation des congrès, dont l'initiative lui appartient en propre.

Les adhérents locaux à cette session, dont le secrétaire général était M. l'abbé Pottier, jeune ecclésiastique plein de zèle et d'ardeur pour cette science, furent émerveillés du champ nouveau d'investigation que le regretté initiateur de ces réunions fit apparaître à leurs yeux. Ce n'était plus comme jadis, la seule antiquité romaine ou grecque, mais bien toutes les manifestations de l'art, à quelque époque qu'elles appartinssent, qu'il s'agissait de mettre en lumière après les avoir étudiées. L'architecture baroque du milieu du XIXe siècle avait laissé sur nos monuments une empreinte déplorable ; il importait de faire l'éducation du public en matière d'art et de goût. En un mot, un horizon très vaste s'ouvrait devant les vingt-cinq anciens membres du congrès, qui, le 6 décembre 1866, se réunissaient à l'Hôtel-de-Ville, sous la présidence de M. l'abbé Pottier, pour fonder la société nouvelle sous le titre de : *Société archéologique de Tarn-et-Garonne.*

Pendant trente-six ans, sous la direction vigilante et éclairée de son fondateur, la Société a accompli un vaste labeur qui trouve sa manifestation dans les trente volumes qu'elle a publiés et qui forment une énorme contribution à l'histoire du département.

Le *Bulletin archéologique,* qui est son organe officiel, succéda au *Moniteur de l'archéologue,* auquel collaboraient divers de ses membres, et il a été publié régulièrement depuis.

L'action de la Société archéologique s'est fait sentir dans nombre d'occasions qui lui ont permis de sauver de la destruction des objets et des monuments condamnés à disparaître. Elle a organisé, en outre, de nombreuses expositions en 1869, en 1878, en 1882, en 1897 et en 1901, mettant sous les yeux du public la leçon de choses qui pouvait le porter à respecter les vestiges du passé après les avoir appréciés. Elle fait chaque année plusieurs excursions, soit dans le département, soit au dehors et même à l'étranger; c'est ainsi que ses membres ont visité l'Espagne, l'Italie, la Belgique, la Hollande, l'Allemagne et une grande partie de la France, et ont pu étudier sur place les écoles d'art et d'architecture des divers pays.

L'histoire, et en particulier l'histoire locale, forme une branche des plus importantes de ses études. Sur ce point la moisson des documents et des travaux insérés au *Bulletin,* des communications faites au congrès de la Sorbonne, est tout aussi riche que celle fournie au congrès des beaux-arts tenu annuellement à Paris.

Les membres de la Société se réunissent tous les mois en séance générale, mais chaque semaine les diverses sections tiennent aussi séance; ce sont : celle de photographie, qui est présidée par M. Mathet, aussi savant que modeste; celle des beaux-arts, par M. le comte de Gironde; celle de musique ancienne, par M. le chanoine Contensou, maître de chapelle. Cette dernière section constitue un attrait tout spécial pour les séances publiques, dans lesquelles les projections photographiques viennent très heureusement documenter les conférences données par les membres de la société.

Le nombre des membres de la Société archéologique est illimité; il comprend des honoraires, des titulaires et des correspondants. La Société est en relation d'échanges avec plus de cent sociétés similaires.

Éd. FORESTIÉ,

de la Société Archéologique et de l'Académie,
Lauréat de l'Institut.

APERÇU

SUR LA

SITUATION DÉMOGRAPHIQUE

ET SANITAIRE

DE LA VILLE DE MONTAUBAN

DEPUIS 1800

———

Le volume distribué aux membres du Congrès par le Comité local s'attache à faire connaître, sous ses divers aspects, suivant l'usage, la ville que l'association française pour l'avancement des sciences, a choisie cette année pour son lieu de réunion. Ces aspects, il faut le reconnaître, dût notre patriotisme local en souffrir, ne sont pas tous brillants, et mon titre d'hygiéniste m'a valu assurément la tâche la plus ingrate, celle de donner un aperçu de la situation démographique de Montauban, car notre ville partage avec la plupart de celles de la région du Sud-Ouest le triste privilège d'être un foyer intense de dépopulation par suite du considérable excédant des décès sur les naissances.

Ce n'est point, cependant, que les conditions naturelles locales soient défavorables.

Situé à 96 mètres d'altitude au-dessus du niveau de la mer, la ville s'étage en amphithéâtre au-dessus du Tarn qui la sépare en deux quartiers dominant une vaste vallée formée par les confluents des trois principales rivières du département : la Garonne, le Tarn et l'Aveyron.

Le sol sur lequel la ville est construite est une molasse miocène très perméable. Pendant longtemps les habitants n'ont guère eu à leur disposition que de l'eau de puits impropre aux usages culinaires et de l'eau de quelques sources d'excellente qualité, mais trop peu abondantes pour l'arrosement et le lavage de la voie publique. Aujourd'hui, Montauban est abondamment alimenté par de l'eau prise, dans des galeries filtrantes établies le long des berges du Tarn, en amont de la ville. Les rues sont larges et bien aérées. Le peu de valeur des terrains a permis à la ville de s'étendre à son aise, et à une partie de la population ouvrière de refluer vers les faubourgs, où les habitations sont espacées et entourées de nombreux jardins.

Depuis le commencement du siècle on ne signale aucune épidémie grave, et Montauban a même été épargné par le choléra qui a sévi à différentes reprises sur la plus grande partie de la France.

Sa constitution médicale ne présente rien de très particulier, de bien caractéristique : des fièvres typhoïdes, des grippes, des fièvres éruptives, de nombreuses entérites chez les enfants pendant la saison chaude, toutes les affections communes et banales de la France.

La moyenne de la température pendant les dix dernières années a été :

Hiver (décembre, janvier, février), 4°, 8 C.

Printemps (mars, avril, mai), 13° C.

Été (juin, juillet, août), 21°, 9 C.

Automne (septembre, octobre, novembre), 13°, 3 C.

C'est donc, on le voit, un climat essentiellement tempéré dont les moyennes se rapprochent beaucoup de celles de Pau.

Montauban, qui fut une des places fortes accordées aux protestants par l'Édit de Nantes, a été pendant les deux derniers siècles un centre assez important de manufactures de draps et cette industrie y a été florissante jusque dans les commencements du siècle, époque à laquelle notre ville se laissa enlever par des villes voisines placées dans de meilleures conditions topographiques, et dans lesquelles l'esprit d'initiative était plus développé, le monopole de cette fabrication. Aujourd'hui, à part deux ou trois usines de diverses natures, autant de filatures, n'occupant d'ailleurs qu'un nombre relativement restreint d'ouvriers, l'industrie et le commerce sont presque exclusivement locaux.

Malgré cette décadence industrielle, l'aisance est assez répandue, grâce aux habitudes simples et économes de la population. Il y a peu de grosses fortunes, mais aussi peu de misère.

Dans la bourgeoisie, c'est la classe du petit propriétaire terrien menant une vie mi-citadine, mi-campagnarde, qui est la classe dominante. La suprême ambition de tous ceux qui travaillent est d'ailleurs de se créer une *aurea mediocritas*, grâce à laquelle ils pourront à leur tour mener cette vie de loisir.

Tel est, esquissé en quelques mots, le milieu physique et social dans lequel vit la population montalbanaise, ainsi que celle de la plupart des villes de la région, et pareil milieu assurément n'est pas fait pour éveiller les défiances de l'hygiéniste et du sociologue. C'est presque l'idéal que n'a cessé de vanter la sagesse antique comme réalisant les meilleures conditions de la vie saine au point de vue physique et moral. Nous allons voir quelles en sont les conséquences au point de vue démographique et social.

Population montalbanaise. — Variations et composition

Malgré l'incessante émigration des campagnes environnantes vers le chef-lieu, la population *(v. tableau I)* ne s'est pas beaucoup accrue dans le cours du XIXe siècle.

TABLEAU I

Tableau général de la natalité et de la mortalité à Montauban depuis le commencement du siècle

| PÉRIODES | DATE de dénomb. | POPULATION | NATALITÉ | | | MORTALITÉ | | |
			NAISSANCES Moyenne ann.	COEFFICIENT sur 1.000 hab.	FRANCE Coefficient	DÉCÈS Moyenne ann.	COEFFICIENT sur 1.000 hab.	FRANCE Coefficient
1789	»	23.920	»	»	»	»	»	»
1801-1810	1801	21.950	»	»	32.9	»	»	28.6
1811-1820	1811	25.130	»	»	31.7	»	»	26.1
1821-1825	1821	25.460	»	»	31.1	»	»	24.4
1826-1830	«	»	631	24.7	30.1	640	25.1	25.1
1831-1835	1831	25.460	607	23.8	29.1	688	27	25.7
1836-1840	1836	23.865	570	24.1	28.2	591	24.7	23.5
1841-1845	1841	23.561	656	27.8	28	610	25.8	22.5
1846-1850	1846	25.102	545	21 7	26.5	680	27	23.7
1851-1855	1851	24.726	540	21.8	25.8	629	25.4	23 8
1856-1860	1856	25.095	559	22.3	26.2	717	28.5	23.6
1861-1865	1861	27.054	558	20.6	26.4	668	24.6	22.6
1866-1870	1866	25.991	557	21.3	25.7	697	26.8	24.2
1871-1875	1872	25.624	504	19.6	25.5	749	29.2	24.9
1876-1880	1876	26.952	520	19.2	26.2	707	26.2	22.6
1881-1885	1881	28.335	537	18.9	24.7	749	26.3	22.3
1886-1890	1886	29.445	526	17.5	23	730	25.3	22.2
1891-1895	1891	30.207	521	17.1	22.3	719	24	22.3
1896-1900	1896	29.597	512	17.2	21.9	701	23.7	21.2

En 1789, la population était évaluée à 24,000 âmes. Elle oscille autour de ce chiffre jusqu'en 1875, puis s'élève brusquement et se maintient dans les derniers dénombrements entre 29 et 30,000. Ce brusque accroissement est à peu près exclusivement dû au chiffre de la garnison dont l'effectif, très réduit avant la guerre, a été progressiment augmenté depuis et s'élève à 3,000 hommes environ.

La population résidente, la population dite *municipale*, semble, elle, être restée à peu près stationnaire ; car les chiffres autour desquels elle oscille, 24 à 25,000 depuis 1872 *(v. tableau II)*, est à peu près celui des dénombrements antérieurs, à des époques où le chiffre de la population comptée à part était à peu près négligeable.

TABLEAU II

DÉNOMBREMENTS	POPULATION résidente ou municipale
1872	24.503
1876	25.352
1881	24.214
1886	24.730
1891	24.504
1896	24.992

Provenance de la population. — La grande majorité de la population résidente est native de la commune ou du département et le nombre d'étrangers installés dans notre ville est tout à fait insignifiant.

Le dénombrement de 1896 donne la composition suivante :

Nés dans la commune.................... 12.938
Nés dans une autre commune du
   département........................... 8.269
Nés dans un autre département (Algérie comprise)...................... 8.941
Nés à l'étranger....................... 249

Répartition de la population par âge, sexe, état civil et profession. — Envisagée au point de vue de l'âge, la population montalbanaise se décompose de la façon suivante :

TABLEAU III

AGE	NOMBRE ABSOLU (dénombr. 1896)	PROPORTION pour 1.000 habitants	
		MONTAUBAN	ENSEMBLE des villes DE FRANCE
0 — 1 an................	323	11	15
1 — 19 ans............	7.666	264	309
20 — 39 ans...........	11.006	371	365
40 — 59 ans	6.607	222	207
60 ans et au-dessus....	3.969	133	103
Age inconnu...........	27		
Total.............	29.597		

Comparée à l'ensemble de la population urbaine française, la population montalbanaise se distingue par une proportion plus faible d'individus au-dessous de 20 ans et par une proportion plus forte de vieillards.

Au point de vue du sexe et de l'état-civil, la population se répartit ainsi :

TABLEAU IV

Garçons...	8.651
Mariés............................	6 292
Veufs............................	724
Divorcés....	14
	15.681
Filles.	6.101
Mariées..........................	5.910
Veuves...........................	1.849
Divorcées........................	32
	13.892

Le sexe masculin l'emporte notablement sur le sexe féminin, mais cela tient uniquement à la présence de la garnison. Si l'on déduit, en effet, son effectif du chiffre des individus du sexe masculin, l'avantage est du côté des femmes.

Au point de vue des professions, la population se classe de la façon suivante :

TABLEAU V

Population classée par profession dans le dénombrement de 1886

Agriculture........................	7.236
Industrie	5.453
Transport	870
A reporter	13.559

Report. 13.559
Commerce 5.224
Professions libérales 1 642
Rentiers . . . . » 2.737
Administration publique 715
Force publique 4.971
Individus non classés : étudiants, internes,
   pensionnats, personnel hôpitaux, hospices,
   enfants trouvés, enfants en nourrice 1.003
Gens sans aveu 223
Professions inconnues 69

       Total 29.445

La profession agricole occupe, on le voit, une place prépondérante dans la commune et c'était elle qu pendant fort longtemps a alimenté et fait vivre en grande partie le commerce et l'industrie locale. Aussi la crise grave qui sévit sur la propriété rurale retentit-elle profondément sur la prospérité et sur l'activité de notre ville, et elle n'est certainement pas sans influence sur la triste situation démographique que nous avons à exposer.

Mouvements de la Population
de 1800 à 1900

Le tableau I donne les mouvements de la population à Montauban par période quinquennale depuis 1826, l'époque la plus reculée à laquelle les documents que nous avons pu consulter nous aient permis de remonter.

Un simple coup d'œil jeté sur ce tableau nous montre que Montauban appartient à cette catégorie de villes, hélas ! trop nombreuses en province, et qui constituent presque l'unanimité dans notre région du S.-O., dans lesquelles la dépopulation sévit avec une effrayante intensité par suite de l'excédant des décès sur les naissances.

TABLEAU VI

PÉRIODES	NAISSANCES Moyennes annuelles	DÉCÈS Moyennes annuelles	ACCROISSEMENT	DIMINUTION
1825—1830	631	640	«	9
1831—1835	607	688	»	81
1836—1840	570	591	»	21
1841—1845	656	610	46	»
1846—1850	545	680	»	135
1851—1855	540	629	»	89
1856—1860	559	717	»	158
1861—1865	558	668	»	110
1866—1870	550	697	»	147
1871—1875	504	749	»	245
1876—1879	520	707	»	187
1880—1885	537	749	»	212
1886—1890	526	730	»	204
1891—1895	521	719	»	198
1896—1900	512	701	»	189

L'écart qui dans les deux premiers tiers du XIXe siècle, n'était en moyenne que de 78 par an s'est brusquement accentué à partir de 1861-65 et se maintient depuis autour de 200.

Natalité. — C'est, comme dans les autres régions de la France, à la faiblesse sans cesse croissante de la natalité qu'il faut rapporter à peu près exclusivement la dépopulation.

Le tableau I montre que la natalité a suivi une marche progressivement décroissante et que de 24.7 elle n'a cessé de s'abaisser d'abord à 20, puis à 19 pour tomber dans la dernière période à 17.

Cet affaissement continu de la natalité est trop général en France, dans notre région du S.-O. en particulier, il est l'objet de trop vives préoccupations de la part de tous ceux qui s'intéressent à la grandeur et à la prospérité de la patrie pour qu'il soit besoin d'insister sur sa signification et ses conséquences. Nous nous bornerons à faire remarquer que, si Montauban a un coefficient notablement inférieur à la moyenne urbaine et même à celle des villes de même importance, notre ville est loin de détenir à ce point de vue le record, qu'elle est largement dépassée dans cette voie par la plupart des chefs-lieux voisins et que sa natalité représente juste la moyenne urbaine de la région.

TABLEAU VII

	NATALITÉ	MORTALITÉ	ÉCART
Montauban, 1900........	16.2	25.5	— 9.3
Moissac, —	12.7	25.9	— 13.2
Castelsarrasin, —	17.7	18.3	— 0.6
Toulouse —	17.6	23.8	— 6.2
Auch, —	11.7	28.8	— 17.1
Cahors, —	13.9	19.6	— 6.6
Agen, —	13.9	27.9	— 14.0
Albi, —	15.5	24.2	— 8.7
Rodez, —	17.8	26.4	— 8.6
Tarbes, —	15.8	19.4	— 3.6
Pau, —	19.3	22 5	— 3.2
Mont-de-Marsan, —	19.1	22 5	— 3.4
Bordeaux, —	18.8	21.5	— 2.7
Ensemble des chefs-lieux de la région S.-O.	16.2	23.8	— 7.6
Ensemble des ville de France de 20 à 30,000 habitants...	21.4	24 3	— 2.9

Si nous envisageons les naissances au point de vue de l'état civil, nous avons à faire des constatations non moins fâcheuses. Tandis que le chiffre des naissances légitimes ne cesse de s'abaisser, le chiffre des naissances naturelles augmente dans des proportions inquiétantes et a presque doublé depuis 1871.

En se plaçant au point de vue purement démographique cet accroissement de naissances illegitimes est un fait déplorable et contribue à hâter la dépopulation, car la mortalité des enfants naturels dans le premier âge est bien plus grande que celle des enfants légitimes. Elle s'est élevée à près du double, 26.30 décès de 0-1 an au lieu de 14.87 pour 100 naissances vivantes, pour l'ensemble de la population française en 1900.

TABLEAU VIII

ANNÉES	NAISSANCES légitimes		NAISSANCES naturelles	
	MOYENNE annuelle	MOYENNE pour 1.000 hab.	MOYENNE annuelle	MOYENNE pour 1.000 hab.
1871—1875.............	474	18.4	30	1.1
1876—1880.............	485	18.0	35	1.3
1881—1885.............	498	»	49	»
1886—1890.............	480	16.3	45	1.5
1891—1895.............	467	15.4	55	1.8
1896—1900.............	459	15.5	53	1.7

Si nous rapportons le chiffre des naissances, non plus à la population totale, mais au nombre des femmes mariées de 15 à 50 ans pour les naissances légitimes, et au nombre des filles, veuves, divorcées, les naissances naturelles, ce qui donne un rapport plus conforme à la réalité des choses en écartant les non valeurs, les résultats sont encore plus attristants :

TABLEAU IX

Rapport des naissances au nombre des femmes nubiles (de 15 à 50 ans)

ANNÉES	ÉPOUSES Nombre absolu	NAISSANCES légitimes Moyenne annuelle	SUR 1.000 ÉPOUSES combien de naissances légitimes		FILLES et veuves Nombre absolu	NAISSANCES illégitimes	SUR 1.000 FILLES ou veuves combien de naissances illégitimes	
			Montauban	France			Montauban	France
1871—1875........	3.755	474	126	»	2.143	30	9.5	»
1876—1879........	4.025	485	120	»	3.000	35	11.6	»
1896—1900........	4.185	459	109	148	2.862	53	18.0	16.8

Morti-natalité. — La moyenne annuelle des morts-nés a été de 35 de 1881-1900, avec tendance à augmentation, ce qui est probablement la conséquence de l'accroissement des naissances naturelles, les deux phénomenes ayant des rapports intimes pour des raisons qu'il est facile de comprendre.

TABLEAU **X**

	MOYENNE annuelle
1881-85	32
1886-90	32
1891-95	37.4
1896-1900	38.6
Moyenne de 1881 à 1900	35

La morti-natalité est néanmoins légèrement inférieure à la moyenne urbaine.

	MOYENNE p. 1.000 hab.
Montauban	1.19
Villes de 20 à 30.000 habitants	1.37
Ensemble des villes de France	1.50

Nuptialité. — La nuptialité montalbanaise a subi elle aussi un certain fléchissement, moins accusé que celui de la natalité mais cependant sensible :

TABLEAU XI

ANNÉES	MARIAGES Moyenne annuelle	SUR 1.000 HABITANTS combien de mariages?		
		Montauban	France	Villes de 20 à 30.000 hab.
1871—1875.....	202	7.8	8.5	»
1876—1880.....	189	7.0	7.7	»
1881—1885.....	187	6.6	7.5	»
1886—1890.....	177	5.9	7.1	6.8
1891—1895.....	189	5.1	7.3	6.8
1896—1900.....	199	6.7	7.5	7.1

En laissant de côté la période un peu anormale de
1871-75, nous constatons que la nuptialité s'est abaissée
d'une façon continue de 1876 à 1895 où elle est tombée
jusqu'à 5.1 pour se relever un peu dans la dernière période.
En tous cas elle a été inférieure à la moyenne de la population française et même de la population urbaine.

Mortalité générale. — La mortalité générale a éprouvé
à Montauban depuis 1830 d'assez fortes oscillations d'une
période à l'autre et finalement dans ces 70 ans elle ne
s'est abaissée que de 1.4, alors que la moyenne de la
France s'abaissait de 3.9, près de trois fois plus. Cette
diminution est surtout hors de proportion avec celle de la
natalité qui, nous l'avons vu, s'est abaissée de près d'un
tiers, soit 7.4 pour 1,000 habitants. Le taux est actuellement,
non seulement au-dessus de la moyenne de la mortalité
urbaine, mais même au-dessus de celle des chefs-lieux de
la région, qui est cependant très élevée *(v. tableau VII)*.

En revanche elle est dépassée de beaucoup par quelques villes voisines qui se distinguent autant par leur forte mortalité que par la faiblesse de leur natalité.

D'où vient que notre région fasse si mauvaise figure au point de vue démographique, et ne suive pas au point de vue de la décroissance des décès le mouvement général? Comment se fait-il que notre S.-O., si favorisé cependant comme climat et comme fertilité, dans lequel font presque complètement défaut les causes d'insalubrité inhérentes, à la grande industrie, grosses agglomérations, logements encombrés, surpeuplés, surmenage, manipulation de substances nocives, etc., etc., maintienne sa mortalité à un taux tout à fait anormal [1]?

Répartition de la mortalité par groupes d'âge. — L'examen de la mortalité par groupes d'âge nous permet de démêler quelques-unes des causes de la situation et de voir que ce sont bien plus les conditions économiques et sociales que les conditions hygièniques de notre ville qu'il faut incriminer.

Si nous groupons d'un côté les âges à faible mortalité, de 1 à 59 ans, et de l'autre, les âges à mortalité maximum de 0-1 an et 60 ans et au-dessus, et que nous comparions les sommes ainsi obtenues pour Montauban à celles de

[1] La nouvelle loi sur la santé publique qui va entrer en vigueur le 19 février 1903 stipule, on le sait, à l'exemple de ce qui se fait en Angleterre où cette mesure a donné les meilleurs résultats, que lorsque pendant trois ans consécutfs le nombre des décès dans une commune aura dépassé la mortalité moyenne de la France, le Préfet est tenu de charger le Conseil départemental d'hygiène de procéder à une enquête sur les conditions sanitaires de cette commune. Les villes de la région voudront-elles s'exposer à cette mise en demeure un peu humiliante et ne vont-elles pas faire tous leurs efforts pour ne pas mériter cette mauvaise note?

TABLEAU XII

Proportion des décès pour 1,000 individus de chaque groupe d'âge

	MONTAUBAN			VILLES de 2.000 à 30.000 hab.	ENSEMBLE DES VILLES au-dessus de 5.000 hab.
	1869-1873	1874-1878	1896-1900	1896-1900	1896-1900
De 0 à 1 an....................	391.0	251.0	250.0	231.9	234.8
Dîme mortuaire | Sur 1.000 naissances vivantes combien de décès de la 1re année. | 0 à 1 an?.......	210.0	184.0	171.0	162.0	156.0
De 1 à 19 ans.................	19.0	14.0	10.7	9.0	9.3
De 20 à 39 ans...............	13.0	7.1	7.6	8.8	9.2
De 40 à 59 ans...............	16.1	11.6	16.9	19.6	20.3
De 60 ans et au-dessus...........	79.0	66.0	92.0	85.0	69.2

l'ensemble des villes de France, nous constatons que les chances de mort sont un peu plus faibles dans notre ville, dans le premier groupe, et sont par contre beaucoup plus grandes dans le second.

GROUPES D'AGES	MONTAUBAN	ENSEMBLE des villes
Groupe d'âges à faible mortalité..	35.2	38.8
Groupe d'âges à forte mortalité ...	342	304

Inutile de s'étendre longuement sur la supériorité de la mortalité des vieillards, supériorité liée à des circonstances qui n'ont rien à voir avec les conditions sanitaires d'une ville. Nos petites villes de province deviennent presque toutes le *refugium* des gens avancés en âge, retraités de toute nature et de toute condition, venus des grands centres ou des campagnes, qu'attirent, les uns, la vie calme, relativement facile et économique de ce milieu, les autres, l'existence d'hospices et de maisons de retraite, et qui y affluent d'autant plus nombreux qu'ils sont plus avancés en âge. Il y a une cause d'élévation du coefficient de la mortalité générale, cause presque fatale, tout à fait indépendante des conditions de salubrité d'une ville, et dont il importe de tenir compte.

La mortalité infantile est de toute autre nature ; elle est en relations étroites avec l'hygiène, et tout ce qui tend à améliorer les conditions de vie du prenier âge doit avoir pour conséquence sa diminution.

Le tableau ci-joint donne la marche de la mortalité de cet âge depuis 1856, comparée à celle de la France et à celle de l'ensemble des villes.

TABLEAU XIII

Mortalité de O — 1 an à Montauban, comparée avec celle de la France

PÉRIODES	NAISSANCES Moyenne annuelle	DÉCÈS de 0 — 1 an Moyenne annuelle	SUR 1.000 NAISSANCES combien de décès de 0 — 1 an			SUR 1.000 NAISSANCES combien de décès par gastro-entérite		
			MONTAUBAN	FRANCE	VILLES au-dessus de 5.000 hab.	MONTAUBAN	VILLES de 20 à 30.000 habitants	VILLES ensemble au-dessus de 5.000
1856—60	559	»	218	170	»	»	»	»
1861—65	558	»	199	180	»	»	»	»
1866—70	557	»	191	177	»	»	»	»
1871—75	504	»	204	178	»	»	»	»
1876—80	520	»	»	»	»	»	»	»
1881—85	537	99	134	166	»	»	»	»
1886—90	526	111	171	165	»	»	»	»
1891—95	521	99	190	170	167	107	91	78
1896—1900	512	88	172	159	160			

Cette comparaison est loin, on le voit, d'être à l'avantage de Montauban. Depuis 1841, la dernière date à laquelle nous ayons pu remonter avec quelque certitude, le taux de la mortalité infantile reste constamment supérieur à la moyenne de la France et même à la moyenne urbaine.

Ce résultat mérite d'autant plus l'attention qu'il est en contradiction avec la loi démographique qui établit qu'à forte mortalité infantile correspond une forte natalité, ce qui d'ailleurs s'explique aisément.

Il faut reconnaître toutefois que, malgré les oscillations considérables que subit cette mortalité d'une année à l'autre et même d'une période à l'autre, oscillations qui sont en relations avec les conditions météréologiques, elle semble en voie de décroissance. Si nous comparons, en effet, la période 1856-75 à la période 1881-1900 (20 ans), nous trouvons que pour la première la mortalité annuelle moyenne de 0-1 an a été de 203, et pour la seconde, de 167.

Nous reviendrons du reste, un peu plus loin, sur cette mortalité excessive et sur ses causes.

Causes des Décès
Mortalité par Maladies infectieuses

Il nous reste, pour compléter cet aperçu démographique et sanitaire de la ville de Montanban, à dire un mot des causes des décès, à examiner qu'elle est la fréquence et la marche des principales maladies, particulièrement des maladies infectieuses, tout autant que nous le permettent les documents fournis par la statistique de l'état civil.

Tableau XIV

Mortalité par maladies infectieuses de 1889-1900 à Montauban

	1889	1890	1891	1892	1893	1894	1895	1896	1897	1898	1899	1900	Moyenne annuelle	Pour 100 décès généraux
Fièvre typhoïde.	6	18	12	18	6	14	10	10	4	1	8	9	9.1	1.26
Variole.	7	»	»	5	»	»	»	»	4	»	1	»	1.4	0.19
Rougeole.	1	22	1	1	8	4	»	4	»	»	15	»	4.7	0.65
Scarlatine.	1	2	6	»	»	»	1	5	1	»	2	»	1.5	0.20
Coqueluche.	3	3	2	2	1	2	»	2	3	4	2	»	2.0	0.28
Diphtérie.	23	14	8	9	13	11	2	»	5	»	3	1	7.4	1.03
Diarrhée gastro-entérite.	46	32	55	75	31	62	54	45	58	75	56	44	52.7	7.18
Tuberculose pulmonaire.	26	17	25	37	47	37	43	47	40	36	29	45	35.7	4.95
Autres tuberculoses.	45	37	34	20	19	21	16	11	15	17	17	17	22.4	3.11
Pneumonie.	97	103	72	54	38	44	33	38	19	49	45	50	53.5	7.43
Ensemble des maladies infectieuses														26.23

TABLEAU XV

Mortalité par les maladies infectieuses à Montauban comparée à celle de l'ensemble des villes de France (1889-1900)

	NOMBRES absolus	MOYENNE annuelle	PROPORTION pour 1.000 habitants		
			Montauban	Villes de 20 à 30.000 habitants	Ensemble des villes au-dessus de 5.000 habitants
Fièvre typhoïde					
1889—90.	24	12.0	0.40	0.52	0.53
1891—95.	60	12.0	0.40	0.38	0.34
1896—1900.	32	6.4	0.21	0.30	0.28
Variole					
1889—90.	7	3.5	0.12	0.21	»
1891—95.	5	1.0	0.03	0.11	0.11
1896—1900.	5	1.0	0.03	0.058	0.058
Rougeole					
1889—90.	23	11.5	0.39	0.45	»
1891—95.	14	2.8	0.09	0.30	0.26
1896—1900.	19	3.8	0.12	0.28	0.23
Scarlatine					
1889 - 90.	3	1.5	0.05	0.08	»
1891—95.	1	0.2	0.05	0.05	0.05
1896—1900.	8	1.6	0.04	0.03	0.046
Coqueluche					
1889—90.	6	3.0	0.10	0.19	»
1891—95.	7	1.4	0.04	0.15	0.15
1896—1900.	11	2.2	0.07	0.08	0.11
Diphtérie					
1889—90.	37	18.5	0.61	0.54	»
1891—95.	43	8.6	0.29	0.40	0.41
1896—1900.	9	18.0	0.02	0.13	0.14
Phtisie pulmonaire					
1889—90.	43	21.5	0.73	2.01	»
1891—95.	189	37.8	1.25	2.07	2.55
1896—1900.	197	39.4	1.33	2.05	2.55
Autres tuberculoses					
1889—90.	82	41.0	1.39	0.72	»
1891—95.	110	52.0	»	0.78	»
1896—1900.	77	15.4	»	0.81	»
Diarrhée Gastro-entérite					
1889—90.	78	39.0	1.32	2.05	»
1891—1895.	277	55.5	1.86	2.00	1.84
1896—1900.	278	55.5	1.87	1.95	1.76
Pneumonie Broncho-pneumonie					
1889—90.	200	100.0	3.39	2.11	»
1891—95.	241	48.0	1.25	2.44	1.86
1896—1900.	201	40.0	1.35	1.95	1.76

Les tableaux XIV et XV résument ces documents et les mettent en regard de ceux de l'ensemble des villes.

Fièvre typhoïde. — La fièvre typhoïde est à Montauban comme dans toutes les autres villes, à l'état endémique ; mais elle n'y sévit pas d'une façon particulièrement sévère et la ville occupe un rang très honorable à ce point de vue. Son coefficient n'a été, en effet, que de 3,4 dans la période 1886-1900, au lieu de 4,0 (villes de 20-30,000 hab.), et de 3,8 pour 10,000 habitants, moyenne urbaine dans la même période.

TABLEAU XVI

Évolution de la fièvre typhoïde à Montauban
(1880-1900)

ANNÉES	DÉCÈS totaux	GARNISON		ANNÉES	DÉCÈS totaux	GARNISON	
		Cas	Décès			Cas	Décès
1880	»	27	5	1891	12	46	5
1881	»	28	16	1892	18	35	9
1882	»	24	8	1893	6	22	1
1883	»	5	1	1894	14	65	7
1884	»	8	1	1895	10	35	8
1885	»	11	0	1896	10	4	1
1886	26	82	18	1897	4	6	2
1887	18	40	7	1898	1	0	0
1888	28	63	5	1899	8	35	5
1889	6	36	1	1900	9	54	4
1890	18	86	10	1901		12	1

Montauban a eu cependant à subir, dans cette période, une assez sérieuse épidémie, qui a duré de 1886 à 1891, et qui a surtout frappé l'élément militaire (353 cas et 46 décès sur un effectif moyen de 3,000 hommes).

Cette épidémie semble avoir été exclusivement sous la dépendance de causes locales (infection du sol d'une caserne) et l'eau potable ne paraît y avoir joué aucun rôle.

La ville est du reste alimentée par une eau d'excellente qualité, et à l'abri, par sa provenance et son mode de captage, de toute contamination.

Le système d'évacuation d'immondices est en revanche très primitif et passablement défectueux (système de la fosse fixe et souvent du puits perdu, réseau d'égouts très incomplet), mais la vaste superficie sur laquelle se dissémine la population, atténue notablement les dangers de l'infection du sol.

Depuis cette épidémie, la maladie est entrée dans une phase d'accalmie à peu près complète, ne donnant lieu qu'à quelques cas sporadiques, et le taux est descendu dans les dernières années à 2-1 pour 10,000, un peu inférieur à la moyenne urbaine [1].

Fièvres éruptives. — La variole n'a plus donné depuis 1886 qu'un chiffre insignifiant de décès et il s'est passé, ainsi que le montre le tableau XIV, plusieurs années sans qu'on ait eu à en enregistrer un seul. Le réveil de la maladie que l'on signale un peu de tous les côtés nous prouve toutefois que les populations ne doivent pas s'endormir dans une sécurité trompeuse et que les vaccinations et les revaccinations sont plus que jamais nécessaires.

Peu de chose à dire de la scarlatine qui continue d'être

[1] Il s'est produit en 1900 une légère recrudescence de la maladie limitée presque exclusivement au milieu militaire et dans laquelle les conditions locales semblent avoir joué le rôle prépondérant. Cette recrudescence s'est rapidement calmée. Tandis qu'en effet on compte en 1900 dans la garnison 54 cas et 4 décès, en 1901 il n'y a eu que 12 cas et 1 décès.

en nos régions une maladie relativement rare et qui ne cause qu'un très petit nombre de décès.

Il n'en est pas de même de la rougeole. Bien que ce soit surtout une maladie de l'enfance, les médecins militaires ont à plusieurs reprises signalé la fréquence et l'extension, parfois même la gravité de ces épidémies dans les garnisons du S.-O. Montauban n'échappe pas à la loi, et si nous consultons la statistique médicale de l'Armée, nous constatons que depuis 1880 il s'est produit dans la garnison de la ville 5 épidémies dans lesquelles le chiffre des atteintes a dépassé 100. Heureusement qu'à l'âge où se fait le service militaire, la maladie est en général peu meurtrière. Sur un total de 1209 cas, de 1880 à 1899, elle n'a causé que 10 décès. Chez les enfants sa gravité est, on le sait, parfois très grande et, si le coefficient de mortalité rabéolique est peu élevé à Montauban, cela tient à sa marche essentiellement irrégulière, procédant par bouffées épidémiques séparées par des intervalles d'accalmie et de silence à peu près complets.

C'est ainsi qu'après avoir causé en 1890 22 décès, elle reste d'une bénignité presque absolue jusqu'en 1899, où elle fait de nouveau dans une seule année 15 victimes.

Diphtérie. — S'il était encore besoin de mettre en lumière les bienfaits de la découverte BEHRING-ROUX, la marche de la mortalité diphtéritique à Montauban se chargerait de la démonstration. Dans la période 1886-90, la maladie a causé 14 décès et le coefficient était de 9 pour 10,000 habitants. Dans la période 1891-95, au milieu de laquelle a commencé a être appliqué la serothérapie, le chiffre s'abaisse à 2,99, puis dans la dernière période où la méthode est entrée définitivement dans la pratique générale, Montauban n'enregistre pas tout à fait 2 décès diphtéritiques par an et la mortalité tombe à 0,6, bien au-dessous de la moyenne urbaine qui reste à 1,4 pour 10,000 habitants.

Tuberculose. — La tuberculose pulmonaire a fourni, d'après la statistique de l'état-civil, une moyenne de 35,5 décès par an de 1889-1900, et les autres tuberculoses 22,5, soit un total de 58 décès, ce qui représente, pour la première, une mortalité de 11,50 pour 10,000 habitants, et pour la seconde de 7,5, ensemble 19 pour 10,000 habitants.

Cette mortalité est notablement inférieure à la mortalité tuberculeuse urbaine qui dans la même période a été de 25,5 pour la phtisie pulmonaire seulement, plus du double.

Montauban serait donc particulièrement privilégié au point de vue de ce terrible fléau dont les ravages sont actuellement l'objet de si vives préoccupations. Malheureusement, nous ne pouvons avoir qu'une confiance très limitée dans ces chiffres, sachant combien on s'attache encore dans nos petits centres à dissimuler sous d'autres rubriques les décès dus à la phtisie. Ces réserves faites, nous croyons cependant que Montauban paie un plus faible tribut à la tuberculose que la plupart des villes de même importance en raison de la dissémination sur une vaste superficie de la population, de l'absence de grandes industries et de la prédominance des professions se rattachant à l'agriculture et à la vie de plein air, conditions qui nous paraissent capitales dans la genèse de la phtisie. Ajoutons que Montauban est relativement favorisé si on le compare à la plupart des villes du Nord, au point de vue de *ce grand pourvoyeur de tuberculose* que l'on nomme l'*alcoolisme*.

Paludisme. — Le paludisme tenait autrefois une place assez grande dans la pathologie montalbanaise, comme dans celle de toute la région. La fièvre intermittente simple, bénigne, s'y observait fréquemment et tous les

médecins signalaient le caractère de périodicité que revê-
taient une foule d'affections et la fréquence des indications
des antipériodiques. Il semble qu'il y ait eu sous ce
rapport une grande amélioration. La statistique est néces-
sairement muette pour la population civile en raison de
la bénignité de l'affection, mais la statistique médicale
de l'armée nous fournit à ce sujet de précieuses indications. Dans les périodes quinquennales de 1881 à 1899, les
chiffres moyens des atteintes est descendu successivement
de 19 à 8, à 5, puis enfin à 4, et encore faut-il remarquer
que dans les dernières périodes la majorité de ces atteintes
n'ont été probablement que des rechutes de fièvres con-
tractées par l'escadron du train dans sa campagne de
Madagascar.

Diarrhée, gastro-entérite des nourrissons. — L'immense majorité des cas inscrits sous cette rubrique appartiennent à la diarrhée infantile, autrement dite gastro-
entérite des nourrissons ou athrepsie.

Le chiffre considérable des décès dit assez les ravages
que fait dans notre ville cette affection. A elle seule elle
tue deux fois plus d'individus que toutes les autres maladies infectieuses réunies, et ce qui est plus grave c'est
que la mortalité porte justement sur le groupe le moins
nombreux et le plus précieux, celui qui représente l'avenir, la première enfance.

Chaque année reparaît avec les fortes chaleurs la maladie faisant un nombre plus ou moins grand de victimes
suivant les conditions météréologiques. La moyenne
annuelle a atteint le chiffre de 55 dans les dix dernières
années, et représente environ la moitié des décès de 0-1
an, le dixième des naissances de l'année.

Comparé à l'ensemble de la population urbaine, Montauban, si l'on s'en tient aux chiffres donnés par la statistique sanitaire, serait favorisé puisque le coefficient de

mortalité par cette maladie n'y serait de 18,6, 18,7 au lieu de 20 et 19,50 pour 10,000 habitants, ce qui est tout à fait en désaccord avec ce que nous avons vu du chiffre de la mortalité infantile, très supérieure à la moyenne de la France et à la moyenne urbaine. Mais il n'y a ici qu'un trompe l'œil dû à la base défectueuse qu'a adoptée la statistique sanitaire, rapport des décès par diarrhée et gastro-entérite au chiffre de la population totale, sans distinction d'âge.

Si, au lieu de ce rapport absolument fictif, nous rapporportons, comme nous l'avons fait pour l'ensemble de la mortalité de 0-1 an, le chiffre des décès dus à cette affection au chiffre des naissances vivantes de l'année, nous obtenons des résultats tout différents et nous constatons *(v. tableau XIII)* que Montauban perd 107 enfants par athrepsie sur 1,000 nés dans l'année, alors que les villes de même importance n'en perdent que 91 et l'ensemble de la population urbaine 78.

Il y a là un écart vraiment rrop grand, même en tenant compte des conditions défavorables qu'offrent les étés chauds et prolongés de notre région. Depuis 1886, malgré la décroissance progressive du chiffre de nos naissances, le tribut que le premier âge paie à cette affection n'a pas diminué en proportion des progrès accomplis dans nos connaissances sur l'étiologie et la prophylaxie de cette affection et dans les procédés d'allaitement, et les réflexions que nous suggéraient, il y a quelques vingt ans, cette excessive mortalité du premier âge restent malheureusement toujours actuelles :

« Franchement, avec notre natalité déjà insuffisante, avons-nous le droit, avons-nous les moyens de faire de pareilles pertes, et ne devons-nous pas faire nos efforts pour nous affranchir du tribut supplémentaire de précieuses existences que nous payons indûment à la mort ?

« Si nous insistons tellement, au risque de fatiguer le

lecteur, sur ces considérations, c'est que la question est capitale : c'est une question de vie ou de mort pour notre ville. Nous ne sommes point ici, pas plus que pour la natalité, en présence d'une loi fatale, inéluctable, que la science peut constater mais que l'humanité doit subir. Rien n'est malléable comme la mortalité du premier âge. Sur nulle autre les conditions de milieu, d'hygiène, n'ont une aussi grande influence. Il n'en est pas que nous puissions modifier, atténuer dans une plus large mesure. A ce point de vue, les faits cités par le docteur Monot sont bien instructifs. Dans la Nièvre, la dîme mortuaire, pour les nourrissons amenés de Paris et livrés sans surveillance aux nourrices, s'élève à 710 pour 1000. Pour ceux qui reçoivent la visite trimestrielle des inspecteurs de l'assistance publique, elle descend à 240. Enfin pour ceux placés sous la protection de la Société de l'enfance, elle n'est plus que de 90 à 120, et peut même s'abaisser jusqu'à 70 pour 1,000. Je sais bien que, dans le cas qui nous occupe, la question est un peu différente, et que nous ne sommes pas ici en présence des mêmes causes de mortalité signalées par le docteur Monot, et frappant surtout les nourrissons dans les premières semaines de la vie. Mais de pareils résultats n'en sont pas moins encourageants et sont bien faits pour stimuler le zèle et les efforts de ceux qui entreprennent une croisade en faveur de l'œuvre de la protection de l'enfance.

« Dans un climat salubre, froid ou tempéré, à dit Bertillon, une mortalité dépassant 95 à 100 ou une dîme « mortuaire dépassant 92 ou 95, font supposer des causes « de mort que peuvent supprimer ou atténuer les mesures « d'hygiène. »

« Nous sommes loin, on l'a vu, d'avoir atteint ce minimum.

« Nous sommes peut-être en présence de certaines conditions climatologiques qui ne nous permettront jamais de l'atteindre. Mais nous pouvons diminuer dans une large mesure, cette mortalité et c'est vers ce but que tous nos efforts doivent tendre. »

Ce n'est pas seulement à Paris qu'une ligue pour la protection de la vie humaine et de la première enfance serait nécessaire.

Si nous nous en rapportions aux renseignements que nous fournit la statistique sanitaire de Montauban, nous aurions le droit de poser des conclusions très optimistes et de déclarer que la ville a une situation des plus satisfaisantes. Si l'on fait abstraction, en effet, de la mortalité infantile, nous voyons que la plupart des maladies infectieuses y ont un taux de mortalité assez faible et presque toujours au-dessous de la moyenne urbaine.

Ces résultats n'ont guère lieu, d'ailleurs, de nous surprendre, car, comme nous l'avons déjà dit à propos de la tuberculose, par la faible densité de sa population, par l'absence d'un nombreux prolétariat industriel, par la prédominance des professions de plein air, Montauban réalise des conditions de salubrité que l'on est loin de retrouver dans la plupart des autres villes. La faible morbidité de la garnison, comparée à celle de l'armée, est là du reste pour en témoigner.

Quelques réserves, toutefois, s'imposent. Il ne faut pas oublier que le taux de la mortalité générale est très élevé et reste stationnaire. Cela n'est-il pas fait pour nous inspirer quelque défiance à l'égard de la statistique publiée par le ministère de l'intérieur, d'après les documents qui lui sont adressés par le bureau de l'état civil des villes, et nous porter à penser qu'elle ne traduit peut-être pas d'une façon absolument exacte la vraie situation sanitaire. Ce qui semble justifier nos doutes, c'est que, si nous comparons la statistique montalbanaise à celle de Paris, par exemple, qui offre des garanties beaucoup plus sérieuses, nous trouvons sous la rubrique de *Causes diverses ou inconnues* la proportion de 466 pour 1,000 décès à Montauban, de 219 seulement à Paris. Combien de décès par maladies infectieuses, par tuberculose notamment, figurent parmi ces 466, dont la cause n'est pas spécifiée.

En résumé, et pour conclure, les deux faits démographiques les plus saillants, les deux facteurs les plus actifs de la dépopulation dans notre ville sont, d'une part, la dépression continue de la natalité, notablement inférieure à la moyenne de la France et même à la moyenne urbaine bien peu élevée cependant ; d'autre part, l'excessive mortalité de la première enfance.

Cette situation, que nous signalions dans un travail publié il y a une vingtaine d'années, et qui n'a fait que s'aggraver depuis, n'est pas malheureusement, on ne le sait que trop, particulière à Montauban, et on la retrouve, encore bien plus accusée, sur d'autres points de la région S.-O., ainsi que nous l'avons vu, et dans bien d'autres régions. Elle est devenue même si inquiétante que le gouvernement a cru devoir s'en préoccuper et nommer une commission dite de *Commission de dépopulation*, chargée de rechercher les voies et moyens d'y remédier.

Contre la faiblesse et la décroissance de la natalité, dont les causes sont exclusivement d'ordre moral et économique, nous restons un peu sceptiques au sujet de l'efficacité des remèdes que l'on a proposés ou que l'on pourrait proposer. Ce n'est pas la législation successorale, fiscale ou autre qu'il faut modifier, ce sont les caractères, les volontés, les mœurs qu'il faudrait transformer, ce sont les énergies individuelles qu'il faudrait développer et les lois sont absolument impuissantes sur ce point.

Nous sommes mieux armés contre la mortalité infantile et nous pouvons la diminuer notablement, comme nous l'avons dit dans le cours de ce travail, pour peu que nous y apportions quelques efforts. Mais il faut vouloir et vouloir d'une façon un peu persévérante, et c'est peut-être là ce qu'il y a de plus difficile pour nos populations méridionales.

DOCTEUR GUIRAUD,

Professeur d'Hygiène à la Faculté de Médecine de l'Université de Toulouse.

TABLE DES MATIÈRES

MONTAUBAN. — IMP. ET LITH. ÉDOUARD FORESTIÉ

23, RUE DE LA RÉPUBLIQUE, 23